面對金錢、性及權勢等問題，修道士以自甘貧窮、貞潔及順服解決，清教徒則將修道士的信念帶到日常生活中，提出了勤勞、信實和遵行命令。今天我們要面對的，也是怎樣就我們的文化，尋求解決問題的方法。

——傅士德

基督徒看錢、性與權勢

傅士德著　周天和等譯

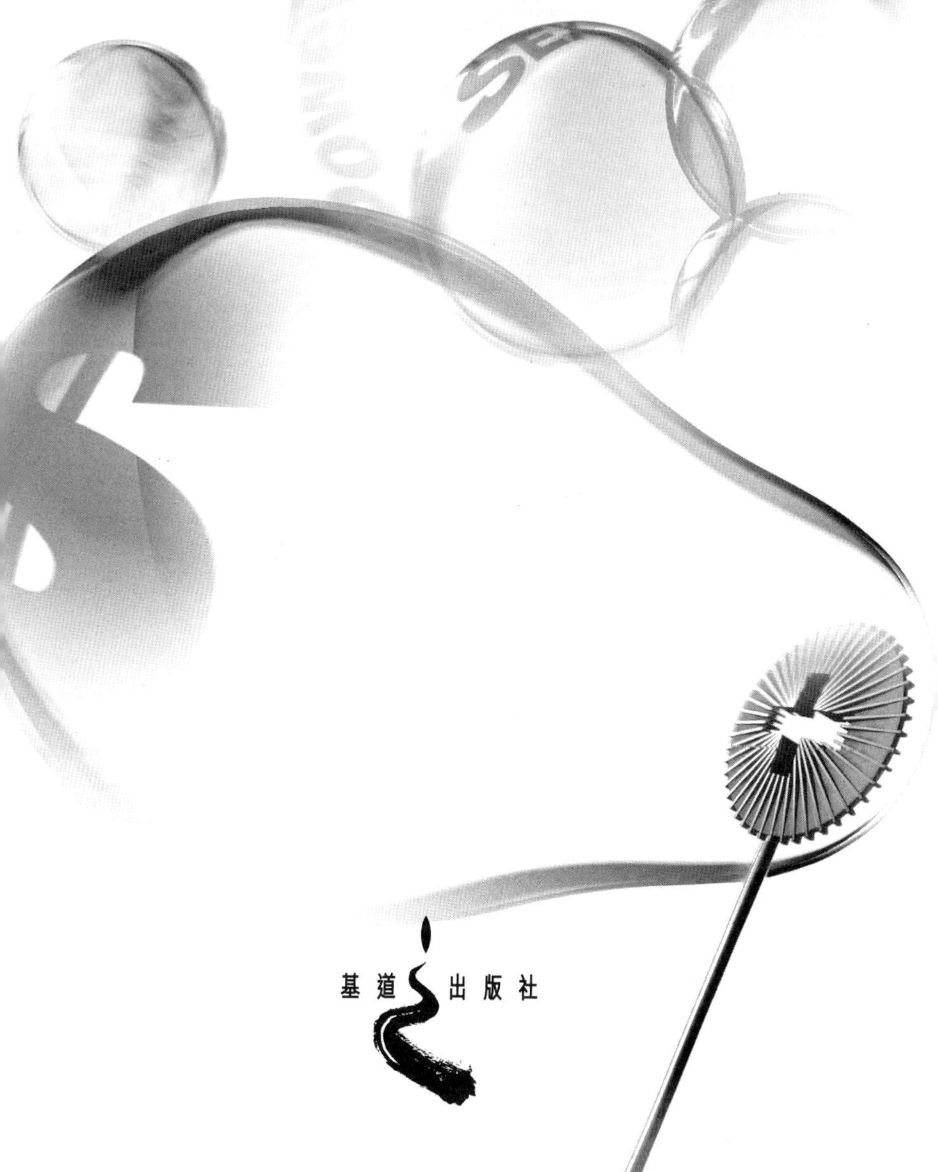

基道出版社

▼

信念再思叢書

基督徒看錢、性與權勢（合訂本）

附閱讀指引

Money, Sex & Power

with Study Guide

作者

傅士德 Richard J. Foster

譯者

◆內文◆

錢 ── 陳吳國香、徐美娟

性 ── 謝藹愉、盧林麗娜

權勢 ── 周天和

◆閱讀指引◆

梁展儀

裝幀設計

石依恒

■

出版／發行

基道出版社

香港沙田火炭坳背灣街26號富騰工業中心1011室

LOGOS PUBLISHERS

Unit 1011, Fo Tan Ind. Centre, 26 Au Pui Wan St., Shatin, Hong Kong

電話：(852) 2687-0331　傳真：(852) 2687-0281

網址：http://www.logos.com.hk

承印

海洋印務有限公司

●

5/2001初版　12/2003二版　8/2005三版

原書分冊《錢》9/1996五版 《性》4/1998六版 《權勢》10/1994四版

Cat. No. LP338-3A

ISBN-10: 962-457-184-8

ISBN-13: 978-962-457-184-4

刷次	12	11	10	9	8	7	6	5	4
年份	2020	2019	2018	2017	2016				

目錄

閱讀指引

前言

我在本書整個寫作過程中，一直很關心的一件事，就是對一般基督徒來說，祈禱、崇拜等主題都有屬靈的意味，但金錢、性及權勢等問題則是非常「屬世」了。我寫這書，就是希望可以幫助讀者認識到在處理這些「屬世」問題時，我們應有一種如踏足聖地的心態。能夠以正確的態度去處理金錢、性及權勢問題，也就能過聖潔的生活；反過來說，如果濫用金錢、性及權勢，就是玷辱了神厚賜給我們的東西。

我是抱著一個敬拜及敬畏的態度來寫這書的，因為我知道我所寫的是神聖的主題。每天寫作之前，我一定會用一段時間默想一篇詩篇，這樣，我又把整卷詩篇讀完了。我選擇詩篇，因為詩篇是用來禱告的，我希望自己的心思意念，能夠與詩篇作者心靈裏的想望相融合。透過詩篇所帶來的喜樂與美善、對主的崇拜和敬慕，使我能夠以嶄新的角度去看金錢、權勢及性等問題。我就是這樣作好準備而寫作，並完成這幾個合神心意的題目。

我在寫作過程中亦得到很大的幫助，我希望閱讀這書的讀者也同樣得著幫助。

我在開始寫作時，也留意到一個問題，就是應採用哪一個神的代名詞。我相信大家都知道神並無性別，祂既具備了我們所認識所有性別的特性，也超乎了這些特性。早在十四世紀時，諾威治的茱莉安 (Julian of Norwich) 已這樣說：「神是信實的，祂既是我們的父親，也是我們的母親。」聖經裏也同時採取了用來形容男性及女性的比喻以描述我們的神。因此，無論選用哪個代名詞，總不能將神的偉大描述完備。問題是在於人類的詞彙實在有限。可是，如果避免使用神的代名詞則會使整本書語句表達不足、有失文采，因此，我還是決定選用一般寫作上所用於男性的代詞來形容神，但我深深覺得這樣用詞還有很多不足之處。

傅士德

一九八五年二月

信友大學

引言

基督徒看**錢**、**性**與**權勢**

追求容易朽壞的財富，將一切希望寄託在金錢上；渴慕虛榮，要攀上高處；一生受情慾所支配；這都是虛空。

——金碧士（Thomas á Kempis）[註1]

今日信徒的迫切需要，是如何誠實過活，特別是在面對有關金錢、性及權勢等問題時，這需要就更見迫切。因為，這三方面的問題，比任何問題都深切地影響我們；比任何問題更糾纏不清，引起更多議論；也具更大力量給人類帶來詛咒或祝福；同時，世界上再沒有別的東西，像金錢、性及權勢那樣為人類所樂意追逐，基督徒實在需要對這些問題作出回應。

金錢、性及權勢這些問題促使我們去作出道德的抉擇。我寫這書的目的，就是為了探求如何去過合乎道德標準的生活，這書並不是一本包羅萬有的道德學教科書，我只是希望可以透過這三個現代社會的重要問題，找出一些線索，幫助我們這班基督徒去面對日常眾多的道德抉擇。

我是採用了主耶穌的方法。祂並沒有在我們生活的每個小節上都給予詳細教導。祂只是就當時諸多的重要問題，指出福音與它們的關係，我們便可以循著這些例子，在道德問題上作出適當的抉擇。

主對金錢、性及權勢等問題都非常重視，而在這三個問題上，主較多談論金錢和權勢，對於性問題，則較少涉及，原因是當時的性問題並未及現在那樣富爭論性。但我們今天卻要認真地對付性問題，因為人類始終未能把一直被視為次要的情慾之愛提升至神聖的盟愛裏，這真是現今世代的悲哀。

我為何要寫金錢、性及權勢？

也許你會想知道我為甚麼要以金錢、性及權勢作為這書的題材，答案很簡單，自古至今，甚至在我們個人經歷中，這些問題都是錯綜複雜，糾纏不清。金錢顯示了權力，性是用以獲取權力和金錢的途徑，至於權力則常被喻為「最佳春藥」，以下我們將會詳盡地去討論它們的相互關係。有人曾這樣形容性與貧窮的關係：性，是窮男人在假期裏的惟一消遣，但卻是窮女人終生的不幸；也有人認為權力與財富的關係是：權力可用以操縱財富，財富則可用來收買權力。總而言之，我們沒有可能（也無此需要）去澄清這三個問題錯綜複雜的關係。

我選擇這三個問題的另一個原因就是為了今日的需要。金錢、性、權勢分別為我們的文明帶來了大變動，現今正是我們要面對這三個問題的時候了，不但基督徒需要重新認識，如何面對這些問題忠誠過活，而慕道的朋友亦需要得著一點提示，認識到作主的門徒，應有甚麼準備。

我選上這三個問題還有第三個原因。從過去的歷史，我們發現每次靈性大復興，必會在金錢、性及權勢等問題上，出現了強大而明確的回應，就像本篤修會運動(Benedictine movement)、方濟會運動(Franciscan movement)、細斯特仙運動(Cistercian movement)、基督教改革運動(Reformation movement)、衞理公會運動(Methodist movement)以及近代的宣教運動等。這些運動的出現，總是為某一文化帶來屬靈的經歷及道德生活的更新，今日，我們也需要一個能夠使道德生活有力的靈裏更新。

社會意義

這三個問題所涉及的社會意義非常廣泛，大大影響了個人或團體的生活。就社會意義而言，金錢牽涉「事業」，性及權勢則分別與「婚姻」及「政權」有關。[註2]

我是從廣義去看「事業」、「婚姻」及「政權」。我所說的「事業」，是泛指利用貨物或服務去叫人得益或受害的工作；我指的「婚姻」，是那種可以是人與人之間最親密或是最疏離的關係；至於「政權」，則是指可為人類帶來自由或專制的人為組織。由此可知，金錢、性及權勢都是非常重要的問題，不但只關乎每一個人，也影響了整個社會。

事業、婚姻及政權既可以為人類帶來無窮的幸福，也足以成為人類極大的災害，造成這些影響的因素很多，也非常複雜。只是讓「合適」的人去管理事業或投身政權掌事並不能解決問題。不錯，能夠找到「合適」的人，當然是一件美事，但並不能保證這些事業或政權就可以為人羣服務。在這些機構裏面，隱藏了一股破壞力，實在要靠神的力量去加以改變才可以讓人類受益。

歷代的論題

一直以來，金錢、性及權勢都是與人類息息相關的道德問題。杜斯托夫斯基(Dostoevsky)[註3]的名作《傻子》(*The Idiot*)，其內容就是圍繞這三個問題。這部小說的主人翁邁殊根王子(Prince Myshkin)，是個有基督心腸的人，但他卻處身於各人均以追逐名利、性慾為私務的世代。邁殊根王子不驕、不貪、無恨、無妒、淡泊名利、泰然自若，他的「不正常」行為，實在叫當時的人感到莫名其妙。王子的單純和率直取得了人們的信任，但另一方面，由於他毫無私心，人們都稱他為傻子。杜斯托夫斯基以巧妙的筆法，將名、利、情慾等問題透過生動的故事表達出來，並以王子的行為與他身旁的人物表現作成尖銳的對比。正如作者所說，王子是一個「不尚虛飾、不慕財富、也無意去賺取別人稱譽的人，他所渴慕的只是真理！」[註4]杜斯托夫斯基曾在一封信內表示，他只「希望能塑造出一個真正美麗的靈魂。」[註5]

當年杜斯托夫斯基所處身的貴族社會，固然不會理解一個像邁殊根王子這種人的心態，就是今日的社會，也同樣不會明白。試想想，如果邁殊根王子要在電視劇裏客串一角，相信編劇們一定會束手無策，要安排這個無慾無求，也無意爭名奪利的角色，實在費煞思量了！

《傻子》所帶出的問題是：哪個才是真正的「傻子」？也許那些生命充滿貪婪，被權力和情慾支配的人，才是真正的傻子吧！

杜斯托夫斯基只是眾多以嚴肅及不撓的態度去面對金

錢、性慾及權勢問題的人其中之一位。事實上，這些問題，也是每個偉大思想家及每個重要運動的思想中心。古時修道士立志過赤貧、禁慾、謹守的生活，正是對這三大問題的一個鮮明、直接的回應。還有那些清教徒，他們所強調的勤勞、信實、遵守命令，都給予我們不少提示。

金錢的歷史觀

渴想過奢侈生活已成現代人的一般心態。現代人追求「愈多愈好」的慾望顯然是一種病態，與現實完全脫節。另一方面，第三世界與第一世界的貧富差距也愈來愈大，處身在這個複雜的世代，很多信徒猶感無所適從。

古時的修道士甘於貧窮，放棄了很多東西，對當時社會的價值觀予以頑強的抗衡。他們說「不」以求「是」，放棄「擁有財產」的權利，以求學習與世俗隔離。

方濟會的尊力伯修士（Brother Juniper）成功地學會了遠離世俗，卻被人稱為傻子。有一次，他經過一個佈置得很精緻的祭壇，發現祭壇前面的帷子上掛了一些銀環，尊力伯修士隨手拿起一個銀環說：「這些銀環都是多餘的東西。」然後便把銀環剪去送給窮人。祭司知道後，當然是非常憤怒，尊力伯修士實在無法明白祭司為甚麼會那樣生氣，他認為自己已為祭司作了件好事，把他從「世俗虛榮的展飾」[註6]中拯救出來，但尊力伯修士那份出世的情操，卻叫聖法蘭西斯修士（Saint Francis）深受感動。他激動的喊道：「我親愛的弟兄，我多麼希望也可以送走這大量的銀環呢！」[註7]

今天，我們實在要向他們學習。看看我們自己：我們喜愛名利多於福音；我們惶恐度日，對神缺乏信心；我們以人的成就去衡量人；我們喜愛任意揮霍。

另一方面，清教徒則以「勤勞」來面對金錢問題。他們強調刻苦，因為他們深信工作是神聖的。他們反對將事情分為聖俗類別，並認為個人的屬靈生活可以透過他清潔的工作表現出來。在《商人的呼召》（*The Tradesman's Calling*）一書中，作者史鐵利（Richard Steele）說：「只有在商店裏，你才可以真正感到神的同在與祝福。」[註8]

清教徒認為他們的工作都受神的呼召。馬特科頓（Cotton Mather）[註9] 曾說：「哦！讓每位信徒與神同行，在神的呼召中工作，把工作仰望祂，並在祂面前作工！」[註10]工作是一個榮耀神、服事人的好機會。

此外，清教徒又強調工作要有節制，他們否定工作狂，也不贊成偷懶，既然工作的目的是為了榮耀神而非賺取金錢，太多工作或太少工作都不合宜。史鐵利指出一個人不能「為了增加財富而身兼多職。」[註11]

今天，我們實在要向他們學習。我們認為工作沉悶無意義，喜愛懶散度日；我們身兼數職，只為賺錢更多。

我們能為修道士與清教徒留下「自甘貧窮」及「刻苦」的榜樣而感到欣慰，但今天我們需要有另一種態度和方法去面對金錢問題。讓我們思想怎樣去抗衡現今求財的狂熱，而且也不盲目的奉行禁慾主義；怎樣去使用金錢而不致成為金錢的奴隸；怎樣在金錢的問題上學習順服神的旨意。

性慾的歷史觀

今天的人對「性」都持有混淆不清的觀念。不少人認為「愛情」只限於牀上，也有不少人以婚外情是一件光榮事。「性」所包含的永恆及忠誠等原有的情操，似乎已不復存在。生活於這個時代，不少追求誠實生活的人惟有努力為自己尋找「性」的定義。

古時的修道士以「貞潔」來對付性的問題，他們要付出的很多。他們選擇獨身來學習倒空自己，在這個人際關係異常複雜的社會中，他們所持守的「貞潔」、「倒空」正好成了見證。阿奎那多馬（Thomas Aquinas）[註12]稱獨身為「倒空為主」，盧雲（Henri Nouwen）也說過「過獨身生活的人，是倒空為主，留下自由身與主同在，隨時候命為主作工。」[註13]

「貞潔」對毫無節制的縱慾行為提出了控訴，也提醒我們紀律與克制自己是基督徒必須履行的責任。人們對性的迷醉只是反映了現今社會普遍縱慾的情況。一位方濟會的基爾斯修士（Giles）[註14]曾說：「我認為持守貞潔，就是依靠神的恩典去謹慎處理自己所有的感覺。」[註15]我們今天所需要的，就是學習怎樣在神恩典的引導下，去謹慎處理自己的感覺。

我們實在要向他們學習，我們非常害怕孤單，寧願以人際關係來取代與神的關係；我們與世人一樣戀慕自己；我們逃避紀律，視紀律為大災害。

清教徒對付性問題的方法是：持守忠誠。可是，由於我們對清教徒的思想有所誤解，對於這個健康的處理方法，也就無法明白。事實上，今天很多人仍然會把清教徒視為一班禁慾及受到種種不健康約束的人。其實，這個說法用來形容十七及十八世紀的清教徒一點也不適合，如果用來形容十九世紀維多利亞女王時代的人，反而更為恰當。清教徒並不是古板的禁慾主義者，他們懂得笑，也認識怎樣去愛。一六六零年，溫特祿（Fritz-John Winthrop）[註16]請希斯（John Haynes）代買一對吊襪帶作為送給未婚妻的禮物，希斯寫了一封信，夾在吊襪帶內，信中取笑溫特祿說：「有了美女的腿子，你應該高興啦！」[註17]一六九四年，科頓（John Cotton）在一次婚禮的訓勉中，提到一對夫婦為了專心懺悔禱告而沒有性生活，科頓指出他們的決定是「盲目熱心」，更不合乎神的吩咐：「那人獨居不好！」[註18]

清教徒不斷思想信徒在婚姻及家庭生活應持的原則。他們與一般天主教及部分基督教信徒在婚姻問題上的最大不同點，就是他們認為婚姻的主要目的是找個伴兒，而健康的性生活是維持這種伴侶關係的重要一環。比瑪（Bremer）曾說：「把清教徒視為一班羞於談性，對性問題諸多譴責的人，實在毫無根據，從他們的日記、書信及其他文章看來，清教徒在討論性問題，較他們的後人，更持開放態度。」[註19]

此外，清教徒更努力去找出信徒對離婚及再婚的原則。在這些問題上，他們可說是當時的「開明人士」，他們根據聖經及實際的理由，反對中世紀教會不准離婚的規定。柏堅斯（Perkins）認為男女均可以在不忠、被遺棄、疾病、精神不健全等理由而提出離婚。*此外，由於清教徒以尋找伴侶為結婚的主要目的，所以彌耳頓[註20] (John Milton) 還提出「性格不合」也是有效的離婚理由。[註21]

我們實在要向他們學習。我們一再婚變而毫無悔意；我們為了遏止離婚而強把重擔加在他人身上。

修道士以「貞潔」，清教徒以「信實」來面對性問題，今天，我們也迫切需要另一種方法，以直截了當及憐恤的態度來處理同樣問題，讓我們肯定性乃神所賜而不會流於濫交；讓我們認識婚姻生活的完美但不會對獨身抱輕蔑態度；此外，我們更需要去界定性的道德範疇，也樂意活在這範疇中。

權力的歷史觀

我們今天都盲目推崇權力，不少書籍都在渲染權力主義。今日的政界領導人所致力的，是謀取權位多於為人羣服務；商界行政人員所關心的，是能否保存高位多於出產有用的商品；大學教授所選擇的，是複雜深奧的學問而不是真理；宗教領袖所專注的，是能否保持自己的形像多於傳揚福音。處身在這樣一個權力至上的社會中，很多基督徒真不懂得怎樣去過真正的道德生活。

---

* 納賓(M.M. Knappen)在《都鐸王朝的清教派》(*Tudor Puritanism*)其中一章：*A Chapter in the History of Idealism* (Chicago: The University of Chicago Press, 1939), p.459~461，討論了清教徒的歷史，內容非常有趣，也引起不少爭論。有關這些爭論，可參考John Rainolds的《對改革教會所受批判的答辯》(*A Defence of the Judgment of the Reformed Churches*), 1609：男人不但可合法地以通姦理由休妻，也可再婚，以及Edmund Bunry的《有關以通姦理由離婚與再婚》(*Of Divorce for Adulterie and Marring Again*), p.1610.

「順從」是修道士面對權力問題所採取的方法。他們棄絕一切權力，學習服事。對於修道士所選擇的貧窮及聖潔生活，現代人已是無法理解，他們所提倡的「順服」，就更受我們的譴責，容讓別人掌管自己的生命，實與我們今天社會的情況完全背道而馳，無怪乎我們會立即就有憤怒，甚至抗拒的反應。

修道士是透過順從來學習事奉。順從把他們維繫在一起，叫他們互相向對方負責。同時，順從也教導他們從別人身上學會接受神的管理。有一次，聖法蘭西斯修士(St. Francis)[註22]為了自己的事奉方向，請加拉修女(Sister Clare)[註23]和馬斯奧修士(Brother Masseo)代他求問神。當他們回來時，聖法蘭西斯修士立即跪下說：「主耶穌有甚麼吩咐？」[註24]由此可見，聖法蘭西斯修士所關心的，並不是兩位兄姊的意見或輔導，而是主的命令。由於順從，聖法蘭西斯放棄己意而遵行神的旨意，在這件事情上，他是透過別人的代求而聽到神的話。保夫(Leonardo Boff)說得很對：「順服是為神而作的一個最自由的決定。」[註25]順服幫助我們清楚認識到只有捨棄自己，才能真正找回我們自己。

我們實在需要向他們學習。因為我們不願意向任何人負責，我們只貪求權與位，以服事他人為有損身分。

清教徒以遵行命令來應付權力問題。教會的秩序是建基於「具體可見的契約」的觀念上，這約就是各人在互相支持和互相承擔裏的委身，目的是把教會權力分給各人。[註26]若把此等權力用作去推動各人彼此相愛及行善，效果將會非常理想。

至於國家的命令，則建基在「共和國」的意念上。清教徒有著很偉大的目標：一個奉行聖經真理的政府，轄下有各地方行政官負責執行神的旨意。清教徒是希望利用國家的權力，不但將道德品格帶到羣體生活中，也帶入個人的生活裏*。

但事實上，我們卻反對所有權柄和命令；我們偏愛己路而不喜愛與神有交通。誠然，我們應多向清教徒學習。

誠然，修道士的順服與清教徒的遵行命令都帶給我們很多啟示，但我們今天更需要以積極及創新的態度，對權力問題作出回應。讓我們善用權力而不致為權力所累；讓我們懂得怎樣在權柄與順服兩者之間取得均衡；讓領袖們學效主僕役般的樣式。

好事轉壞

事實上，金錢、性及權勢在基督徒的生命及經歷裏都佔了一定位置，如處理得當，金錢、性及權力可為人類帶來無比祝福，舉例來説，金錢可為人類帶來更豐足的生活，無論食、住、教育都需要金錢。我曾經多次看見學生在得到經濟支持時，高興得跳起來的樣子；在性方面，我也曾輔導多對年輕夫婦，目睹他們在內心創傷得到醫治，或對性有新體會時那種奇妙的改變；而權力，在真正屬靈領袖

*清教徒遵行命令的主張亦導致很多不良後果。當這種「教會權力」被使用去打擊異教徒，我們發現這種權力變了質，莎琳女巫（Salem Witch）的審訊事件就是一個好例子。同樣，我們也可以在修道士處理金錢、性及權力的方法上找到不少缺點。金錢、性及權力實在太誘人了，就是在宗教的圈子中，那種引誘我們去操縱，去控制，去壓迫的試探仍是很大的。

的手中，更可用以釋放他人，成為別人的祝福，我親眼看見某些人的存在，是其他人的福氣。

我要一再強調，如果能夠善於處理，金錢、性及權勢將為人類帶來不少好處，可是，如何去處理，以及它們將要發揮甚麼功用，便是我寫這書的目的。

與此同時，我亦要強調，我們現在要處理的問題，不但具爆炸性，而且很容易變為「惡魔」，叫我們抱恨終身。

金錢的「惡魔」是貪婪。沒有任何事比人的佔有慾對人類造成更大的破壞力。在《傻子》一書中，杜斯托夫斯基透過其中一位人物有這樣的看法：「今天各人的心已被貪婪所佔據，他們對金錢的戀慕已達瘋狂地步。」註27

性的「惡魔」是情慾。真摯的性生活可幫助我們找回自己；淫慾只換來失去自我的感覺，從解放至縱慾，從需要至貪婪。

權力的「惡魔」是自高。善用權力為人帶來釋放，自高的人只會考慮怎樣去支配別人；善用權力可以改善人際關係，自高則只會破壞人類的相交。

貪婪、情慾及自高等「惡魔」都可以驅走，但「驅魔術」不會輕易成功。*如果急於求成，則「驅魔術」不但會驅走魔鬼，就連天使也會一併被趕出去。此外，一旦「惡魔」被趕走了，我們便要知道怎樣處理我們裏面的「空間」，否則這個「空間」只會引來更多的「惡魔」(太十二43～45)。

我們需要知道，在這些事情上，我們不能保持中立，

---

*這兒所指的「惡魔」及「驅魔術」只是比喻，我並不是說那些有貪念、自高，或被情慾所困的人都被「鬼附」，需要替他們「驅魔」。

希望事情可以自動得到解決。如果我們不去驅走貪婪、淫慾及自高，我們便註定要受它們的轄制。這些「惡魔」可能以「天使」的樣式出現，卻帶來驚人的破壞力。

如果我們的施贈是帶有貪念，受我們恩惠的人將會極為不幸。事實上，當貪婪摻入施予，那份表面看來是那麼偉大的施贈就更加可怕。出於貪念的施予，只會破壞整件事，因為貪心的我們，一定希望在施贈的事情上得回一點利益，無怪乎使徒保羅説：縱使我們將所有捨去，但沒有愛，「仍然與我無益」(林前十三3)。

在性的方面，我們發覺情慾也會以天使的形像出現。情慾可以捆綁一個人，卻被看為是好得無比的。事實上，很多夫婦的結合是基於情慾而並非愛情。情慾和愛情看來非常相似，但情慾的結果是使人失去人性，讓人不再視配偶為人，而是一件「東西」，因此，人就變成一些可以爭奪的物件，可以贏取的獎品，可以受我控制的玩物，「內子」和「外遇」都變成「我的玩偶」。

同樣，我們都希望把權力運用於善途，但如果帶著自高來使用權力，結果便是操縱、支配及暴政。鍾斯鎮(Jonestown)[註20]的悲劇就是一個好例子——原先是一項崇高的服務，後來卻變成了無窮的破壞。權力摻入了驕傲自大，只會變為極端的利己主義。

聽命於主

面對金錢、性及權勢等問題，我們可以怎樣忠誠地過活？今天，我們迫切需要尋得答案。可是，要解決這些問題，並不能一蹴而就，也不是唾手可得，而是需要我們用誠意去努力探索。

修道士就當時的文化，以自甘貧窮、貞潔及順服解決這些問題，清教徒則將修道士的信念帶到日常生活中，於是提出了勤勞、信實和遵行命令，他們已分別就本身的文化，對問題作出回應。今天我們要面對的，也是怎樣就我們的文化，尋求解決問題的方法。

我們固然可以向他們多多學習，但我們不能在解決金錢、性及權勢的問題上，完全倣效他們的作法。我們所生活的年代跟他們不同，我們今天所要面對的問題，在他們的年代並未出現過。新的年代需要新的應付方法，在解決金錢、性、權勢等問題上作出新的回應。

今天，我們基督徒需要提出一個新的應付方法，重新喚起弟兄姊妹對神的順服，這實在是非常重要，刻不容緩。願我們都過著一個快樂、自信、順服的生活，在這世代中作美好的見證。

第一部分：錢

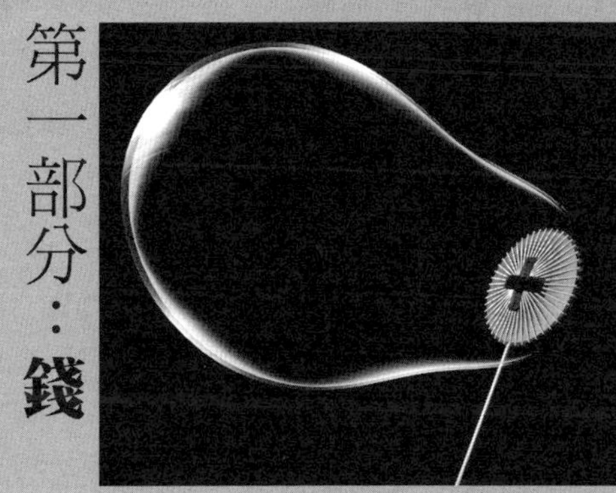

第一章
金錢的黑暗面

在現今社會裏，金錢所扮演的角色，就像聖靈在教會中所扮演的角色一樣重要。

——梅頓(Thomas Merton)[註1]

馬丁路德憑著敏銳的觀察，注意到「作為一個基督徒，是必須經歷在心意上、思想上和金錢上的三種轉變。」[註2]對我們現代人而言，在這三者之中，最困難的可能是在金錢上的轉變。我們甚至對有關金錢的問題，亦感到難以啟齒。事實上，我最近聽到有一對夫婦，他倆都是心理學家，他們在兒女面前，可以很公開和坦白地談及性、死亡和各種難解的問題。但是，當他們涉及有關金錢問題談話時，卻要進入睡房，並且要關上門。在一項有關心理治療的調查中，心理學家們列出不應與病人作的多項事情裏，借錢予病人是最大的禁忌，更甚於觸摸、親吻病人，或與他們發生性接觸。對我們來說，金錢實在是一項「不宜討論」的問題。

然而，除天國以外，耶穌論及金錢的次數，是多於其他問題的。耶穌在如何對待金錢的問題上，用了不少的時間和精神。在「寡婦的小錢」這個動人的故事中，我們知道耶穌是刻意坐在銀庫前，看看眾人怎樣投錢入庫(可十二41)。祂看到眾人所投的，也洞悉他們在施予時的心態。對耶穌來說，施予並不是一樁私事，祂並不像我們今天的人那樣，在窺探別人的私事時，總是尷尬地躲開別人的眼光。耶穌不但認為施予是件公開的事情，祂更利用這個機會來教導門徒有關奉獻的功課。

耶穌對金錢問題的細心關注，是福音書中一件叫人驚訝的事情。祂所關心的範圍實在令人吃驚：從撒種的比喻到富農的比喻，從與富有年青長官的接觸以至與撒該的接觸，從馬太福音第六章對積聚財寶的教導以至路加福音第六章論及富足的禍害。

兩條主流

在我所寫的《簡樸生活真諦》一書中，我已深入探討過新舊約聖經對金錢的看法，因此不會在這裏重述一次。* 不過我們需要注意到，在整本聖經，有關金錢的教訓是分為兩大主流的。這教訓所涉及的兩個主流，不但是相反的，有時更好像是互相矛盾的。我們毋須為此驚訝，聖經既然是由神親自監督而寫成，其中的內容一定能夠確實地反映出我們生活中的現實世界，而我們在生活經驗中，對矛盾及令人困惑的事物又是如此熟悉，相信我們是可以明白的。只有傲慢的人和教條主義者，才會感到無法接受這種矛盾的存在。

---

* 見 *Freedom of Simplicity* (San Francisco: Harper & Row, 1978)，中譯本見《簡樸生活真諦》(周天和譯，學生福音團契出版，一九八七年四月初版)，請特別留意第二和第三章，在那裏我討論了有關基督徒過簡樸生活的問題——一個比金錢更大的問題。大家將在這本書中找到很多耶穌對金錢的教訓。此外，我也在 *Celebration of Discipline* 第六章討論了這個問題，中譯本見《屬靈操練禮讚》(周天和譯，學生福音團契出版，一九八二年四月初版)。

黑暗的一面

有關金錢教訓的第一條主流，就是「金錢的黑暗面」。我所指的，是金錢可以威脅我們與神之間的關係；也否定了主耶穌對財富所作出的強烈批評。主所發出的警告和勸諭是不斷重複的，幾乎是千篇一律。「你們富足的人有禍了」(路六24)；「你們不能事奉神，又事奉瑪門」(路十六13)；「不要為自己積儹財寶在地上」(太六19)；「駱駝穿過針的眼，比財主進神的國還容易呢」(太十九24)；「你們要謹慎自守，免去一切的貪心」(路十二15)；「你們要變賣所有的，賙濟人」(路十二33)；「凡求你的，就給他，有人奪你的東西去，不用再要回來」(路六30)。此外，還有很多類似的提醒，未能一一盡錄。

這些教訓都是很清楚和很嚴厲的。我們也許會有一個衝動，想立刻提出反駁或嘗試，找出一些有關金錢的光明面的經文來對抗這些批評。不過，我們千萬不要如此，最低限度不是在這個時候。我們應該讓聖經在這個問題上對我們說話，而不應過於倉卒去剔除教訓中對我們的譴責。在我們嘗試解釋這個教訓不合時宜，或企圖要提出種種辯證，或嘗試以任何方法詮釋，或解決這問題前，讓我們先來聆聽聖經的話。

要發掘聖經中有關金錢的教訓，並非真的這般困難。*只要我們認真地將聖經讀一遍，我們便能對聖經在這問題上的看法，有較為清楚的認識。事實上，聖經在解釋金錢

---

*我也注意到其他人所提出的困難，例如新舊約聖經對金錢有不同角度的討論。不過，我們不應受這些問題影響，因為聖經所見證的事已明確而全面的在我們的面前展明。

問題方面，比解釋其他問題，更為清楚和直接。我們的問題並不在於不明白有關的教訓，而是當我們開始面對金錢的黑暗面時，我們會懼怕。耶穌的話確實叫我們害怕，我們要克服這種恐懼，才可以真正聆聽聖經有關這個問題的教訓。

我們懼怕是有理由的。事實上，我們一向對富足生活方式的所有概念，都違反了耶穌的教訓。主耶穌的話語，實在叫我們、教會，甚至是整個經濟及政治社會感到震驚。祂的說話是要向我們這世界上擁有優越地位者發出挑戰，呼籲我們去積極作出犧牲，我們的確是應該恐懼的。

不過，我們所以恐懼，其實還有更複雜的理由。我們會害怕一文不名，因為我們的父母曾經一文不名。我們會害怕失敗，也害怕成功。我們的父母可能為金錢焦慮，我們也有同樣的憂慮。我們恐懼，也是由於看見有些人聽了耶穌的教訓後會作出一些「荒謬」的行動。

我無意輕視這些恐懼，因為它們都是合理的，並且是需要我們去處理的。在較後的篇幅，我將與大家討論如何克服我們的恐懼。現在，只要我們以信靠的心代替恐懼的心，我們便會更有力量去接受耶穌對財富的嚴厲批評。

光明的一面

如果我們僅是專注這些警告，便會曲解新約的教訓。因為在新約教訓中還有另一條主流，我稱之為金錢的光明面。我所指的，是我們可以使用金錢，來加強我們與神之間的關係，以及成為人們的祝福。一顆施予的心能使我們的祈禱和奉獻生活更加有力。當撒該願意將他屬地的財富轉為天上的財富時，耶穌高興地宣佈：「今天救恩到了這家」(路十九9)。馬利亞用香膏抹主是很奢侈的，但記載這事的經文，總提及耶穌對她的稱讚(太二十六6～12；路七36～50；約十二1～8)。好撒瑪利亞人慷慨地以金錢助人，得以接近神的國度。

這些有關金錢光明面的教訓還可以作進一步的闡釋。有些時候，主耶穌會以輕鬆、毫不在乎的態度對待財富。祂允許富有的婦人支持祂的傳道事工(路一～三章)；祂與富有及有特權的人同席(路十一37，十四1)；祂參加在迦拿舉行的盛大婚筵(約二1)。因此當使徒保羅說在卑賤的時候，仍能感到豐富；在飢餓的時候，仍能感到飽足(腓四12)時，這只是主耶穌教訓中光明的一面而已。

我們如何能解決「黑暗面」和「光明面」的明顯衝突呢？我將在第三章討論這個問題。此外，我們亦毋須立即去尋求解決方法，因為那只會阻礙我們聆聽耶穌有關金錢黑暗面的教導。

經常出現的曲解情況

如果我們急於解決問題，以致未能聆聽到有關黑暗面的教訓，便會導致兩個曲解的情況出現。首先我們會認為金錢是被神祝福的一個徵兆，而貧窮則是神表示不悅的明證，這個想法很容易會使「相信神」變為一種換取個人平安與幸運的途徑，一言以蔽之，就是「愛耶穌，得財富」。事實上很多教會已經充滿著各種各樣「如何蒙福」的教導，從標榜神會祝福你至七倍，到其他花樣，總之，都是有害的。其所以有這種曲解，乃是基於一個重要的聖經教訓：神是非常慷慨的。正因為我們把聖經內有關金錢教訓的片面，作成為整個信息，於是便構成這種曲解。這種以偏概全的想法，使我們無法聆聽有關金錢黑暗面的教訓。

就是耶穌的門徒，也同樣在這種曲解中掙扎。當耶穌宣佈駱駝穿過針的眼，比財主進神的國還容易時，他們是何等的驚訝。他們詫異，因為他們相信那個富有年青長官的財富，是神特別祝福的記號，難怪他們驚叫：「這樣誰能得救呢？」(太十九25)。還有那些前來安慰約伯的人，他們看見約伯在財富上所遭受的損失，便確定約伯曾經犯罪。耶穌一再反對這種錯誤和有害的教義，並指出在神的國度中，那些貧窮的、受傷害的、絕望的人，才是祂祝福與關心的對象(太五1～12)，祂非常清楚地指出：財富並不是得到神祝福的確據(路六24)。*

第二個對金錢的錯誤見解，是與我們所領受「管家職分」的教導有關。大家在討論管家職分這問題時，全都把金錢看作一種中性和不具人格的東西。我們認為金錢只是一種「交易媒介」。根據我們所領受的教導，神給予我們金錢，是要我們去使用它、管理它、把它用於事奉之中，因此，我們只著重怎樣把神交託給我們的資源運用得最好，作神金錢的好管家。

---

* Donald Kraybill 在他所著的 *The Upside Down Kingdom*(Scottdale, Penn.: Herald Press, 1978)第七章中，討論了人要逃避主耶穌對金錢教導的十種心態。這十種心態差不多全部都是源於曲解聖經。

不過，這些有關管家職分的教導卻忽略了一點，就是金錢並非一種中性的交易媒介，而是一股有生命的「權力」，這種「權力」，具有魔性的特質。如果我們只把金錢當作一種不具人格的東西，那麼除了要考慮怎樣適當地運用它以外，便不會存在任何道德上的問題。不過，當我們認真地看聖經，便會發覺金錢是被「權力」所帶動，而我們與金錢的關係，也就會出現很多道德上的問題。

以金錢作為一種權力

只有當我們從「掌權和權力」的範疇看新約聖經中有關金錢的教訓時，這些教訓對我們才有意義。神創造了「能看見的」和「不能見的」現實(西一16)。使徒保羅採用一些術語，如「掌權的」、「有能的」、「有位的」、「主治的」和「執政的」，* 形容「不能見的」現實的某些層面。這些權力原本都是神美好創造的一部分，卻因為罪，喪失了它們與神的正常關係，它們經已跌倒，並且背棄了它們的創造者，自此以後，權力便帶來了善惡與禍福交雜的結果。保羅也認為權力既是穩定羅馬政府的力量(羅十三1)，又是我們要對抗的罪惡勢力(弗六12)。保羅相信，在地上的執政者、社會機構以及很多其他的事物背後，都有一些不能看見、或好或壞屬靈氣的權勢。

金錢就是其中一種權力。耶穌用阿拉米語的術語「瑪門」來代表財富，便是將人性和靈氣的特性加在財富上。當祂宣稱：「你們不能又事奉神，又事奉瑪門」(太六24)時，

---

* 見西一16，二15；羅八38；林前十五24～26；弗一21，二2，三10，六12等等。

祂是將瑪門人格化，使它成為一個敵擋神的神明。耶穌是毫不含糊，清清楚楚地指出，金錢並不是一種不具人格的交易媒介；金錢也不是一種在道德上屬於中性的東西，更不是一種資源，任憑我們使用於有益或有害的事情上。瑪門其實是一種尋找機會來支配我們的權力。

當聖經談到金錢是一種權力時，並不表示金錢是一些含糊或不具人格的東西，同時也和我們所理解的能力——「購買能力」不同。根據耶穌及所有新約聖經作者的教導，金錢背後存在著一股屬靈氣的力量，它給予金錢能力，亦賦予金錢獨立的生命。因此，金錢是一種靈活的媒介，它本身是一種律，並能刺激我們對它熱愛。

由於金錢能刺激我們狂熱地愛它，它的黑暗面也就表露無遺。潘霍華(Dietrich Bonhoeffer)曾經很正確地指出：「我們心內的空間，只能容納一種完完全全的委身，而我們只能忠於一位主。」我們必須識別瑪門的誘惑力。金錢擁有一股魔力，要贏取我們的心。在我們的錢幣、紙幣或任何我們用來代表金錢的物質背後，正是這種魔力在作祟。

我們都渴望可以否定金錢背後的魔力。多年來，我覺得耶穌過於誇大瑪門和神之間所存在著的鴻溝。為甚麼我們不能在基督徒生活中表現出我們已有了很大的進步，可以給予神和瑪門各自適當的地位？為甚麼我們不能成為世上快樂的兒女，正如我們是神快樂的兒女一樣？難道地上的貨財不也是為我們而預備，教我們從中得到快樂嗎？不過，我所看不見，而主耶穌卻清楚認識的一件事，就是瑪門要取得我們的心。瑪門要求我們對它盡忠，要將我們生命中的仁慈之心吸取淨盡。

因此，很多有關耶穌對財富的教訓都是福音性的。祂呼召我們離開瑪門這個偶像，去敬拜獨一的真神。當一個想成為主門徒的人表示決意跟從祂時，耶穌對他說：「狐狸有洞，天空的飛鳥有窩，人子卻沒有枕頭的地方」（太八20）。

一個富有的少年官來問耶穌，他要怎樣作才可以得永生，而他所得到的，卻是一個令人驚訝的答覆：「可去變賣你所有的，分給窮人，就必有財寶在天上，你還要來跟從我」（太十九21）。我們必須明白這個少年官的財富，就是那個要與神爭取他完全委身的勢力。我們還需注意的，就是當這個年輕人憂憂愁愁的離開時，耶穌並沒有趕上他，告訴他這只是一個比喻，而真正需要他擺上的，只是他財富中一小部分而已。事實上金錢會變成一個將我們完全吞噬的偶像，我們必須全然拒絕它。

耶穌與撒該共進午膳，有一個出人意外的結果。這個以金錢為一切的稅吏長，藉著基督的生命和同在而得以自由，他大聲宣佈說：「我把所有的一半給窮人，我若訛詐了誰，就還他四倍」（路十九8）。不過，最令人震撼的，還是耶穌這時才回應說：「今天救恩到了這家」（路十九9）。

這個教訓與今天一般傳福音的方法原來是那樣截然不同！我們所採取的方法是先叫人「得救」，然後才教導他們「基督徒的管家職分」。對我們來說，救贖通常是由得救者表示同意三兩句聲明，然後讀出指定的禱文。但是耶穌卻警告人要在決定接受這個救贖前，先計算作門徒的代價。否則，他便是作了愚蠢的決定，就好像一間公司沒有計算支出便開始興建摩天大廈，又好比一個獨裁軍官，沒有估計他得勝的機會便去開始一場戰爭（路十四25～32）。耶穌最後以一些叫人不安的話來總結這個嚴肅的教訓：「這樣，你們無論甚麼人，若不撇下一切所有的，就不能作我的門徒」（路十四33）。我從未在一個福音性的聚會中，聽見講員在發出決志邀請前，便提出這項聲明。不過，這確是耶穌所曾經作過的，且不只一次，而是重複地這樣作。

基督要我們必須先從金錢這個偶像回轉過來而歸向祂。拒絕瑪門這個偶像，是成為主耶穌門徒的先決條件。事實上，金錢確是有很多「神明」的特性。它能給予我們安全感、引誘我們犯罪、給予我們自由、賦予我們權力，它更似乎是無所不在。不過，最可怕的，還是它要爭取成為全能的「神」。

金錢希望成為無所不能、要擁有所有權力，因之它並不滿足於我們把它視為我們所珍貴的東西中其中的一種，它要擁有無上的權力，並要將其他的東西擠出去，這正是我所提到有關金錢的奇異之處。我們重視金錢的程度，已大大超過它本身的價值。事實上，我們最重視的就是金錢。大家不妨試試站在一旁，細心觀察人們如何瘋狂地攫取金錢，相信一定會「得益不淺」。這個瘋狂「搶錢」的現象並不只是在貧窮或飢餓的人身上看到，反而是在那些巨富身上顯得更加普遍。雖然更多的金錢，對他們來說，只是錦上添花，但他們仍是拼命去攫取。至於那些已得到非常足夠照顧的中產階級人士(從世界的角度看，他們是富足的)，則繼續購置過於他們所需的房屋、買過於他們所需的汽車、擁有過於他們所需的衣服。事實上，我們大部分人只需靠我們現時所擁有東西的一半便能生活，並毋須作任何重大的犧牲。可是，我們卻感到自己只是勉強達到收支相抵的地步而已，而且不論我們是賺取壹萬伍仟元、伍萬元或拾伍萬元，我們都會有這種感覺。

試想想我們加在金錢上的各種標記——這些標記與金錢的真正價值沒有任何關係。如果金錢只是一種交易媒介，那麼，我們給予金錢顯赫的地位便毫無意義，不過，我們卻這樣作。我們以一個人的收入來評定他的價值；我們以一個人所擁有金錢的多少來賦予他的地位和聲望。有時候我們所發問的問題，正好反映了我們的心態。例如我們會問：「究竟他／她值多少錢？」紐約醫院康乃爾醫學中心(New York Hospital Cornell Medical Center)的心理學教授薛克博士(Dr. Lee Salk)說：「人們用盡各種手段來查出其他人賺多少錢，原因是在我們的社會中，金錢是勢力、影響力及權力的象徵。」[註3]

本世紀內，我們目睹好幾個最龐大的勢力，企圖透過政治手段來粉碎金錢的力量，不過，它們全都失敗。例如，中國和古巴廢除以金錢作為交易的媒介，然後使人無法儲蓄，積聚資金。不過，經過一段時間以後，這些命令都要廢去，首先是金錢再次成為交易媒介，然後是金錢被儲蓄起來，最後是恢復以金錢賺取利潤。我現在舉這個例子，並不是要批評共產主義制度，而是用來證實埃羅(Jacques Ellul)[註4]

所說的話。他說：「金錢有一股不可思議的力量，可以讓它接受過一次又一次的試煉、一次又一次的打擊後，仍然屹立不倒，就像商業意識已滲透人心，再沒有任何東西可以與它對抗。」[註5]

只有當我們明白到金錢背後的魔力，我們才可以明白這些事的意義。金錢背後有一股不能見的力量，是誘惑人的、欺騙人的，這個力量要求我們作出完全的委身，使徒保羅也看到這個事實，於是告訴我們：「貪財是萬惡之根」（提前六10）。很多人都留意到，保羅並不是說「金錢是萬惡之根」，而是「貪財是萬惡之根」。不過，在這個貪財的世代，這兩個說法實際上並無分別。

保羅在很多有關金錢的言辭中，與主耶穌的見解相同。他們都認為金錢要我們對它盡忠。當保羅說貪財是萬惡之根時，他並不是指金錢造成所有罪惡，而是指一個貪財的人，他是會不擇手段去奪取和抓緊金錢。對貪財的人來說，他是會摒除一切束縛，為了金錢而去作任何事，這就是金錢的誘惑力。對貪財的人來說，是不可能有折衷辦法的，因為他已沉迷於金錢之中。今天我們已被金錢所蠶食，被它支配，金錢已成為要求人全然效忠的偶像。

因此，耶穌潔淨聖殿是一件非常重要的事情。這是一個刻意的行動，象徵彌賽亞的來臨，是要清除以色列對瑪門的崇拜。其實，在聖殿外進行買賣是很好的營業方法，因為他們提供有用的服務，雖然價格是漲了，但並不至超越人們所能負擔的。不過，耶穌卻識破這是一種偶像崇拜，直接威脅到人們對獨一真神的敬拜。

當我們對金錢的黑暗面——它的魔力——有更深的認識時，我們會更加了解耶穌對財富的嚴厲批評。如果我們沒有看到這點，便很容易會認為耶穌對金錢的激烈批評，只應用於不義的財主身上。那麼，是否那些誠實賺取金錢，而又能善用金錢的人，就不在這些批評之列呢？事實上，耶穌的教訓並不只局限於那些賺取不義之財的人，因為在祂的教訓中，對那些以正當手段取得財富的人，亦有同樣嚴厲的指責。正如那個富有的少年官，所有迹象都顯示他是一個誠實賺取財富的人（路十八18～30）。在財主和拉撒路的故事中，耶穌對財主的譴責，亦沒有任何顯示，這是與他的不誠實有關（路十六19～31）。在另一比喻中，有一個財主把倉房拆了，以便取得更多擴展的地方。我們在這比喻所見到的，只是誠實和勤勞（路十二16～21）。我們會說財主為人謹慎，不過，耶穌卻稱他為無知。

我們要了解金錢背後的魔力，才能體會耶穌對財富作出嚴厲批評的意義。金錢背後的權力，必須為耶穌基督的寶血所征服，金錢才能為神的國度帶來更大益處。

征服黑暗面

如何征服瑪門這個偶像呢？我們是要接受它，並嘗試把它應用在有益的事情上，還是我們以完全否定及棄絕的態度來逃避它呢？

這些艱深的問題是很難答的，其中部分原因是由於聖經並沒有向基督徒提供有關金錢的教條。但是，如果我們硬要從聖經中推斷出若干經濟理論，或找出十條正確判斷財經活動的規則，就是誤用和濫用聖經。其實，聖經已向我們提供更好的方法。聖經告訴我們應從哪一個角度去看我們一生中有關經濟的決定，並應許在我們要作出有關財政決定時，與我們有對話和給予輔導。聖靈與我們同在，而耶穌則是我們的老師，無論我們個人，並且在複雜的社會上碰到金錢問題，而感到無所適從時，祂都會教導我們如何去面對。

大家明白到這點後，我打算和大家分享幾個實際的建議，由於各人性格和處境不同，這些建議只好留待大家去選擇。希望這些建議能成為你旅途中的路標，鼓勵你繼續前進。

首先，讓我們研究一下自己對金錢的感受。我們大部分人需要克服的最大障礙，並不是明白聖經中有關金錢的教訓，而是如何克服我們的恐懼、不安及對金錢的罪惡感。我們真正懼怕的，是金錢這個問題，我們害怕擁有太少錢，又害怕擁有得太多，但我們的恐懼很多時都是不理性的。例如，一個賺錢比肯亞(Kenya)公民平均收入多出二十倍的人，竟會害怕瀕臨飢餓的邊緣。我們又會懼怕其他人高估了我們的財富收入，並認定我們是貪心的人。

這些都是一些真實的感受，需要我們認真處理，它們經常是來自孩童時期的記憶。當我還是一個小孩子時，我就擁有一種能為自己帶來不尋常「財富」的能力——就是我玩波子的技術，遠勝學校中其他小朋友。由於我們玩的方法是勝者可保留波子，我常在中午小息完結前，便把其他男孩所有的波子都贏過來。記得有一次，我拿著一大袋波子，將它們一個一個擲到渾濁的排水渠中，並且得意地看著其他男孩爭先恐後在污水中找波子。透過這一個經歷，我開始感受到財富所能賦予我的權力，它能操縱很多事。

我們當中有些人是在經濟衰退的年代中長大的，並且直接地體會到因缺乏而帶來的焦慮。這種經驗使我們本能地產生一種擁有和囤積的心態。因此，如果要我們放棄所擁有的東西，實在叫我們惶恐不安。我們當中另有一部分人，是在一個富足的年代中長大的，他們深深認識到過分擁有一切時的屬靈危機，因而認為儲蓄或節儉都是無聊的美德。這些感受以及很多其他感受，已規限了我們對金錢的了解。所以，只有當我們能克服這些感受時，我們才能回應聖經要我們盡忠的呼召。

第二，讓我們刻意的停止否定自己的財富，而把眼光放遠。與其將自己和其他與自己相似的人比較，以致經常發覺自己比別人窮，倒不如以世界公民的角度，看看自己和全世界人類的關係。

事實上，那些擁有汽車的人，是屬於世界上層社會；那些擁有一所房子的人，已經比這個地球上百分之九十五的人富有；你有能力買這本書，可能已使你擠身在世界富人之列；我有時間寫這本書，亦代表我是富人之一。那麼讓我們不再說謊，坦白地承認我們的財富。雖然我們大部分人都曾遇過入不敷支的困難，但讓我們認識到在芸芸世界公民之中，我們已經是十分富有的人了。

不過，請大家注意，我並不是要使大家感到內疚，而是想幫助大家對世界的真正情況有一個正確的認識。我們是富足的，事實上，我們有餘暇去看書和看電視，已證明我們是富有的了。我們毋須因自己的財富而感到慚愧，或嘗試在自己或他人面前隱藏這個事實。只有當我們接受我們的財富，並且不再逃避它時，我們才能征服它，將它運用在神美善的事工上。

第三，讓我們創造一個彼此認罪的氣氛。今日很多有關金錢的講道，只流於譴責或稱讚金錢的層面，卻沒有幫助大家明白到我們與金錢的關係。我們常有一種疏離和孤單的感覺，好像只有我們自己一人在晚上數點自己的金子。所以，如果能創造一個互相接納的氣氛，讓我們傾訴彼此的問題和挫折，坦白承認內心的恐懼和試探，那是何等美好！對於某人受到性方面的誘惑，我們可以設身處地的聆聽他的認罪；至於受到金錢誘惑的人，但願我們也能樂意去聆聽他的認罪。讓我們學習接受彼此的心靈呼籲：「原諒我，因為我犯了罪；金錢已佔據了我的心！」

我們需要其他人來聽聽我們述說恐懼和傷心的經歷，接受我們，並代我們將這一切交託在神的手裏。教會若要履行教會的職分，便需創造一個環境，讓我們表白自己在金錢上的失敗，也讓我們得到醫治。

第四，讓我們尋找一位能與我們一起掙扎，共同面對金錢問題困擾的人。如果這個人是我們的丈夫或妻子，我認為會是最理想。我們可彼此承諾，幫助對方察覺金錢的誘惑力在何時開始戰勝我們，我們需以愛心和包容作這事，不過，更重要的，是我們確實履行這個承諾。任何隱私又從未公開讓大家去矯正錯處的事情，都會被歪曲，我們每個人都極需要別人幫助我們找出自己的盲點。或許我們會希望得到更多對我們並非有益的東西，我們就需要有人幫助我們面對這個問題；或許為了基督和祂的國度，我們需要勇敢地進入商業世界闖一闖，我們需要有人鼓勵我們作這事；或許貪心的意念溜進了我們的商業經營中，我們需要別人幫助我們去察覺這貪念；或許我們的恐懼阻礙我們過一個信託的愉快生活，我們需要別人鼓勵我們重過信心的生活。

第五，讓我們尋找一些使我們與貧窮人接觸的方法。在富足之中有一項最具破壞性的影響，是把我們與貧窮人隔離，使我們看不到他們的痛苦；於是，我們便可以活在一個毋須「愛鄰舍」之假象的無知中。

我們當作些甚麼呢？我們可以選擇生活在貧窮人中間，不是向他們傳道，而是向他們學習；我們可以閱讀一些書籍，如《義憤的果子》和《貧者之歌》，以便了解生活另一面的特質和內容。我們應停止收看那些只集中表現那些虛幻富足生活的電視節目。(如果我們真的要收看這些節目，就要以批判性的態度來觀看，深知其中所展示的，是一個夢幻的世界，一個可以輕易使我們與絕大部分人類痛苦、煎熬和慘況隔離的世界。)

第六，讓我們經歷全然奉獻的意義。神吩咐亞伯拉罕獻上他的兒子以撒，我深深體會到，在他下山的時候，「我」和「我的」這兩個詞語的意義，對他來說，已完全改變。使徒保羅也說到「似乎一無所有，卻是樣樣都有的」(林後六10) 。當我們學習全然奉獻，我們便會得到這樣的經歷：甚麼都不屬於我，但每一樣東西卻為我所享用。

我們迫切需要改變對「擁有權」的理解。或許我們需要將自己所擁有的每一件東西，都刻上「由神所賜予、屬神所有、為神事工所用」的印記。我們需要找些方法，不斷提醒自己，世界是主的，不是我們的。

第七，讓我們甘心樂意，慷慨大方地施予。施予能幫助我們擊敗內心那頑強的守財奴。即使是貧窮人亦需知道他們可以施予。只有付出金錢或若干財寶的行動，才能在我們的心裏消滅那可惡的貪念。

有些人甚至會受感動放棄一切，擁抱那「尊貴的貧窮」，正如阿西西的聖法蘭西斯（St. Francis of Assisi）一樣。這命令並不適用於每一個人身上，但卻是主對某些人的要求。耶穌對那富有少年官的吩咐，就證實了這一點。對於那些蒙呼召以這種方式作出施予的人，我們絕不可輕看他們，反之，我們應與他們同樂，因為他們已漸漸從瑪門的轄制中得到釋放。

我們其餘的人可以採用其他方法去施予。我們可捐贈給那些無力償還我們而又有需要的人；我們可捐贈給教會；捐贈給教育院校；捐贈給宣教機構；我們可以用那些計劃捐出來的錢來慶祝那些需要祝賀的事，這個意見是有聖經根據的（申十四22～27），不過，無論我們作何事，讓我們都莫忘記不斷的施予。哥士比（Gordon Cosby）曾經說過：「施捨金錢，就能勝過那壓制我們的黑暗勢力。」[註6]

或許你會發覺這是十分難讀的一章；我也發覺這一章非常難寫，我是何等希望談及金錢美好和光明的一面。我們全都喜歡一些肯定的觀點而忽略那具批判性的負面。現在我們真正需要作的，就是接受那無可爭議的事實，認識到大部分耶穌對金錢的教訓，都是與黑暗面有關。只有當我們能夠面對和征服金錢的魔性後，我們才有資格去使用金錢，發揮它有用的一面。現在就讓我們轉移我們的注意力，看看金錢的光明面吧！

第二章
金錢的光明面

惟一正確的管家職分，是經得起愛心所考驗的。

——加爾文（John Calvin）

假如所有與金錢有關的問題都是罪惡的，那麼，處理有關金錢的事情將會容易得多，我們只需要否定它，逃避它便成了。但是，假如我們要忠於聖經的見證，我們便不能如此行。雖然聖經不斷就金錢的黑暗面向我們提出警告，但與此同時，聖經亦記載了不少有關金錢光明面的教訓。在這方面，金錢被視為是神給人的祝福，更令人感到驚異的是，金錢亦被視為可以加深我們與神關係的媒介。

舊約的見證

在這一方面，舊約聖經已重複的作了不少見證。神創造天地的一段記載已重複的告訴我們，主所創造的世界是美好的，伊甸園是神給始祖的豐富預備。

從神對亞伯拉罕的照顧中，我們可以看到神的慷慨。神應許叫亞伯拉罕的名為大，並使他昌盛，而神確實成就了祂自己的應許，因為經上記著説：「亞伯蘭的金、銀、牲畜極多」（創十三2）。以撒亦獲得類似的賜福，因而我們可以看到，因著以撒的財富，「非利士人就嫉妒他」（創二十六14）。

我們亦知道約伯是富有的人，而且「完全正直，敬畏神，遠離惡事」(伯一1)。約伯經過試煉後，神賜給他的，是他從前的兩倍(伯四十二10)。

所羅門王擁有的龐大財產，不但沒有令他覺得羞愧，反被認為是神喜悅他的明證(王上三13)。聖經用了不少篇幅來描述所羅門王的財富，並且說：「所羅門王的財寶與智慧，勝過天下的列王」(王上十23)。示巴女王覲見所羅門王的記載，更強調了他的財富。示巴女王詫異的說：「我先不信那些話，及至我來親眼見了，才知道人所告訴我的，還不到一半。你的智慧和你的福分，越過我所聽見的風聲」(王上十7)。

類似的記載多得不可勝數，其中包括了流奶與蜜之地的應許，以至敞開天上窗戶，傾福至我們無處可容的應許(瑪三10)。物質並不是與靈命相對立或相矛盾，反之，物質與靈命是有著密切的關係。

新約的見證

新約聖經亦繼續支持這論點。在新約聖經中，金錢被視為是加深我們與神的關係及愛鄰舍的媒介。博士將財富獻給嬰孩耶穌以表崇敬；撒該慷慨地賠償被他訛詐的人；寡婦獻出她所有；富有的婦女供給門徒所需(路八2～3)；而亞利馬太的財主約瑟和尼哥底母均利用自己的財富來服事耶穌(太二十七57～61；約十九38～42)。

主耶穌教導我們為日用的飲食祈禱，將物質需要和靈命的關係拉近了。我們不應輕看物質，亦不應將物質視為真正屬靈特質以外的東西。事實上，物質是那位豐盛的主賜給我們的豐富禮物。

使徒行傳裏記載，巴拿巴是真正的勸慰子，因為他變賣自己的田地來支持初期教會（徒四36～37）。我們也知道哥尼流「多多賙濟百姓，常常禱告」（徒十2）。還有，賣紫色布匹的呂底亞用她的地位和財富來幫助初期教會（徒十六14）。

使徒保羅藉著給耶路撒冷眾聖徒的捐獻，説明甘心樂意的施予會帶來屬靈的福分（林後八～九章），他甚至認為施予是屬靈恩賜之一（羅十二8）。

由此可見，新約聖經中有不少教訓是以積極的態度來處理金錢的。現在讓我們看看金錢怎樣加深我們與神之間的關係。

美好的世界

在整本聖經裏，神賜給人各樣賴以存活的東西，這些都被視為是慈愛的神所賜的厚恩。神所造的一切都是好的，是非常好的，是用以賜福給人和延長生命的，我們真要為恩慈的主豐富的預備獻上感謝！我寫這段文字的時候，屋外的小鳥正在歌唱，可能牠們正在為廣闊的天空、海洋和陸地而感謝神。我們也可以用喜樂的歌聲來跟小鳥一起感謝神，事實上，神已賜給我們一個美好的世界。透過感謝和讚美，這世上一切美好的東西可以幫助我們更加接近神。

最奇妙的是，這一切美好的東西都不是我們勞碌換來的成果，而是神所賜予的禮物，不是我們自己賺取的，也是不可能賺取得到的。神告訴以色列人，祂賜給他們的地方「有城邑，又大又美，非你所建造的。有房屋，裝滿各樣美物，非你所裝滿的。有鑿成的水井，非你所鑿成的。還有葡萄園、橄欖園，非你所栽種的」(申六10下～11)。不是他們所建造的房屋、不是他們所鑿成的水井、不是他們所栽種的果樹——這都是神對人的厚恩。

我們不需要刻意去回顧自己的經驗，便可以知道神也是如此厚待我們。很多時候，我們努力工作，苦心經營，但卻收成不多，甚至徒勞無功；可是，轉眼間，我們卻出乎意料的從各處獲得美好的福分。在我們的事業及經濟上，很多因素都是不受我們控制的。

古以色列的農民對這一點非常清楚。他們努力的耕種，但同時他們亦知道自己沒法叫穀物生長。旱災、火災、瘟疫，以及數以百計的其他事情都可以將他們所辛勞的成果毀於一旦。他們深深的體會，亦很清楚明白，好的收成是慈愛的主豐盛的預備。

當然，最豐富的預備就是我們可以靠著恩典得以存活。我們認識蒙恩得救是一件美好的事，也要認識靠恩典存活同樣是一件美事。我們雖然要勞碌，就像天空的飛鳥勞碌一樣，但我們毋須瘋狂地搶奪，因為那一位看顧空中飛鳥的，必然也看顧我們。

因此，我們學習到金錢以及用金錢所購買的東西都是從慈愛的神而來的豐盛恩典，同時我們亦可發現到它們怎樣豐富了我們與神之間的關係。我們的經驗，正好回應了申命記的記載：「耶和華你神在你一切的土產上，和你手裏所辦的事上，要賜福與你，你就非常的歡樂」(申十六15)。對神的頌讚要成為我們經驗的一部分；喜樂、謝恩、讚美，亦成了我們生活的表記。從前猶太人的節期多半都離不開謝恩，其中一個原因就是他們深切體會到神豐盛的預備。

神的主權

與神的預備有密切關係的就是神的主權。聖經中的記載，最明顯的一項就是神擁有一切的東西。神向約伯宣佈：「天下萬物都是我的」(伯四十一11)。祂又向摩西說：「全地都是我的」(出十九5～6)。詩篇的作者也說：「地和其中所充滿的，世界和住在其間的，都屬耶和華」(詩二十四1)。

我們現代人要認同這些教訓是不容易的。我們所接受的教導主要是來自羅馬人的觀念，認為主權是一種「天然的權利」。因此任何足以侵犯我們的「財產權」的事物或人，都會與我們的世界觀有所抵觸。再加上看似是與生俱來的自我中心之本性，我們都會把「財產權」看得比「人權」更為重要。

但是，聖經中很清楚的記載，神是擁有絕對權的主宰，而我們只是管家。神有絕對主權來限制人積聚土地與財富。舉例來說，神要求人將地裏部分出產分給窮人(申十四28～29)；又吩咐每七年便要讓土地歇息，而從地裏自生出來的穀物都要分給有需要的人，好叫「民中的窮人有喫的」(出二十三11)。此外，每五十年為一禧年，在禧年的時候，所有奴隸都會得到自由，一切的債項都可獲免除，所有的田地都會物歸原主。神這樣的命令破壞了每個人的經濟計劃，但祂所持的原因非常簡單，就是「地是我的」(利二十五23)。

其實，神對萬物的主權亦加深了我們與祂的關係。當我們真的知道全地都是屬於主的，那麼，財產本身就會叫我們更注意神。舉例來說，假如我們搬到一位著名女演員的度假屋居住，並負責管理那房子，我們就會因為住在她家裏的緣故而常常想起她，而且很多事情都會令我們聯想到她，而我們與神的關係也正是如此。我們所居住的房子是祂的，所駕駛的汽車是祂的，所栽種的花草也是祂的，我們只是這些東西的暫時管家，它們都是屬於神的。

明白神的主權能夠讓我們從佔有慾和焦慮中解脫出來。我們盡了全力去管理神所託付給我們的東西之後，就知道這些東西其實掌管在大能者的手中。當衛斯理(John Wesley)知道自己的家被火燒毀時，他高聲說：「神的房子被燒毀了，我少了一項責任！」[註1]

神的主權亦改變了我們在奉獻時所提出的問題，我們不再問「應該奉獻多少錢給神？」而是問：「我們該從神的銀錢中留下多少給自己？」這兩項問題的分別是很大的。

施予的恩典

施予的恩典通常對我們的信心生活有很大的刺激作用，因此奉獻便成為敬拜生活的一部分。

從以賽亞書五十八章中我們可以看到，一個很虔誠的人，由於只有虔敬的心而沒有主動去關心那些貧窮及受壓迫的人，結果他的虔敬並不蒙悅納。神說：「我所揀選的禁食，不是要鬆開兇惡的繩，解下軛上的索，使被欺壓的得自由，折斷一切的軛麼」(賽五十八6)。只有敬虔而沒有公義是不行的。假如想自己的禁食有真正的屬靈意義，便要「把你的餅分給飢餓的人，將飄流的窮人接到你家中」(賽五十八7)。

假如我們的靈性正陷於低潮，假如研經時覺得乏味，假如禱告覺得空洞，那麼，我們最需要的，可能就是甘心樂意的施予。施予能使我們的靈命更多進入真實，更加充滿生命活力。

金錢是我們表示愛神的有效途徑之一，因為它是我們生活的一部分。一位經濟學家這樣說：「金錢是一股力量，因著它與物主的親密關係，人付錢的時候往往連自己也付上了。」[註2]在某種意義上來說，金錢是有性格的，它的性格是受我們影響的，因此當我們付錢的時候，我們就是付上了自己。我們唱的詩歌說：「虔誠奉獻我全生，靜候主命謹遵行。」但我們必須清楚說明是怎樣的奉獻，因此歌詞又說：「虔誠奉獻我金銀，不為自己留分文。」我們是透過奉獻金錢來奉獻我們自己。

萬寧治醫生(Dr. Karl Menninger)曾經問一位富有的病人說：「你打算怎樣處理你的錢？」那病人回答：「我正在擔憂這個問題！」萬寧治醫生繼續問他：「那麼，你在擔憂這個問題的時候有沒有得到甚麼樂趣？」病人回答說：「沒有。當我想到要將一部分的錢分給別人的時候，我便感到很害怕。」[註3]

這種害怕的感覺是很真實的。當我們付錢的時候，我們亦付出了自己的一部分以及一點安全感。但這正是我們要重視付錢的原因，這是遵行主耶穌的吩咐去捨己的其中一個方法。「若有人要跟從我，就當捨己，天天背起他的十字架來跟從我」(路九23)。

當我們施捨金錢的時候，可以把一小部分的自我中心和一小部分的假安全感都棄掉了。衞斯理宣稱：「假如你要逃避地獄的咒詛，就要儘量的施捨；否則，加略人猶大得救的希望比你更大。」[註4]

施捨可以把我們從金錢的桎梏中釋放出來。但我們不單要施捨金錢，更要施捨用金錢買回來的東西。在使徒行傳的記載裏，初期的基督徒變賣自己的房子和田地來供給有需要的人使用(徒四32～37)。你有否想過賣掉自己的汽車或收集的郵票來支付別人的學費？金錢亦可以讓我們有時間和閒情來學習新的技能，我們曾否考慮用自己的技巧來幫助人？醫生、牙醫、律師、電腦專家，以及很多其他專業人士都可以用自己的技能來造福社會。

施捨可以幫助我們去關心別人，它讓我們產生盼望，使我們期待神帶領我們怎樣去施捨。施捨能使我們與神同行的日子充滿了驚喜的樂趣。我們的任務是要叫世界有所改變，這才是值得我們為此而活和為此而施捨的原因。

管理及使用

雖然在基督徒的生活中施捨佔了很大部分，但管理及使用金錢所佔的位置應更加重要。獲得正確教導與操練的基督徒能夠廉潔自守，並且將財富用於天國的大目標中。

事實上，教導窮人解脫一切，通常不是幫助他們的好方法，教導他們正確地管理及運用資源，肯定高明得多。將財富與資源交在有良好操守和持有基督徒世界觀的人手中，一定會比交在瑪門的奴僕手中好得多！

亞伯拉罕為了神的榮耀和眾人的好處而管理龐大的財產。約伯、大衛及所羅門亦如是。在新約聖經裏，尼哥底母用他的財富和崇高的地位來幫助基督徒(約七50，十九39)。由於巴拿巴善於處理他的財產，因此可以在初期教會最需要幫助的時候加以援手(徒四36～37)。

主耶穌用量才受託的比喻教訓我們(太二十五14～30)。試想想：主耶穌曾經嚴厲地指出擁有財富的危險，現在他卻將天國比擬為主人將財富交託給僕人，並且希望他們能夠賺取利潤。一個人的才幹約值一千塊錢，獲得五千塊錢的僕人賺了一倍的利潤，獲得二千塊錢的僕人也賺了一倍的利潤，但只獲得一千塊錢的僕人因為害怕會在買賣的風險中招致損失，因而沒有使用那一千塊錢，亦因此沒有賺取任何利潤。主耶穌對這個過分保守的僕人的批評是很嚴厲的，「你這又惡又懶的僕人，你既知道我沒有種的地方要收割，沒有散的地方要聚斂，就當把我的銀子放給兌換銀錢的人，到我來的時候，可以連本帶利收回。奪過他這一千來，給那有一萬的」(太二十五26～28)。

我們要從屬靈的角度來應用這個比喻，但亦不能完全脫離了經濟的觀點。基督徒投入資本主義和商業化的社會，是從上面而來的神聖呼召。在神的法則下賺取金錢是一件好事，我們不應逃避為神的國度效勞的機會。

信徒應當被神呼召，擔任具有權力、財富及影響力的職位。在政府、教育界及商界擔任領導的崗位都是屬靈的呼召，有些信徒可能被呼召去賺錢——很大筆的錢——以榮耀神及造福社會，另一些信徒可能為著同樣的原因被呼召去擔任具有重大權力和責任的工作，基督徒的觀點和情操也需要在銀行、百貨公司、工廠、學校，以及數以千計其他的機構發揮其影響力。

但正如我在前面所提及，當事人必須是「獲得正確教導與操練」的人。因為我們需要教導，好去學習怎樣擁有金錢而不被金錢所擁有；我們需要幫助，好去學習怎樣擁有財富而不看重財富；我們需要操練，好去學習怎樣在管理龐大財富與權力的同時，依然立志過簡樸的生活。

使徒保羅說自己曉得怎樣處卑賤，怎樣處豐富；或有餘，或缺乏，他都曉得如何自處；因為「我靠著那加給我力量的，凡事都能作」(腓四13)。處豐富時所需要的恩典與處卑賤時所需要的一樣多。假如神要我們擁有大量的財富和權力，我們必須謙卑的承認：「我靠著那加給我力量的，凡事都能作」(腓四13)，就像我們遭遇苦難或剝奪時的心態一樣。

神呼召我們接受正確的屬靈操練，以善用金錢，並且為榮神益人的緣故而管理金錢。當我們完成神的呼召時，我們在成聖的道上便能更加進深。當我們知道神會用我們微小的力量來完成他在地上的工作時，我們真的非常驚訝，所有的資源都用於帶給人生命的事奉上，無助的人得到幫助，推展基督國度的計劃獲得資助，偉大的善工得以成就。當我們得著神賦予的生命，在祂的權力下使用金錢，金錢就是一種祝福。

我們在生的時候可以管理和使用金錢，臨死時仍然可以管理和使用金錢。一份滿有愛心的遺囑是很有意思的，知道自己的財富可以在死後造福多人，是一件很快樂的事。

信靠的學習

金錢的光明面還有另一個例子，就是神可以用金錢來建立我們的信靠生活。當主耶穌教導我們為日用的飲食祈禱的時候，祂同時亦教導我們在信靠中生活。我們不需要大量的儲備，亦不需要龐大的支援系統，因為我們在天上的父會照顧我們。當以色列人在曠野收集嗎哪的時候，他們只獲准收集一天的所需，多收的將會變壞。他們要學習的正是在信靠中生活，每天都仰望耶和華。

我舉出這些例子並非表示我反對退休計劃或儲蓄，我所強調的，是神可以通過金錢來幫助我們建立信靠的心。

我念高中最後一年的時候，有人邀請我參加一個夏季佈道團，到阿拉斯加北部的愛斯基摩人當中工作。多個月來我都深深覺得這是神的旨意，但我卻沒有錢去實現這個旨意。我的父母長年患病，而且是患嚴重的病，家裏的錢都用來支付醫藥費了。

在四月的時候，我跟其他團員參加週末退修會，進一步計劃行程。就在那個週末，我更清楚必須到阿拉斯加去，但是我怎樣才可以去？我回到家以後，發現信箱有一封信，信內附有一張三十元的支票，這封信是一位並不知道我有這個心願的朋友寄來的，他只簡單地在信上說：「給你在這個夏天裏使用。」我視這張支票為神認可我應該去的恩慈確據。我學習慕勒（George Mueller）[註5]的榜樣，只把自己的需要告訴神，在隨後的幾個月裏，神供給我旅程所需的一切，這真是一個美好的經歷，對當時這麼年輕的我來說，這經歷大大建立了我對神的信心。

但故事不是到此便結束了。當我回家的時候，我讀大學的希望十分渺茫，我在中學時所辛苦儲蓄的錢全都用來支付了我父母的住院費用。現在整個夏天都過去了，卻不是用來賺錢，而是用來事奉愛斯基摩人，我雖然覺得有了難處，但仍相信我所作的決定是對的；我向一家保險公司申請工作，並且獲得一個職位。但在我開始工作之前，一連串的事件發生了，都是我從來沒有想過，也沒有祈求過的。

就在大學秋季課程開課前的一個主日，我在教會裏講述我在夏天的經歷，聚會完後，會眾中有一對夫婦帶我回家吃午飯，在那個下午，他們問及我讀大學的計劃。數天後，他們成立了一個支持小組，在經濟上幫助我完成四年的大學教育和三年的研究課程。神使用人以及他們善用金錢的方法來教導我信靠的功課。這是神作工的特色，一切都是超乎我所想所求的。

這是我學習在金錢上信靠神的第一次經驗。自從那一次開始，神慈愛地以金錢來教導我更多有關信心和信靠的功課。我可以肯定，你也會有類似的經歷，試想想，神竟然使用一種如金錢那樣普通的東西，一種通常被視為與神為敵的物件，來引導我們在基督的國度裏向前邁進！

光明面的實習

讓我們學習培養感恩的心來讚揚金錢的光明面吧！我說「學習培養」，是因為人類不是生來便有感恩的心（任何育有孩子的人不需解釋都可以明白此點）。我們需要一些方法來互相幫助，以建立感恩的心。我們很多時都遺忘了神豐富的預備——空氣、陽光、各種悅人眼目的色彩以及使我們生命更豐盛的友誼等。地球上一切的韻律都是創造者所厚賜的禮物。

我們可否學習在早上醒來的時候為能夠入睡而喜樂？任何患失眠的人都曉得睡眠是一個何等大的恩賜。我們可以在夜間，到孩子的房間去，坐下來看他們熟睡的樣子，一面不住的謝恩。我們可以不看重我們所擁有的一切，但卻要為它們感謝神。

當我們有感恩的心，我們對所有事情便不會過分執著。我們接受，但不搶奪；該放棄的時候，我們便放手。我們不是主人，只是管家。我們的生命並不是由財富所組成，我們不屬於財富，我們的生活、動作和氣息都在乎祂。我還要補充一句，財富包括一些無形的「東西」，通常都是我們最重視的——身分、聲譽、地位。這一切的東西在我們的生命中都屬暫時的，我們可以學習在它們出現的時候謝恩，在它們消失的時候也謝恩。

我們可以發掘新的方法來作成舊約中的謝恩祭。我們很少人是當農夫的，所以秋收的意義對我們來說並不大，不及遠遠古代以色列人，但我們可以在我們的經濟生活中找到類似的事情。我們可以在發薪的時候將支票全部兌換為鈔票，然後將它們鋪在客廳的地上，好讓自己看看神所給我們的一切，接著我們可以將預備要施予的部分拿出來，並以現鈔支付，就好像古代以色列人用他們的穀物來獻謝恩祭一樣。

或許我們可以為簽訂重要的合約而舉行基督徒的謝恩祭，我們也可以為被呼召到商界的人舉行奉獻禮。不論你的計劃如何，最重要的就是要不斷去發掘更深入、更豐盛的謝恩生活。

到目前為止，我們明白了聖經中有關金錢兩大主流的教導：黑暗面及光明面。我們目前仍未作到的，就是將這兩個主流合而為一，並且看看它們如何在現代生活中和諧地運作。現在就讓我們試試把兩者合併吧！

第三章

不義瑪門，用於天國

盡取可取、盡省可省、盡施可施

——衛斯理(John Wesley)

據我所知，從來沒有人嘗試把耶穌所說的兩句話：「你們不能又事奉神，又事奉瑪門」(太六9)與「你們要藉著那『不義』的錢財，結交朋友」(路十六9)來相互解釋。其實，如果我們要正確地明白聖經對金錢的光明與黑暗兩面的說明，用這兩句話來相互解釋是絕對有需要的。

路加福音十六章

路加福音十六章開始的幾節(1～13節)，耶穌說了一個比喻，數世紀以來，不少聖經詮釋家對這個比喻並不明白，很多信徒也感到非常困惑。不錯，有這樣的情況出現並不稀奇，因為那的確不是一個普通的故事。不過，這個比喻對我們今日的研究卻有著重大的意義，而且，它正是替我們打開認識金錢好壞兩面之門的鑰匙。

這個比喻本身是很簡單的，一個有錢人發現他的管家(或者是替他管理生意的)浪費他的金錢，便立即把他解雇。誰知那名管家在到期離職之前，想出了一條妙計來為自己的將來鋪路。他把那些欠下他主人債項的人叫來，逐一注銷他們百分之二十至五十的債，於是那些人很感激他，當他失業的時候，那些人便覺得有義務要幫助他脫離窘境。

這很明顯是一個聰明的計劃，但亦很明顯的是一種不誠實的行為。可是，當那個主人知道這個管家的所作所為後，他不但沒有如我們想像的一般，把那管家關進監牢，反而非常欣賞管家的聰明，甚至誇獎他的深謀遠慮。

我們所以覺得這個比喻難以理解，其中一個原因就是主耶穌竟然用了這個很明顯是不誠實的行為來說明一個重要的屬靈真理。不過，基督從來沒有誇獎過那管家的不誠實，祂只不過強調他的精明，懂得利用錢財來達到非錢財的目標——用金錢來交朋友，以致他在有需要時，能走投「有路」。

我們最難明白的就是耶穌在說完比喻後所作的批評。首先，祂說：「今世之子，在世事之上，較比光明之子更加聰明」(路十六8)。跟著，祂下了一個令人極為吃驚的評語：「我又告訴你們，要藉那不義的錢財，結交朋友，到了錢財無用的時候，他們可以接你們到永存的帳幕裏去」(路十六9)。簡單來說，耶穌是告訴我們要好好利用錢財，以致當它變為無用的時候，我們仍然可以得著照顧。

在耶穌這番話語中，有兩點是叫我們吃驚的：第一就是瑪門是「不義」的，第二就是我們要利用它來「結交朋友」。這兩個觀念是那麼自相矛盾，以致我們很難相信耶穌曾經說了這些話。* 不過祂說得很清楚，祂的確是說瑪門是不義的，但我們要利用它來交朋友。

---

* 我很清楚有很多人嘗試解釋瑪門並非真的不義，最近多為人所接納的理論，就是耶穌只不過是用「不義的瑪門」這句話來指責收取利息的人，因為神是禁止猶太人收取利息的。採納這見解有 Dan Otto Via, Jr. 所著的 *The Parables: Their Literary and Existential Dimension* (Philadelphia: Fortress, 1967) 及 Donald Karybill 的 *The Upside Down Kingdom* (Scottdale, Penn.: Herald Press,1987)，不過他們這樣作不但把比喻中的要點拿掉，同時也使到整個比喻失去意義。這個比喻主要是教訓我們賺取那些基本上是「屬於這個世界的」，來用在神的事工上。我們要這樣理解「不義的瑪門」，才能完全明白耶穌許多其他貶斥瑪門的說話。還有，有些人企圖把路加福音十六章8至13節的評註從比喻中抽離，認為這些只是隨意安插的章節，但沒有了主耶穌這些解釋，比喻便不能表達它的意義了。

當基督談及「不義的瑪門」時，祂是在強調金錢的墮落本質。不義是瑪門的必然屬性。耶穌在這裏所用的字眼(adikos)是很嚴厲的。有些譯本把它譯作「罪惡的瑪門」，也許這個譯法最能捕捉到這個字的醜惡意味。埃羅(Jacques Ellul)對這篇經文作註解時，曾經這樣說：「這句話指出瑪門是產生及引起罪惡的。而瑪門這不義的象徵，是來自罪惡的。『不義』與神的道相違背，這正是瑪門的商標。」[註1]

我們很難接受「瑪門本質上是不義的」說法。我們都希望金錢不能控制我們，而且其本身是沒有權力的。但當主耶穌把「不義」這個形容詞加在瑪門身上時，祂禁止了我們再用那麼天真的眼光去看財富，我們必須硬起心腸，現實一點來面對金錢。

事實上，那些整天在金錢堆裏打滾的人清楚地知道金錢並不是中性的。正如主耶穌所說：在這些事上，今世之子比光明之子更加聰明(路十六8)。他們知道金錢絕非無害，它是毒藥，如果運用不得法，很少東西會像它有那麼大的殺傷力。但他們亦知道一旦勝過金錢，並懂得如何使用它時，它的能力實際上是無限的。沒有一樣東西像金錢有那麼大的購買力。今世之子明白他們可用金錢來換取非錢財的東西，而他們也真是這樣作！金錢是用來威嚇別人的武器，迫使他們跟你站在同一陣線上；金錢可用來收買名譽地位，令別人效忠於你；金錢又可用來賄賂別人，還可以作很多其他的事。金錢是人類社會中一樣最有能力的東西。

而這就是耶穌說要「用不義的瑪門」來「結交朋友」的原因。與其逃避金錢，不如拿取金錢，把它使用在天國的事工上。我們必須知道金錢是萬惡的，但與其捨棄它，倒不如戰勝它，把它花在非錢財的用途上。我們必須勝過金錢、控制金錢，用它來達到更大的目標。主耶穌教導我們要利用金錢來擴展神的國度，如果我們只是得過且過的把它花掉，而不懂得好好地運用它，那將是一個極大的悲哀。

馬太福音六章

耶穌在馬太福音六章中所注意的，就是如何「更好地運用金錢」。因此，祂在那章的開始便警告我們說：「不要為自己積儹財寶在地上」，積儹金錢這項投資是極其冒險的，因為地上有蟲子咬，能銹壞，也有賊挖窟窿來偷（太六19）。我們應「積儹財寶在天上」，為了兩個原因。第一，這項投資保證安全——沒有任何東西，包括蟲子、銹及賊能接近它。第二，它吸引了我們的心思意念，甚至我們整個人，進入神的國裏。「你的財寶在那裏，你的心也在那裏」（太六20～21）。積儹財富在天國銀行是一項能獲得最高利潤的投資。

我們常常說：「我們不能把金錢帶走。」但耶穌卻表示，如果我們知道自己在作甚麼，我們最後是可以把金錢帶走的。可是，我們應該怎樣把錢財存進天國？我們是不可能把支票存進去的！

首先讓我們想想這個問題：到底天國會有些甚麼？不錯，天國裏有人，因此積儹財富在天上的一個辦法就是把金錢投資在人身上。這種投資是可以帶走的，因此，把金錢投資在人身上是最好的投資方法了。

假設美國決定把整個貨幣制度改為英鎊制，那麼由轉制的一刻開始，所有美元便一文不值。如果我們不知道貨幣制度甚麼時候會更改，那麼，最聰明的方法就是只留下一小部分足夠日常使用的美元，然後把其餘的金錢全部轉為英磅。

對於耶穌告訴我們應積儹財寶在天上及用不義的瑪門來結交朋友的含意，上文已給了我們一點概念。妥善運用金錢並不是叫我們在地上大吃大喝，那將是一項非常失敗的投資。妥善運用金錢的方法，就是儘量把所有金錢投資在別人的生命上，以致我們能有財寶在天。當然，我們需留下若干數量的金錢，以應付日常開支，但我們應儘量節儉，以便把省下來的錢存放在可以提供永恆利息的地方。

光明的兒女現正面臨重大的挑戰，就是去尋找把「不義之財」轉投在天國事業的途徑。雖然金錢有萬惡的傾向，我們仍要駕馭它，利用它成為幫助別人進天國的工具，也許是幫助一個窮鄰居，或是用來救濟蘇丹的飢民，又或者拿來向一羣從未接觸過福音的人傳道，幫助一名聰明伶俐的青年學生。這些都是上佳的投資機會。

是使用，非事奉

現在我們可以將馬太福音六章所提及不可事奉瑪門的誡命與路加福音十六章利用不義的瑪門來結交朋友的忠告一併使用。主耶穌向基督徒發出了一個神聖的呼召：使用瑪門，但不要事奉瑪門。如果我們讓神作我們的財政決策，我們就是在使用瑪門，但如果我們讓瑪門作我們的財政上之決策，我們就是在事奉瑪門了。為此，我們只需要決定讓誰來替我們「決定」——是神？還是瑪門？

我們購買樓宇，是因為神叫我們這樣作，還是由於我們有這筆錢？在買新車時，是因為我們有這個購買能力，還是由於神指示我們？如果是金錢決定我們哪些事可以作，哪些事不可以作，這樣金錢成為我們的老闆；如果是神決定我們哪些事可以作，哪些事不可作，那麼神就是我們的老闆。我的錢可能會這樣跟我說：「你夠錢買。」但神卻說：「我不想你有這個。」這樣，我該聽誰的話？

我們大多會讓錢左右我們的決定，包括：我們應該住哪種房子？該怎樣度假？該作甚麼職業？全部都是由錢決定？

卡樂玲問我：「我們作這個好嗎？」我會反對說：「何來這麼多錢！」在這情況下，又是錢決定了一切。你看，我並沒有說：「親愛的，讓我們一塊兒禱告，看神要我們怎樣作。」錢作了決定，錢就成為我們的主人，其實我是在事奉金錢了。

如果戴德生 (J. Hudson Taylor) 讓錢來為他作決定，那麼他永遠不會寫下傳道歷史中光輝的一頁：開展中國內地的傳道工作。他只不過是一名家道不豐的普通人，但當他斷定是神要他去，他便毫不猶豫地前往。戴德生是讓神作了決定，他的主人是神，而他所事奉的也就是這一位主。

戴德生在領人歸主的傳道日子中，神給予他大量金錢，足以應付千多名傳教士的需要。戴德生的童年在倫敦的窮街陋巷度過，那時他已明白從主的角度去看金錢，他也懂得如何使用金錢而不致成為它的奴隸。

如果我們懂得怎樣使用金錢而不去事奉金錢，路加福音十六章9節與馬太福音六章24節兩者所存在的矛盾，便不復存在了。但我們必須小心，在這個烏煙瘴氣的世界裏，這個矛盾並不能輕易或迅速地獲得解決，很多時候，那些想利用瑪門來結交朋友的，很快便變成瑪門的奴隸。除非我們絕對清楚我們對付的，是「不義」的瑪門，否則，我們在使用瑪門時，不可能安全。金錢背後有一股魔力，在這股魔力下，金錢便有了生命似的，能夠活動，甚至有形有體，我們必須征服這股力量，控制它，使它降服在耶穌基督跟前。這場爭戰刻不容緩，且要裏應外合，我們不但要推翻瑪門背後的魔力，也要揮去它在我們內心的影響力。我們愈勝過金錢邪惡的一面，就愈能善用它，同時亦不致被它所操縱，金錢也就更加成為一種祝福，而不是咒詛。

控制瑪門

光只是口裏說「我們要控制瑪門」是沒有用的，如果我們要擊倒自己心內那頑強的老我及金錢那股外在的魔力，有些事情我們是必須付諸實行的。下面列舉了一些駕馭瑪門的步驟，希望能幫助大家走上控制瑪門的第一步。

首先是查考聖經內一些有關金錢的見證。請從四福音讀起，用筆在有關金錢及財富的經節旁劃線，好讓你能細想耶穌在聖經裏第二個提及最多的真理。跟著，以同樣的態度看使徒書信，然後把所有看過的重讀一次，並把有關於金錢光明及黑暗兩面的資料全都分別開列出來。現在你可以把新約有關金錢的見證一次過念完，看看你對金錢得著些甚麼結論，並把這些結論寫下來。如果舊約聖經的章節能幫助你對金錢得到新的見解，也請你把它記下來。

第二步就是從心理學及社會學的觀點來看金錢，我們需要更加了解自己。我們怕錢嗎？恨錢嗎？愛錢嗎？金錢會叫我們驕傲或羞愧嗎？

我們要更加了解這個世界。是甚麼原因導致第三世界那麼貧窮，第一世界如此富有？在人類受傷害、被壓榨的事情上，我們該負甚麼責任？在這個世界裏，有甚麼資源可以採用？

當我們對聖經、心理學及社會學的觀點有更深入的認識時，我們便能實行第三個步驟，這是屬於技術方面：金錢的管理。我們可以勇敢地面對那些重要問題如家庭預算、遺產分配、投資、延期的施予及其他⋯⋯。現在我們可以回應神對窮人的關心而計劃預算；按照世界資源需平均分配的原則來預計開支；寫下遺囑而毋須擔憂自己會有所偏差；根據基督偉大的傳福音使命來釐定施予數額；為神的榮耀及別人的好處來控制及管理金錢。

第四個步驟是結識一班跟我們站在同一陣線的朋友，他們會支持我們作出生活形式的改變。那些有財有勢的，跟那些貧窮飢渴的，同樣需要了解及同情。

我們可以通過很多方法來找到一班可愛的支持者，並不需要刻意尋找或花費很多時間。一日的一個中午，我跟本市一名法官及一名商人共進午膳，那商人拿出一張紙來，告訴我們他未來十年的施予大計，聽他的計劃，目睹他計劃把錢用在神國度上的快樂，實在非常有意思！

夫妻二人可以互相幫助，家庭研經小組亦可互相支持，不過，有一點很重要的，就是這些小組必須快快的聽，慢慢的說，很多時候，一顆了解別人的心，可給予人最大的幫助。

要成立這樣一個具創造力，有挑戰性及充滿愛心的小組可能需要很長時間。財富容易使我們孤立及隔離，我們對人對己都需要忍耐，才能一起感受門徒人數不斷增長的恩典。

第五個步驟是用禱告來直接削弱金錢的影響力。金錢是心靈方面的問題，而禱告是我們屬靈生命中主要的武器。我們需為各人代禱，使我們心中的貪婪及覬覦別人財富的惡念都能受到約束，使我們能得到釋放，慷慨待人。透過禱告，讓我們可以看到金錢的操縱力被粉碎；見到金錢背後的魔力臣服於基督主權之下；目睹金錢流入有需要的人手中，為他們提供所需的食物及醫藥。讓我們想像基督徒管理生意、投資，並以新穎、具創造力的手法，把金錢用在叫人的生命活得更豐足的地方；讓我們看到世間的掌權者不再把龐大的人力物力用來製造炸彈，而是用來烘製麵飽。

讓我們互相代禱，我們需要有智慧來誠實地處理我們的錢財。能夠按手在別人身上，向神求取更多智慧及施予恩賜，是件好得無比的事！求神教導我們如何計劃錢財的運用，脫離金錢的控制，樂意把金錢施予有需要的人。在施予之前，應先行禱告，求神把金錢用在合祂心意的事情上，投資在其他事情上的金錢亦同樣需要求主引指。

我們應學習作防患於未然的禱告。與其在發生財政問題時才禱告，倒不如先求神保守那些目前能適當處理錢財的弟兄姊妹：如果他們在運用金錢方面沒有任何問題，求神幫助他們能繼續掌握這個自由；如果他們有施予的恩賜，求神叫這個恩賜不斷增大；如果神呼召他們負責財政的工作，求神保守他們在基督的恩光中，讓他們能脫離貪婪的惡念。

第六個步驟就是擊敗金錢。[註2]無論是在心裏或是在行動上，我們都要棄絕金錢「神聖」的特質。金錢在我們心中佔了很重要的位置，如梅頓(Thomas Merton)所說：「現今之世代，人們所崇尚的竟只是生財之道和物慾勢力。」[註3]對於基督徒來說，把金錢放在那麼重要的位置不單是個不幸，並且是犯上拜偶像的罪，為了能忠於基督，我們須向金錢說「不」，我們必須把金錢擊倒，而其中最好的一個方法就是輕蔑它，把它踏在我們的腳下，奪掉它的勢力。

當保羅在以弗所傳道時，很多平素行「邪術」的人把書及其他物件拿來，堆積在眾人面前焚燒。路加計算過，這個行動估計花去「五萬塊錢」(徒十九18～20)。

他們這樣作，就是褻瀆一些從前在他們世界裏被看為神聖的東西。同樣，金錢在我們的世界裏正以神聖的姿態出現。因此，我們得找出方法來破壞它的虛名、厭惡它，並把它踏在腳下。

踩它，向它喝倒彩、譏笑它吧！讓我們貶低金錢的價值。它肯定遠遠不及友情及合意的環境有價值。讓我們以最輕蔑的態度來對付它——把它送走。金錢背後的魔力最難容忍施予這種與其相反的行為。在一般人之心目中，金錢是用來賺取、與人討價還價、操縱他人，但斷不是用來施贈的，正因如此，我們就可以利用施予來擊敗金錢的勢力。

不久以前，我們有一座鞦韆，不是普通店舖出售的鋁質製品，而是訂造的，整個用巨型鋼管造成，但我們的孩子很快便不再玩鞦韆，因此我們決定最好把它賣掉，於是我就去決定要賣甚麼價錢。我跑到後花園，端詳了那座鞦韆一會，然後這樣想：「如果我把它重新髹漆，準可以賣個好價錢。又如果我在鞦韆板上加上坐墊，那麼我可以開個更高的價……」

忽然，我發覺自己心裏起了一股貪念，我明白這對我的靈性是有壞影響的。我跑進屋裏，問我的太太卡樂玲，如果我們不賣鞦韆而是把它送給別人，她會介意嗎？她立即說：「一點也不會。」我暗暗地咒罵自己。在日落之前，我們已找到一對有小孩子的夫婦，把鞦韆送給他們，我甚至不用把它重新髹漆呢！一個簡單的行為——施予，就把那緊抓著我心的貪婪釘死，金錢的勢力亦暫時被粉碎了。

第七個步驟是與他人站在同一陣線上對抗物質及金錢。聖經在這方面的教訓是很深刻的。聖經禁止我們放債給別人來取利，因為這被視為剝削不幸的人（出二十二25）；雇主需每日支付薪金予工人，因為很多人是「餐搵餐食」，極需那些錢（申二十四14～15）。若有人拿當頭作押，縱使他即日未能把欠款清還，亦需於當天傍晚把當頭交還他，因為晚上冷，他需要衣服（申二十四6～13）。

有很多事我們可以作，藉以表明我們重視人多於物件。我們寧可放棄金錢而不願失去朋友；寧可支持「使用」教會的設施而不願「保留」這些設施；我們願意因著人的需要及人的生產力來發放工資；我們會緊記弄壞玩具的小孩遠比玩具為重要；願意為了讓窮人吃飽而放棄買一些重要的東西……類似這些可以作的東西真是數之不盡。

最後一個步驟是：徹底除去特別優待富人的心態。雅各勸告我們「不可按著外貌待人」(雅二1)。他補充説：「若有一個人帶著金戒指，穿著華美衣服，進你們的會堂去，又有一個窮人，穿著骯髒衣服也進去，你們就重看那穿華美衣服的人……這豈不是你們偏心待人，用惡意斷定人麼？」(雅二2～4) 也許政治黨派可以特別優待拉攏那些慷慨的贊助人，但在一個信仰團體內卻不容有這些事發生。對信徒來説，金錢永不可用來作為一個換取地位的工具或途徑。

在這個世界上，金錢就是獲取勢力的途徑；在教會裏，金錢並沒有任何價值，金錢不應使我們受別人刮目相看，因為我們都是罪人。金錢亦不能為我們贏取領導的地位，因為領導的才能是神的恩賜。金錢不應叫我們在團契中的地位提升，因我們倚靠的是神，不是金錢。在教會的團契中，金錢並沒有任何位置。

金錢與事業

在引言中，我提到事業反映了金錢在社會的功能。根據我們對金錢的分析，我們可以怎樣看事業？

身為信徒，我們肯定工作的好處及需要。在人類未墮落以前，亞當及夏娃需照顧伊甸園，有大量的工作要作。但隨著人類墮落而來的咒詛不只是工作，而是「你必汗流滿面，才得餬口」(創三19)。也就是說，在人類墮落以前，工作的成果與努力成正比，但人類墮落以後，所費的努力卻遠超過成果。

當使徒保羅說：「若有人不肯作工，就不可喫飯」(帖後三10)，他並不是在反對福利制度，而是在說明工作的好處。我們需要工作，工作具有創造力，更可以使生命迸發出火花。

當聖本篤(St. Benedict)[註4]自創「禱告及工作」(Ora et labora)一詞時，他是在呼籲我們注意奉獻生活與工作生活兩者間的密切連繫。工作對屬靈的生命是很重要的，而屬靈的生命則賦予工作意義。

身為信徒，我們肯定工作使人更有生氣，逃避工作只會使人一蹶不振，這迫使我們面對極為重要及極具爭論性的問題：日益進步的科技究竟是對生命有益還是有害？基督徒可以在生產致命武器的工作上有份嗎？我們可以從事一些要我們與很多東西妥協的職業嗎？我們可以替那些直接或間接破壞這個地球生態平衡的公司作事嗎？

你可以看到基督徒的職業問題，並不只是一名基督徒應否當酒吧侍應那樣簡單。在我牧養的第一間教會裏，一名愛主的會友(他是一位很出色的物理學博士)走來見我，他感到非常困擾，因為他剛知道原來他所工作的機構，其中百分之八十的研究，最後是用在軍事上。這份工作簡直是把人類送上死亡之路，但這是他花了半輩子的時間才取得合適資格的工作，如何取捨，實在是多麼難下的一個決定啊！

有很多工作很明顯是比其他工作對生命有好處的。好像教書、輔導、牧養教會，這些工作顯然是切合人類的需要，並且可以提供寶貴的機會來帶領別人悔改。但此外還有很多其他類似的工作，所有與人有關的職務，由照顧幼兒到當醫生，都是服務社會的良機。很多時候，這些幫助別人的職業是工資少，地位低，要求高，但這些職業卻應受基督徒的重視，因他們具有改變生命的潛力。一名學前教師並不只是在賺取口糧，而是在塑造生命。一份工作的目的及意義可以是該份工作的最佳福利。

所有提供需要的服務及製造必需品的職業都是對生命有益的。農夫、木匠、電器工人、雜貨店店員以及很多其他的行業都可以透過無數的方法來貢獻社會，我們需要他們。

藝術是另一個使生命更多姿多采的工作。音樂、戲劇、電影與雕刻、文學及繪畫等都能豐富人類的經驗，因此，為了基督的緣故，我們需要掌握這方面的學問，其實，基督徒早應再以超越的眼光欣賞藝術。

清教徒強調按照神呼召來選擇職業的主張對我們會有幫助。祈禱小組及檢討會不單是為神學生、傳道人前途禱告，更應為一切尋找工作中的弟兄姊妹禱告並給予指導。

還有很多類似上述的工作我們可以選擇，很多有關的問題我們需要面對。此外，如電腦技術、法律、科學以及很多其他方面的工作，都需要我們以同樣的態度來鑽研。

身為信徒，我們肯定人的價值在於錢財之上。對於基督徒來說，事情總要有進一步的看法。雇員不應只是生產成本的一部份，人的需要該放在錢財的需要之上。

商人要面對很多難題，他們要小心注意投資所能賺回的利潤，因為如果賬簿上只有赤字，那麼店舖很快便要關門，破產固然對任何人都沒有好處，但當我們考慮到利益時，亦必須同時顧及很多其他同樣重要的價值問題。

人比錢財要有價值的原則對我們組織公司會有多方面的影響。例如，有些機構一定會定期解雇一些員工。由於這是一個與人有關的問題，我們必須重視員工的分配問題，以求取得員工較大的穩定性。

很多美國公司在成立時經已預期職員流失率會偏高，有些甚至故意使流失率高企，以致薪金能保持在較低水平。但日本公司卻恰好相反，儘量降低職員流失率。要處理這個與文化有關的問題並不容易，但如果我們在開始時，便有一套不同的設想，那麼產生的結果準會有很大的分別。

如果我們假設雇員會在公司服務很久，這個設想會影響我們處理雇員薪金、福利及退休計劃的方法，甚至會促使我們去重視如何協助員工建立友誼，幫助他們彼此支持。

從日本人組織公司的模式，我們可以看到為雇員提供長期工作的保障，並不一定影響公司的利潤，反而可以在很多方面，幫助公司的利潤有所增加。即使沒有這類情況發生，基督徒也有責任把關心他人列入自己的賬項內。

作為信徒，我們肯定勞資雙方都要設身處地替對方著想。讓我們不要自欺欺人，認為勞資雙方只限於權力的關係，雇主有權聘請或解雇、加薪或減薪、控制雇員的福利及工作條件，而雇員則有權使工作關係轉好或變壞，並在某些情況下，干擾公司的妥善運作。

雇主需了解雇員缺乏安全感。很多時候，雇員總覺得自己受到不人道的待遇以及被利用，而很多時候，事實確是這樣，公司為了確保工作有效率而進行機械化，可使整個機構變得冷酷無情。

要讓別人認出我們是基督徒，雇主可以站在雇員的立場，嘗試去感受一下受人控制自己前途的那種滋味。如果你知道自己快要被解雇，你會買新雪櫃嗎？如果你知道自己有可能給調職，你會去裝修一個房間嗎？這些問題可以幫助雇主感受當雇員是怎麼一回事。

可是，這並不是說雇主不能作出「疼痛」的決定。雇主仍然需要留意公司的收支及生產情況。有時，要作出這樣的決定看來可能會極為冷酷，但如果能設身處地考慮到雇員的難處，則整個決定仍會充滿恩典，而錯誤及傷害別人的決定亦不會發生。

反過來說，雇員也要體會雇主孤立無援的境況。身為領袖，由於受到他們的地位及責任的限制，很多時都會被孤立起來，人人都知道受批評是當領袖的代價，但知道並不代表他們所受的傷害可以減少，「棍石能傷身，謾罵不傷身」這句古諺其實一點也不對。

雇員亦可為雇主著想，請思想下列問題：如果我要關心整間公司的利益，那麼我對自己應作甚麼是否會有不同的評估？二十四小時活在生意中跟只是朝九晚五的工作會有甚麼分別？地位與財富怎樣減少生活的樂趣？

雇員嘗試去體諒雇主的兩難窘境並不表示他們要避免作出批評。為了雇主的好處，批評是必須的。向傳統慣例作出有見地的挑戰，能帶來創新的意念。當我們與上司一同進入他們的孤單世界，我們所作的批評必然會帶著諒解。

作為信徒，我們拒絕買賣華而不實的東西。時代潮流瞬息萬變，基督的子民實毋須追逐其中。

武爾曼 (John Woolman) 是一間零售貨店的東主，他寫下了他自己的掙扎。一七五六年，他在日記上這樣寫：「我習慣只買賣真正有用的東西，那些純粹用來迎合顧客虛榮心理的貨物，我是不會隨便買賣的，我亦很少這樣作，而每一次當我這樣作的時候，我就覺得有辱基督徒的身分。」[註5]

我們拒絕買賣華而不實的東西，是直接與我們重視人的生命有關。當這個世界有人吃不飽、穿不暖，沒有機會接受教育的時候，我們卻把世界的資源花在一些微不足道的東西上，實在是錯誤的作法。我們重視人多於艷服及華美居所，福音如果還未傳開，這個世界如果仍有兒童在饑饉之中，基督徒就絕不能加入這個崇尚虛榮的圈子之中。

不過，我們很難界定哪些是華而不實的東西，哪些是不可或缺的物品。某一個人認為無關重要的東西對另一個人來說可能是非有不可；在某一個時刻是多餘的物件，在另一個情況或許是必需品。

雖然困難是真正存在，但它們不能遮掩很多明顯的事實。在很多情況下，我們需要的不是洞察力，而是一顆服從的心志，去作那些自己清楚知道應作的事。我們的「老我」常叫我們不去服從。當我們真的有問題時，我們大可以求問神，祂一定樂於賜下智慧，我們又可以請教團契中有洞察力的團友，他們常可以引用神的話語來幫助我們。當然我們仍要同許多與金錢有關的問題起衝突，仍要去面對這個物質世界的需要、機遇和責任；但這又何妨，只有愚昧人才想逃避這個現實世界的景況。

作為信徒，我們要拒絕佔別人的便宜，在這個商業社會裏，要解決這個問題並非易事，但我們必須解決這個問題。其實，我們面對的情況，有很多都是我們清楚知道應該怎樣作的。最近我與太太把那輛化油器有問題的汽車賣掉，我們都清楚知道應該把這個問題告訴買主，並且鼓勵他找一名汽車修理技工來估價。我們所能售得的價錢可能遠比原來可以售得的價格為低，但誠實與友誼更加寶貴，我們應該説老實話而不是試圖掩飾或隱瞞事實。

以簽合同方式進行交易是好的，因為可以幫助我們避免佔別人的便宜，簽合同可以有以下好處：合同寫下協議內容，也就減少了彼此的誤解；負責草擬合同的律師會看到我們這些沒有念過「法律」的人所忽略的問題；更且，這合同將促使我們去想清楚自己正在作甚麼。

因此，簽合同是好的，但信任就更加重要。合同反映了墮落及犯罪的自然傾向，信任卻是恩典及稱義的見證。合同其中一個最大的弊端是簽署雙方可能會有不信任及懷疑對方的傾向，而很多時候，甚至會引致訴訟收場。保羅反對我們到法庭解決紛爭(林前六1～11)，我們應該儘量避免這個情況。

社羣的建立在於信任，但無可否認，當我們信任別人的時候，我們需要冒別人佔我們便宜的危險，我這樣說並不是要替自己辯護，而是替別人辯護。我們不佔人家的便宜並不能擔保別人不佔我們的便宜，事實上，他們會佔我們的便宜。但我們值得冒這個險，因信任能建立社會。還有，保羅這樣說：「為甚麼不情願受欺呢？為甚麼不情願喫虧呢？」(林前六7) 為甚麼不可以呢？我們受欺、吃虧只不過是金錢，但有很多事情比金錢還重要呢！

作為基督徒，我們是一諾千金的，別人可能會來佔我們便宜，但如果我們情願受欺也不願意破壞社會的和諧，我們將要成為更美好的見證。

以下六個原則可讓基督徒認識到自己在事業上所扮演的角色：

——身為信徒，我們肯定工作的好處及需要。

——身為信徒，我們肯定工作使人更有生氣，逃避工作使人一蹶不振。

——身為信徒，我們肯定人的價值在於錢財之上。

——身為信徒，我們肯定勞資雙方均需設身處地替對方設想。

——身為信徒，我們拒絕買賣華而不實的東西。

——身為信徒，我們拒絕佔人的便宜。

馬槽內的和諧

我們已看到聖經對金錢的光明面及黑暗面是同樣重視的。雖然兩者存在了很大的分歧，但我們已在它們中間架上了一道橋樑。

現在讓我們到伯利恆的馬槽去，看看那些朝聖者，其中有謙卑的牧羊人和東方博士，在這兒我們見到貧民與富者都來到馬槽前。東方博士以黃金、沒藥及乳香這些貴重無比的禮物送給我們的救主，那些貧寒的牧羊人則獻上他們的朝見及崇拜。他們都是被呼召的，包括了最貧窮的人與最有錢的人，他們都一起到來，一起跪下，一起敬拜我們的主基督。

第四章

簡樸生活的誓願

簡樸是誠實正直。

——芬乃倫(Francois Fenelon)[註1]

我們在以上三章，學習怎樣處理一件難事——我們的財富。我們學習怎樣去克服阻力，求取應得的財富，並樂意與人分享。

最後，我們得到一個結論，就是作為跟隨基督的人，都要立志過簡樸生活。「簡樸」不應只適合少數敬虔的基督徒，也不是一樣可以隨一己之喜惡來選擇的東西，而是所有基督徒都必須持守的生活方式。凡以基督為救主的人都要遵行祂的話，主對金錢的看法，正好包括在「簡樸」二字內。簡樸生活闡明了主對金錢多方面的教訓，包括金錢的光明面和黑暗面、施與受、信任、滿足、信靠。

「簡樸」是指純一的心意、專一的心志。我們只有一個願望：凡事順服主；只有一個目的：凡事榮耀主；只有一個使用金錢的方向：擴展神在世上的國度。主耶穌說：「你的眼睛若專一，全身就光明」(太六22直譯)。

「簡樸」是以神的創造為樂。王爾德(Oscar Wilde)曾經説過，人們並不喜愛日落，因為那些日落景色不用花錢就可以看到。希望我們不會有這種心態，讓我們珍惜神所賜給我們各樣免費的禮物——日出日落、青山綠水、處處怡人的景物和美麗的顏色。

「簡樸」是滿足與信靠

保羅說：「應當一無掛慮」(腓四6)，又說：「似乎一無所有，卻是樣樣都有」(林後六20)，「我無論在甚麼景況，都可以知足」(腓四11)，這是保羅的生活態度，也是我們應有的生活態度。

「簡樸」指剔除貪念。讓我們跟保羅一樣：「我未曾貪圖一個人的金、銀、衣服」(徒二十33)，不再像加爾文 (John Calvin) 所說：「渴求人家的財物。」[註2]

「簡樸」是凡事謙和、有節制。保羅提醒我們要「莊重、公平、聖潔、自持」(多一8)。讓我們在這個奢華的世代中，也學會節制，不去盲目追求「品味」，不去誇耀自己的衣著，也不去炫耀個人的生活方式，在使用資源時，不忘他人的需要。

「簡樸」是以感恩的心接受各樣物質的供應

神曾經透過以賽亞向我們保證：「你們若甘心聽從，必喫地上的美物」(賽一19)。我們毋須以禁慾主義者自居，拒絕入住流奶與蜜之地。反過來說，我們應以神各樣豐富的供應為樂。全然「刻薄」自己並非一件好事，我們認為這樣作只是「自我欺哄」，而不是「簡樸」生活。

「簡樸」是不去濫用金錢。藉著聖靈的力量，我們戰勝了金錢，並將它使用在神的事工和國度上。我們知道幸福並不能用財富來衡量，因此我們可以看輕萬事，得到錢財但不會視為珍寶，擁有金錢但不會受金錢的轄制。我們需要持守有紀律的屬靈生活，並懂得怎樣去善用金錢，也要以「榮神益人」為目的，作金錢的管家。

「簡樸」是隨時效力

我們只要不再強迫自己去幹得更體面、更成功，便會有時間和精力去顧及他人的需要，好像牧師傳道，他們就是全然離棄這方面的壓力，以傳講生命的道，亦有不少人，不斷騰出自己的時間來擴展神的國度。

「簡樸」是慷慨樂意的施予。我們要獻出自己，擺上一生工作的果效。保羅形容馬其頓的教會是「先把自己獻給主」(林後八5)。由於施予這個功課對我們如何處理金錢將有很重要的影響，因此以下會作更詳細的討論。

施予的原則

當我們查考聖經對金錢的教訓，我們會發現「施予」佔了很重要的部分，所有涉及金錢的教訓，總會與施予有關，例如：什一奉獻、讓窮人拾田間落穗、禧年的原則、撒該的故事、少年官的煩惱、好撒瑪利亞人、愚蠢的財主，還有其他的記載，都強調了施予。

如果我們重視聖經的教訓，那麼，我們處理金錢的最好辦法，就是將金錢送出去，因為施予是戰勝瑪門的主要武器。施予使這個崇尚競爭的社會震驚，也爭取了更多金錢，用在主的事工上。埃羅(Jacques Ellul)曾指出：「對基督徒來說，金錢是用來施予的。」[註3]因此，我們需要得著一些幫助我們去施予的原則。

首先，讓我們懷著喜樂，慷慨地按比例捐出我們的收入，我們可以先由什一奉獻開始。其實，無論是主耶穌或是祂的門徒都沒有把施贈的目標限為「十分之一」，他們的施予是遠遠超出這個數目，在他們的教導中，都強調了慷慨與犧牲，好像那個投上兩個小錢的窮寡婦（可十二41～44），還有那個變賣田地，把價錢奉獻教會的巴拿巴（徒四36～37）。

因此，什一奉獻可以說是舊約聖經給予我們的一個最低標準，除非遇有很特別的情況，否則不能再加以降低。什一奉獻雖然不是一種硬性規定，卻是我們在策劃自己的經濟生活時，首先要作到的。

我們不用去找一個財經專家來為我們決定什一奉獻的數目，但需要求聖靈讓我們知道要作出「合比例」奉獻的意義。奧干娜（Elizabeth O'Connor）[註4]也曾在這問題上有這樣的質疑：「究竟怎樣奉獻才是『合比例』？是與自己家庭的財富成比例？是與自己的收入及家庭的財政需要成比例？是與個人對生活的安全感及焦慮程度成比例？是與我們對貧苦大眾的覺察性成比例？抑或是以我們對正義及神是財富掌權者的認識來計算？又或者是以我們對作神好管家的了解程度來決定？其實，所謂『合比例』的奉獻正包含了上述所提及的一切。」[註5]

為了幫助我們認識「合比例」奉獻的意義，希達（Ron Sider）有這樣的意見[註6]：我們首先決定自己的生活水平，然後以此為標準，作什一奉獻，以後，每有一千元的額外收入，便增加百分之五的奉獻，餘此類推，根據這個計算方法，當我們有一萬八千元的額外收入時，我們便可以將這筆額外收入完全奉獻出去。

我認識一個人，他有另一套作法。他是作生意的。首先，他為自己定了一個薪金額，並以此為自己的生活水平，他奉獻了這個薪金額的百分之十五，然後，再從這薪金以外所取得的利潤上，抽取百分之二十五作為奉獻。除此以外，他還把自己的其他收入，包括著作及影片的版權費、演講的酬金，都全部捐出來。

也許那些家道豐厚的人可以留下十分之一的收入為己用，把餘下的十分之九全部捐出去，從事大型挖土生意的樂圖諾先生(R. G. LeTourneau)就是其中一個例子。

但請勿被這些例子嚇倒，這只是用來說明在一個豐裕的文化社會中，實行「合比例」奉獻的一些方法。奉獻的功課，對我們當中不少人來說，是要存謙卑的態度，逐步來學習的。有人把用來購買草地肥料的同等價錢，捐贈給第三世界，作為購買肥料種植農作物之用；亦有人將出外吃飯的同等金錢，用來救濟飢民；或是將購買衣服的同等金錢，捐贈給賑濟機構，他們的作法都提醒我們，使用金錢，不忘他人需要。

也許上述所提及的作法，沒有一個是適合你的，同時，亦有很多人的經濟非常拮据，要奉獻超過一般之生活所需，看來實在可笑。但如果我們嘗試以新角度去思想奉獻問題，相信我們可以奉獻更多。

不過，有些人實在需要減少他們現在的奉獻，以示他們對主忠心，因為他們未有讓兒女、父母、配偶甚至自己得到更多的照顧。我們不可利用宗教作為推卸責任的藉口，這種不當的行為曾被主耶穌嚴詞指責（可七9～13）。

第二方面，讓我們以慷慨樂意的心懷，留意如何去作出「有理由支持」的奉獻及「隨意」奉獻，前者是需要對所奉獻的機構或個人過去的紀錄作出仔細評估，後者則不用作任何計算便能送出奉獻，但兩種奉獻同樣重要。

我們大部分的奉獻是需要有理由支持及負上責任的。如果我們的奉獻對象是機構，我們便需要清楚了解以下一些問題：這個機構過去是否盡責地使用金錢？它用了多少錢支付雜項開支？又將多少錢撥予我所奉獻的工作上？它們是否有一個委員會，負責監管財政的運用？是否每年都有核數？這個機構又是否隸屬專責財政的福音委員會？

如果我們的施予對象是個人，我們便要考慮另一些問題：我的施予對那人是有幫助還是有害？要施予多少才算是合適？他／她是否有一個全面的預算？我的施予是一次過或是按月送出？他／她還有甚麼收入來源？我是否想利用這些金錢來控制那人？

可是，施予前過分著重分析會導致我們有操縱他人的傾向，不但使原先那份坦誠的愛心漸漸變為吝嗇，我們甚至會欺騙自己，以為這是「仔細及有責任感」的奉獻。

我們要以慷慨的施予來對付這種使我們靈魂受損的心態，我們要仿效那個拿一玉瓶至貴香膏來到耶穌跟前的女人(太二十六6～13)，她毫不吝嗇地打破玉瓶，把膏澆在耶穌的頭上，在場的門徒認為這是浪費，主卻以此為美事。

有些時候，我們需要撇開一切顧慮來奉獻，不是因為我們的奉獻對象都能善用金錢，而是因為他們有此需要。這樣，我們的施予便是帶著愛心和信任，也可以把自己從操縱人的心態中釋放出來。

第三方面，讓我們以慷慨喜樂的心懷，去尋找一些缺乏聲望的人或機構作為奉獻對象。很多時候，我們總喜歡支持那些已經有很多人支持的事工，但身為主的門徒，不應這樣作，我們應該去尋找那些在社會上被剝奪權利的人，予以慷慨援助。

讓我們對那些沒有政治意味、缺乏新聞價值的事工，加以援手。這些工作，不會在電視、報章或雜誌上找到，只能藉著禱告來發現，求神幫助我們看見及聽見周圍的需要，特別是那些需要幫助卻不被留意的人。

在支持神的工人方面，我們需要有屬天的預見而不是事後的認識。遠在戴德生(Hudson Taylor)未成為著名的宣教士以前，慕勒(George Mueller)就已經以奉獻支持他，當時的基督教雜誌並沒有報導戴德生打算深入中國內部傳道的消息，但慕勒已發現這個年青人非常愛主，現在我們都認識戴德生，他就是那個為現代宣教工作掀起第二道熱潮的主忠心的僕人。

要像慕勒一樣獨具慧眼，我們都需要有透過與神親密交通而來的洞察力以及不斷尋求神事工的勇氣。

那麼，我們怎樣可以免受各種媒介及宣傳的影響而發現其他地方的需要？首先，我們可以儘量邀請宣教士來家裏分享他們的計劃，以擴闊我們的眼界。這些忠心的工人擁有極大的智慧和豐富的經驗，但卻常被我們忽略，因為他們並不是一羣經常在公眾場合發言的顯赫人物。請他們到家裏，向他們詢問有關神事工的進展情況，我們自然會發現面前這些平常沉靜溫柔的朋友，一變而成意志激昂的雄辯家。

還有，在日常生活中，經常懇切聆聽別人的說話，我們亦會發現在我們從未想過的地方也有很多需要。此外，我們可以成立一些研究小組，思想一下：神在我們的世界正在作些甚麼？當我們與別人一起崇拜時，可以邀請一些有先見的弟兄姊妹幫助我們認識自己所走的方向，指出我們將會達到的目標，並就我們所走的路提供意見。我們還可以取消乘船到波多巴雅爾塔(Puerto Vallarta)度假的計劃，改在海地(Haiti)混雜的人羣中度暑假。透過這些或其他方法，我們將發現一些「無名」的傳道者，以及未經報導卻已進行得如火如荼的事工。

第四方面，讓我們慷慨樂意地施贈，並不企求藉此取得權力。我們用不著去控制、管理或影響別人，我們白白的得來，也要白白的捨去。

我們可以在使徒行傳中看到早期教會怎樣慷慨施贈，粉碎了施贈者對受惠的貧苦無助者肆意呼喝的霸道行為。早期教會並沒有利用金錢來控制人，而是以金錢來表達愛心，其中並沒有任何詭詐。如果有人企圖騙取金錢，他的罪行會立刻被揭發，並且迅即遭受處決(徒五1～11)。今日，我們對金錢有歪念，也要受到同樣懲罰。

身為門徒，我們絕不借助金錢的力量，控制別人。我們拒絕利用金錢來謀取職位或使自己得人喜愛。我們不會利用金錢來操縱他人或叫別人欠下我們的債。我們拒絕利用金錢作惡，但同意金錢可用於善途。

我們應讓牧師及其他聖工人員知道，即使我們不同意他們的說話以及所作的事，我們仍會忠心地支持他們，這樣可以鼓勵他們完成傳道的使命，否則，他們會不敢說逆耳的話，也不敢支持會友反對的計劃，恐怕這樣作會使聖工得不到金錢推行。我們要讓他們知道，我們奉獻，並不受會友意見所影響，我們不會因自己不同意某個決定，便去扣除對教會的奉獻。

當然，我們也可以為了關心教會所走的方向是否正確而暫時不作奉獻，但這種作法並不常見。一般來說，我們應無條件奉獻而毋須指示教會如何使用這筆金錢。我想那位窮寡婦本來是可以想出很多藉口來拒絕把她那兩個「小銅錢」投入聖殿的銀庫，但她還是投上了，並甚得主的讚賞(可十二41～44)。

第五方面，讓我們慷慨樂意地奉獻金錢，也把自己獻上。保羅說：「他們先把自己獻給主」(林後八5)，我們也應這樣作。

我有一個朋友，一直以來他都樂於慷慨施贈，最近，他更嘗試把自己獻上，他決定要與窮人建立更密切的關係，因此他不再寫支票給那些為窮人服務的機構，而是親自去幫助一個家庭，由於毒品問題，那個家庭一直過著很不安定的生活，但藉著我這位朋友的幫助，那個家庭的男主人找到一份工作，而那個家庭亦學會怎樣訂定每月的開支，編好每星期的菜單。我的朋友每星期都與他們見面，與他們一起檢討收支預算，評估他們的目標。此外，他亦把自己部分財產投資在這家人身上(全部都不能用來申請免稅的)。這樣的施予雖然遠比寫一張支票付出更大代價，但在捐贈金錢時，把自己一起獻上，將會帶來令人驚喜的結果。

我又認識另一位朋友，他用自己的錢開設了一間基督教電影公司、一個出版社及一所神學院。這些機構花了他許多的時間及精力，但他還是樂意這樣作，因為他想把自己與金錢一起獻上。

我們大多無法仿效以上兩位人士，但我們可以透過很多簡單的途徑，奉獻自己。在使徒行傳裏，我們看到那個為村內寡婦作「裏衣外衣」的大比大，路加稱她為「廣行善事，多施賙濟」(徒九36～43)。也許我們能透過幫助周圍有需要的人而找到奉獻自己的方法，以致我們亦能作到「廣行善事，多施賙濟」的地步。

第六方面：讓我們以慷慨樂意的心懷，尋找那些能在施予方面幫助我們的顧問。我們要尋求最好的專家指導，來進行直接付款捐獻、延期付款捐獻、立遺囑及計劃捐獻，我們需要對自己的財產有正確的看法，這正是作為管家的責任。此外，我們亦可以透過研經班及聘請財政人員來向我們提供意見。

有一點要提醒大家的，就是大部分的財務顧問都傾向保守及講求按章辦事，我們可以看重他們就財經世界所提出的專業意見，但對於信徒來說，事實及數字不應是決定我們奉獻的因素。在整個考慮過程中，一顆自由和釋放的心才是最為重要的。很少律師及信託委員(即使他們本身是基督徒)會明白金錢背後的超自然力量以及我們生命裏頭那種漫不經心的心態。因此，雖然我們要感謝他們的建議和忠告，但我們卻不能受這些意見約束。

我們要緊記，在天國裏積聚財富是一項主要投資，跟任何其他投資一樣，我們都想作到最好，我們大部分人在受雇的日子，都曾經有數以萬計金錢從我們的手上溜走，作為管家，我們有責任好好運用這些金錢，為基督及其國度賺取最豐厚的利潤。我們各人都要找出投資天國在我們心目中應佔的位置，而那些顧問正好幫助我們找到應走的路。

我說這些話並非要低貶把金錢花在自己家庭上的作法。其實我認為願意花錢在自己兒女身上，才是其中一項最能擴展神國度的投資。讓兒女得著豐富經驗，以擴闊他們的眼光，啟迪他們的心靈，都是值得我們投資的。

第七方面：讓我們慷慨樂意地立下遺囑，表明我們對神國度的關懷。很多人都不願意訂立遺囑，因為那份遺囑好像道出了我們快要離世的日子，也規定了我們錢財的處理方法，這是我們大部分人都想逃避的現實。但不立下遺囑卻是管家最失職之處。由於我們常常否認自己富有，當我們回到天家後將驚訝地發現原來有那麼大的一筆金錢「可能」用在神的工作上。我說「可能」，是因為如果事前沒有立下遺囑，那些錢就不能用在神的工作上了。

因此，如果你仍未立遺囑，那麼在還未讀完本章前，就請你趕快預約律師去計劃一份遺囑，不要說你年紀太輕或不夠錢，兩個理由都是錯誤的，現在就立一份遺囑吧！

如果教會能舉辦一些課程教導這個問題，可以幫上一個大忙。立遺囑是最好的機會讓我們去面對自己的財產及思想死亡問題。還有，我們可以從基督徒的角度去問問自己：我應把全部財產留給子女？或只是留下一部分？我該把錢捐贈給哪一間最能擴展基督事工的機構？我有甚麼不能在生前送給窮人，但可在死後捐出來的？

我跟卡樂玲在遺囑裏都有提到我們的兒女，但我們亦有提及教育學院、傳道機構、救濟組織及教會。很多人比我們作得更多，有些甚至遺下無形的財產。亨利(Patrick Henry)在遺囑中這樣寫：如果他沒有留下任何財富，但卻可以把對基督的信心遺給子女，他們便是世界上最富裕的人。相反來說，如果他把這個世界所有財富遺給他們，卻沒有把在基督裏的信心留下，那麼他們將是世界上最貧乏的人。

請相信我，立遺囑一點也不可怕，你只需費很少力氣，便能幫助許許多多的人。我想不出任何合適的理由，支持我們遲延不去立遺囑。

施予是神呼召我們所有人以慷慨樂意的心去執行的一項聖工。在受逼迫的時代，基督徒犧牲性命；在福音興旺的日子，基督徒獻上他們辛勞工作的果子。勞威廉(William Law)[註7]說，早期教會的會友「高高興興地把他們所有財產用來經營一項永久的慈善事業」。[註8]如果我們也可以這樣作，將會有多好啊！

當我們在施予中學習及成長時，我想提醒大家一點，金錢的慾望，像馬唐草一樣會重新在我們心中生根發芽，我們以為已經把它推翻，把它收服，但小心它忽然造反並重新佔據我們的心。在金錢的背後，總是隱藏了一股反叛的勢力。

一直以來，我的朋友亞唐，成功地實踐了施予的功課。數年前，他決定把施予作為一項資本投資，比方說，他用五千元買一所房子，然後再以一萬元的價錢把它賣掉，這樣，他就可以捐上多一倍的錢，使基督及祂的國度得著更大益處。

不過，經過一段日子後，亞唐發覺他開始被投資所吸引，有一種因神的國度而起的貪念。熱心施予逐漸被功利主義所取代。還有，要奉獻長期投資得來的利潤，就要持有該物業最少一年，亞唐告訴我：「在這一年的等待中，我開始愛上了錢。」亞唐感到這事使他靈性枯竭，他仍在對付這問題。

亞唐是懷著一個最崇高的目標來開展這項聖工，而他能敏銳地覺察到金錢的勢力要再次支配他。當我們開始走這一條事奉道路時，我們都需要存著儆醒之心，以及好好裝備自己。金錢這不義的瑪門，非毒藥，而像毒藥一樣，我們要小心處理，加以適當運用，金錢才能成為祝福。[註9]

兒童與金錢

作為基督的門徒，教導自己的兒女或者是團契中的小孩有關金錢的問題是責無旁貸的。我們不能向他們隱瞞金錢的問題，因為金錢充塞了整個他們居住的世界。有些家長對於跟兒女談論性問題感到很尷尬，但要他們坦誠與兒女討論金錢問題，他們就更加難於啟齒。

事實上，我們必須教導兒女有關金錢的問題。我們是怎樣的人與我們日常生活表現，就是教導的內容。兒女會從我們身上學習各種處理金錢的態度：

——我們應懼怕金錢嗎？

——我們應喜愛金錢嗎？

——我們應尊敬金錢嗎？

——我們應憎厭金錢嗎？

——我們應使用金錢嗎？

——我們應借錢嗎？

——我們應訂下收支預算嗎？

——我們應為金錢犧牲其他一切東西嗎？

兒女看見我們怎樣作，就會找到上述及其他問題的答案。史懷哲（Albert Schweitzer）[註10]曾經指出：「我們只有三個方法教導兒童：第一個是以身作則，第二個亦是以身作則，第三個仍然是以身作則。」[註11]

如果我們不愛金錢，我們的兒女會知道。如果我們為金錢擔憂恐懼，我們的孩子也同樣會有這種感覺。

兒女需要獲得有關金錢光、暗兩面的知識。沒有這兩方面的知識，只教導他們如何預算收支及寫支票是沒有甚麼作用的。

向兒童灌輸有關金錢光明一面的知識並不難，他們很快就會知道金錢可為自己買來很多東西。但我們要讓他們明白金錢亦能成為別人的祝福。我們可以給他們工作，為他們預備酬勞，好教導他們如何作什一奉獻及儲蓄，並指導他們如何善用金錢。當他們懂得如何負責任地處理金錢後，便可以讓他們在這方面有更多的自由及控制權。以上都是我們教導兒女有關金錢光明面的內容。

有關金錢黑暗面的教導則比較困難。對於兒童來說，可以購買東西是令人興奮的事，窮家小子只會知道缺乏金錢的苦處，因此不會明白擁有太多金錢的壞處。富裕家庭的小朋友發現只要有錢便可以欺負那些沒有他們那麼幸福的小孩，卻從沒有想到自己跟他們同樣不幸。要他們相信金錢有一種控制人的魔力，對他們來說是非常荒謬難明的。

但我們必須教導他們。除教導以外，我們更需要為他們禱告，使他們從金錢的轄制下釋放出來，這是一件非常重要的事，因為金錢並不單是一樣東西，而是一股勢力，當我們讓兒女接觸金錢時(必須這樣作)，我們應求神使他們得到保護。

當小孩為金錢起紛爭時，我們可以藉此機會讓他們認識金錢的能力，使他們看到真正貧窮是怎麼一回事，並幫助他們思想世界財富不均的各種原因。

我們需要身教言教並用，教導孩子毋須崇拜金錢，也不用看輕金錢，我們不敬慕金錢，也不輕蔑它。金錢是有用的，甚至是必需的，但卻毋須加以看重或尊崇。簡而言之，我們要讓小孩知道怎樣使用金錢而不為金錢所用(路十六9；太六24)。

要向小朋友說明這個分別實在並不容易，主要是由於沒有太多成年人能夠明白其中分別。我們這個世代，對正確的自律和生活節制並不了解，腦子裏總有覺得自律和節制只會帶來困擾和禁慾主義，對於每樣事情，我們只會完全拒絕或是全然接收，無怪乎今日的社會，無論是在宗教、政治或經濟方面，獨斷主義是如此流行。

因此，我們有迫切的責任去幫助小孩認識生命中所有東西都只可使用，不能濫用。我們要以身作則，讓他們知道可以只看一個電視節目，然後便把電視關掉；吃了對身體有益的東西，便不再暴食；欣賞美妙的音樂，然後享受寧靜。

如果孩子能夠從我們身上看到人類可以控制自己的情緒時，我們便可以向他們傳達金錢是奴僕而非主人的觀念。這是第一步，我們還有很多要教導他們的。

舉例來說，我們需要讓小孩知道如何轄制金錢的魔力，幫助他們親自找出許多問題的答案：怎樣去對付自私？怎樣的禱告才能有效地抗拒貪婪？如何付出慷慨與同情？

最重要的，是教導兒童怎樣輕看金錢但不致完全拒絕它。讓我們嘲笑金錢的偽善，摧毀它「神聖」的裝飾，其中一個方法就是撇棄及完全拒絕「愈多愈好」的想法，這也就是我們身為家長所必須爭持的。小孩很容易會有：一個玩具很好，兩個、三個或四個玩具則更好的想法，但我們知道這想法並非正確。因此我們便要堅持立場，學會說「不」。「足夠就是足夠」，我們不但要對自己這樣說，也要這樣對孩子說。我們買一件東西，不是因為自己想要，而是由於真有這需要，我們的孩子也必須學習其中的分別。

金錢不值得我們尊敬，卻需要我們透過聖靈的力量加以對付。只要我們能征服金錢而把它用於基督的事工上，我們就能善用金錢而不致成為金錢的奴隸。

慷慨、寬宏與平安

金錢的黑暗面必帶來貪念，導致報復，進而產生暴行；金錢的光明面則會使人生慷慨、有寬宏之心，並帶來平安。

我們的時代，最大的道德問題就是如何由貪心變為慷慨，將滿腔仇恨化為寬宏大量，讓暴行轉為平安。簡樸生活足以提供解決的辦法。簡樸生活讓我們有正確的觀點及有勇氣來對抗貪婪、仇恨及暴行；簡樸生活提供了計劃，指導我們如何經歷慷慨、寬宏與平安。沙爾之聖方濟 (St. Francis de Sales) [註12]說：「我建議你們在一切事上過簡樸生活，喜愛簡樸生活。」[註13]

第二部分：性

第五章

性與靈性

性與靈性互相為友，而非彼此對敵。

——高根(Donald Goergen)

基督教歷史上一件真正不幸的事，是將性和靈性分割。事實上，聖經認為性是十分崇高和美善的事，正因如此，這個現象益發令人感到可惜。現在讓我們從聖經的角度來窺探性的奧祕。

造男造女

創世記一章提到人有性別這個事實的意義，雖寥寥數語，卻十分精彩。聖經敘述神怎樣創造宇宙萬物——神說要有甚麼便有甚麼，揭開了故事莊嚴宏偉的序幕。神所造的宇宙和其中的一切都是十分美好的。(讓我們一開始便弄清楚這個觀念：物質世界是好的，我們不應貶低物質世界的價值。我們實在需要重新認知這個信念，就是神不但是創造者，而且祂所創造的事物都是十分美好的。)

人是神創造的巔峯。聖經用樸實而動人的文字寫出人受造的經過，人與所有其他受造之物大不相同，因為人是照著神的形像造的。請大家注意，人有性別這個事實與神的形像有極其密切的關係：「神就照著自己的形像造人，乃是照著祂的形像造男造女」(創一27)。說來似乎奇怪，人有男女兩性這個事實，竟與人是照著神的形像造的頗有關連。

巴特 (Karl Barth) 是第一位幫助我們看見聖經這項偉大啟示的含義的重要神學家。他幫助我們了解到，「照著神的形像」的意思，主要是指出神與人之間的關係。兩性之間的關係，乃是象徵人與神之間的關係。

人有男女之別，並非偶然的安排，也不僅是一種延續人類生命的途徑。性的特徵，是人類特徵的重要部分。世界上有男有女，而兩性之間存著十分密切的關係。我們有性的特徵，我們有愛與被愛的能力，這些都與我們是照著神的形像被造有密切的關係。聖經對性的看法是多麼崇高！

聖經特別強調關係，這使我們擴大了對性的了解。無上裝酒吧及色情刊物的問題，不是在於它們過度強調兩性的事，而是在於強調得不夠。它們絕口不提關係，而將兩性的事局限於性行為。這樣作實在是大大貶低了性的意義。

聖經所提出的看法實在是廣闊及全面得多。一起喝咖啡聊天、一起討論一本好書、一起觀賞日落——這些都是兩性之間可以作的事，試想像那是多麼美麗的圖畫，那是多麼溫馨的關係。性當然也包括性愛，但性絕不止於性行為。

赤身露體，並不羞恥

神創造宇宙萬物，都是說要有甚麼，便有了甚麼，只有造人的過程不一樣*。神用地上的塵土造人，將生氣吹在

---

*巴特認為第二段敘述創造人類經過的經文（創二18～25），主要的目的是補充神造人是造男造女，所以也說得上是創一27的注釋。

他鼻孔裏，他就成了有靈的活人，名叫亞當(創二7)。地上的塵土和神的靈氣結合在一起，便造成了人，這確是寫出了人的特質。神並沒有用創造物質世界的方法來造夏娃，不然，她與其他受造之物便會毫無區別，神也沒有將靈氣吹進另一撮塵土中，不然，她便會成為與男人毫無關連的個體。神用亞當的肋骨來強調男人與女人互相倚賴這個事實，正如亞當所形容的：「我骨中的骨，肉中的肉」。他們緊密結合，互相依存：兩人之間沒有激烈的抗衡，也沒有任何一方擺出高人一等的態度或實行各自為政。這是一幅多麼美麗的圖畫。

然後，聖經清楚說明成熟婚姻的模式，就是夫妻二人都忠於所立的約：「因此人要離開父母，與妻子連合，二人成為一體」(創二24)。這番話可不簡單。創世記的作者身處一個父權社會，他居然提到人要「離開」父母，與妻子「連合」，實在非同小可。接著聖經將二人的結合形容為「成為一體」。在新約，耶穌的教訓使這個詞語賦有更深入和更豐富的意義。

最後這段敘述的結語實在令人精神為之一振：「當時夫妻二人赤身露體，並不羞恥」(創二25)。這裏我們看見一幅樸實動人的圖畫：對亞當和夏娃來說，性是他們整個生命的一部分。他們並不感到羞恥，因為他們之間存著一種完整的關係。他們不但彼此連為一體，與其他受造之物亦有一種生命的連繫。史密特斯(Lewis Smedes)曾經寫道：「人在兩種情況之下不會感到羞恥，第一種情況是處於一種完整的關係中，另一種情況則是處於假象中。」[註1]赤身露體，並不羞恥——這是多麼動人的情景。

大家可有注意到，人在墮落前享有不帶羞恥的性愛？人墮落的結果並不是產生性愛，而是使性愛變質。在故事的開頭，我們發現男人與女人互相吸引，他們赤身相對，但卻並不感到羞恥。他們知道，他們的男性特徵或女性特徵都是神的精心傑作，即如他們的情慾是神所賦予的一樣。他們之間的差異，也正好把他們緊緊連在一起，他們一個是男的，一個是女的，但兩個人卻又是一體。他們之間存在著一種密切的關係，他們彼此相愛——既然如此，又何需感到羞恥呢？不論是他們的性別、性特徵或性慾，全出於神的創造。

我們都知道這個故事的悲慘結局，男人與女人竟離棄了神的道路。罪的毒液染污了一切。罪使神跟亞當和夏娃的關係破裂，甚至使婚姻關係變質，正如女人所受的咒詛所述：男人「必管轄你」(創三16)。我們要時刻記住，雖然古今中外，男人管轄女人的現象比比皆是，但這絕不是神創造的原意，而是人墮落的結果。隨之而來的是兩性之間關係緊張、產生衝突、男性地位高於女性等現象。正如赫賓(David Hubbard)觀察所得，人墮落之後，「人類的生命一直在兩種極端的行為之間搖擺，一邊是得寸進尺，誓與男人爭一日長短的大女人主義；另一邊則是蠻不講理地管轄女人的大男人心態。後者的作法不但貶低人的價值，更使男人與女人之間的伴侶關係破壞無遺。」[註2]

結果，正如巴特(Karl Barth)所形容的，人對性的態度，在縱慾和禁慾兩個乖謬的極端擺來擺去，實在令人感歎！

然而，基督徒可以見證，天國既已臨到，我們(在若干程度上)可以得著能力勝過罪惡的權勢，重返樂園，與我們的配偶保持健全的性愛關係*。身為基督徒，我們肯定人有性慾；然而，藉著福音的大能，我們可以阻止性慾朝不正當的方向發展。

愛的禮讚

創世記肯定人有性的特性，雅歌書則稱頌這個事實。巴特認為雅歌書是「二人赤身露體，並不羞恥」(創二25)這句經文的注釋。聖經中沒有其他經文像雅歌書一樣花這麼多篇幅刻劃歌頌兩性之間的事。聖經收進了這卷書，足以證明希伯來人絕不將生命硬生生分割為聖潔和世俗兩個範疇。

雅歌書好比一扇窗，讓我們窺見性慾的真貌，它所描繪的景象何等美麗！書內提到肉體方面的事，但卻沒有放縱肉體的行為；提到情慾，但卻沒有縱慾的行為；提到愛，但卻沒有淫亂的行為。讓我列出雅歌書四個偉大的主題。

第一個主題是，愛是強烈的。雅歌書的作者用上優美的言辭，極盡鋪陳之能事，刻劃愛情的狂熱。新婦喊道：「求你們給我葡萄乾增補我力，給我蘋果暢快我心，因我思愛成病」(歌二5)。

該書作者在另一處形容新婦在牀上思念愛人，她半夜起來，在靜寂無人的街道上徘徊，尋找「我心所愛的」(歌

---

*我加上「在若干程度上」這句修飾語，因為我認識到人處在一個十分複雜和不幸的境況中。雖然一方面天國「已經降臨」，但另一方面天國卻「尚未降臨」。儘管我們的生命在許多方面都經歷了神的救贖，但在某些方面卻仍未得著救贖，我們必須每天盼望「主的救恩」不斷臨到。我們在性方面的經歷如此，在生活其他方面的經歷也如此。

三2)。她甚至厚顏向看更的人查問愛人的下落。最後,「我……遇見我心所愛的,我拉住他,不容他走」(歌三4)。這幅美麗的圖畫帶出了愛是強烈的這個主題,也叫我們看見甚麼是不帶羞恥的情慾。

與此並行不悖的,是愛是有節制的。在雅歌書中,我們看不見胡天胡帝、縱酒狂歡的場面。事實上,新郎和新婦的愛情是如此崇高,他們的性關係是如此深厚,根本不容許亂搞關係的事情出現。

在第八章,新婦記起她還是孩子的時候,她的兄弟這樣形容她:「我們有一小妹,她的兩乳尚未長成。」(意思是說她還未長大成人。)「人來提親的日子,我們當為她怎樣辦理?她若是牆,我們要在其上建造銀塔。她若是門,我們要用香柏木板圍護她」(歌八8～9)。換言之,作兄弟的是存著保護妹子的心問:「我們的妹妹是牆嗎?她是否守身如玉?她是否好好的控制自己的情慾,為那位忠貞、永久的情人守住貞操?抑或她是門呢?她是否已被那些暫時情人玷污了呢?」

新婦長大成人後,欣然向新郎宣稱:「我是牆,我兩乳像其上的樓」(歌八10)。

新郎一樣要學習節制的功課。在第六章,他憶述自己曾有無數次的機會,展示他在性方面的實力。他提到自己曾有機會親近六十位王后、八十位妃嬪及「無數的童女」(他在這裏可能用上了希伯來人的誇張手法),但他一一拒絕了她們,因為「我屬我的良人,我的良人也屬我」(歌六3、8)。

有節制的另一個表現是絕不急不及待。要掌握這一點，我們只要看看書中反覆出現的一節經文：「耶路撒冷的眾女子阿……不要驚動，不要叫醒我所親愛的，等他自己情願」(歌二7，三5，八4)。要是古老的以色列社會也需要學習忍耐和節制，那麼，今天我們處身於一個連未成年的孩子也不放過，急不及待地把他們塑造成性感象徵的社會，豈不是更需要聆聽這個信息？

愛情是強烈的，但也是有節制的，雅歌書將這兩個主題奇妙地揉合在一起。雅歌書歌頌性慾，但書中刻劃的性慾卻是專一的，只為一個人而傾出。婚禮那一幕清楚闡明這一點。新郎形容準新娘為「關鎖的園、封閉的泉源」(歌四12)。她沒有隨便與異性發生性行為，她將自己的園子緊鎖。但在新婚之夜，新婦卻喊道：「北風阿，興起，南風阿，吹來，吹在我的園內，使其中的香氣發出來。願我的良人進入自己園裏，吃他佳美的果子」(歌四16)。

第三個貫徹整卷雅歌書的主題是，愛是互相付出的。書中所描述的愛情故事可謂不落俗套，完全跳出了男人採取主動、女人處處被動的框框。男女雙方都積極參與，雙方都採取主動，雙方都從對方接受，彷彿因人的墮落而造成的男人管轄女人的情況，竟藉著神的恩典而改觀了。

甚至全卷書的結構也突出愛是互惠的這個主題。我們看見先是新郎說話，然後是新婦，接著是合唱部分。兩人開心見誠的交談，新婦坦然自若的表達自己的愛意慾念：「我的良人為一袋沒藥，常在我懷中。」「我的良人好像羚羊，或像小鹿」(歌一13，二9)。

創世記只描述亞當被夏娃吸引，雅歌書卻強調新郎和新婦互相吸引。兩人在愛的行動中都不斷付出和接受，愛是雙方的。

最後我們要提到的主題是，愛是永恆的。在雅歌書中，我們看不見朝三暮四，或者一旦賬單湧至，生活枯燥便一走了之的情況。在雅歌書的末了，新婦呼喊道：

「求你將我放在心上如印記，
帶在你臂上如戳記，
因為愛情如死之堅強，
嫉恨如陰間之殘忍，
所發的電光是火焰的電光，
是耶和華的烈焰。
愛情，眾水不能息滅，
大水也不能淹沒。
若有人拿家中所有的財寶要換愛情，
就全被藐視。」(歌八6～7)

新郎和新婦的愛情與日俱進，牢不可破，並不隨時冷時熱的性慾而起伏不定。他們的愛情如死亡一般堅不可攻，也不是金錢所能買到。事實上，這番矢志忠貞，始終不渝的誓言使人想起使徒保羅在哥林多前書十三章所寫的愛之詩篇其中一句：「愛是永不止息」。

這句話道出了愛是永恆的真諦。赫賓(David Hubbard)談到上述經文時說：「雅歌書所描繪的忠貞叫我們知道，他們沒有辦法脫離這種關係。他們不能一按機關，就逃之夭夭。他們同舟共濟，永遠彼此相屬，永遠忠於所立的盟約。」註3

愛是強烈的，愛是有節制的，愛是互相付出的，愛是永恆的——這四個主題叫我們清楚窺見性的真貌。

耶穌與性

現在我們要轉談耶穌對性的看法。事實上，耶穌直接提到性的教訓不多，主要的原因是祂的教訓與舊約的啟示實在渾然一體，祂覺得不需要加以贅述。不過，從有關的經文可以看見，耶穌認為性和婚姻是十分崇高的事。

在耶穌眼中，性是高尚的。文士和法利賽人教導人說，只要不犯姦淫，便沒有問題。但耶穌的視線超越律法的外表而進入人的內心世界。「我告訴你們，凡看見婦女就動淫念的，這人心裏已經與他犯姦淫了」(太五28)。

淫慾使性變質，因為其中缺少了關係。淫慾令對方變成一個物件、一件東西，而不是有血有肉的人。耶穌譴責淫慾，因為它貶低了性的價值，虧負了神創造性慾的原意。對耶穌來說，性是美好的、崇高的、神聖的，不應因庸俗的思想而被糟蹋。

耶穌對婚姻同樣持有十分崇高的看法*。在馬太福音十九章，我們看見法利賽人設法使耶穌捲入當時社會最熱鬧的爭論，就是究竟甚麼可以構成離婚的理由。耶穌回答時先引用創世記「二人成為一體」的經文，然後祂說：「既然如此，夫妻二人不再是兩個人，乃是一體的了，所以上帝配合的，人不可分開」(太十九6)。耶穌這番話叫我們正視「成為一體」這個事實的奧妙。兩個生命連在一起，產生了

*耶穌認為獨身也有其價值。我們會在另一章討論這方面的教訓。

合一，但各自仍是獨立的個體。二人成為一體！這真是奇妙的奧祕！我們需要時常重溫這個屬靈的事實。

保羅與性

使徒保羅同樣尊重婚姻，他把婚姻比擬為基督和教會之間的盟約關係。保羅在引用創世記中人要離開父母，與妻子連合，二人成為一體的經文後，接著説：「這是極大的奧祕，但我是指著基督和教會説的」(弗五32)。

保羅曾在哥林多前書七章熱烈談到獨身的好處，但在這段經文中，他仍然肯定婚姻的價值，並勸諭夫婦要彼此滿足對方的性需要：「丈夫當用合宜之分待妻子，妻子待丈夫也要如此」(林前七3)。

我們概括地看了一遍聖經中有關性的教訓。不論是舊約、新約、四福音和使徒書信，都指出性是值得稱頌的美事。人有性的特性，與我們是有靈的人這個事實，有密切的關係。屬靈的生命有助於性慾朝正確的方向發展；另一方面，人有性慾這個事實叫我們更加全面的看待屬靈的生命。凡擁有屬天生命的人，性與靈性能彼此互相和諧效力，這乃是整本聖經的有關見證。

歷史的審判

我多麼希望教會在過去二千年來的見證能夠與聖經的見證相契合。使徒時代過去不久，教會便逐漸在兩方面偏離了聖經的教導。第一項主要的偏見是肉體上的快慰被認為是件壞事，第二項則是性行為的目的，純粹是為了傳宗接代。性行為帶來的快慰逐漸被視為屬靈生命的大敵。

把這些觀念灌輸給教會的主要人物，是聖奧古斯丁。奧古斯丁年輕時縱情聲色，這是他歸信基督後對性採取消極態度的一個原因。在《上帝的城》(*The City of God*)一書中，他提到「隨著一切性行為而產生的羞恥」。[註4]

甚至是婚姻之內的性行為，除非是為了傳宗接代而進行，奧古斯丁都認為是罪過。貝力(Derrick Bailey)談到奧古斯丁在這些事上的影響時說：「西方社會今日仍然流行一種觀念，就是基督教認為性是充滿罪惡的事，這種觀念之所以逐漸滲入我們的思想文化之內，奧古斯丁應負起相當大的責任。」[註5]

但許多神學家比奧古斯丁更為偏激，有些還警告已經結婚的人說，何時他們進行性行為，何時聖靈便離開他們的睡房。法國沙特爾茲一位主教勸勉虔誠人逢星期四為記念基督進入耶路撒冷城，要避免性行為，逢星期五為記念主被釘十架，也不要有性行為，星期六和星期日分別記念童貞女馬利亞和主復活，要避免性行為，星期一則記念已安息的靈魂，因此也不要性行為。[註6]

改革宗比較能夠接納人有性慾這個事實，但他們對這個世界的種種淫行痛心疾首，所以主張在婚姻內外都要抑制性慾。不過，有些人的態度積極得多，泰萊(Jeremy Taylor)在《聖潔生活的原則與實踐》(*The Rule and Exercise of Holy Living and Dying*)一書中鼓勵夫婦進行性行為，「以減輕家庭瑣事而帶來的愁煩，及向對方表示愛意。」[註7]清教徒對性的看法相當積極和健康，這與一般人對清教徒的印象頗有出入。他們認為性行為是婚姻重要的一部分，婚姻內的性行為受到鼓勵，因為這是神的恩賜。摩根(Edward Morgan)在〈清教徒和性〉("The Puritans and Sex")中指出，「清教徒並不如人們想像中一樣狹隘偏激，固執己見。」註8

不過，總括來說，我們必須承認教會並沒有持守聖經的教導，把性看為崇高的美事。多少時候，教會忽略了創世記和雅歌都提到的魚水之歡，而新約聖經對性和婚姻的看法也是肯定的，但多少時候這些經文卻被曲解，以致人們以為聖經否定性慾，實在令人扼腕歎息。我們必須採取一個更符合聖經原則、更符合基督教教義的態度。

被歪曲了的性

聖經雖然稱頌人有性的特性這個事實，但卻提出各種警告*。人墮落後，對性的認識也往往一知半解，彷彿對著鏡子觀看，模糊不清。作為基督徒，我們的職責是在性變態的迷宮中，找出處理性的正確態度，因為罪在許多方面歪曲了性的本貌。

色情品所展示的正是被歪曲了的性。不錯，我們不能以絕對的標準，界定何為色情，但這一點並不抹煞色情品的存在。羅馬西斯廷教堂內的裸體人像跟「黃色」刊物所刊登的裸照自然有天淵之別，普通人一眼便知其分別。史密特斯這樣說：「色情品有害無益，因為它們將性變為缺德、乏味及枯燥。」註9任何藝術或文學作品，愈是將性從人的整

---

*教會之所以對性有上文所述的看法，多少是由於重視聖經所提出的警告。問題是他們只著眼於這些警告，以致他們沒法體會人有性慾這個事實積極和美善的一面。

體活動和感情割離，便愈是接近色情品。色情品所展示的，是一種割離了的性，純屬肉慾的活動，一種轄制他人，使人喪失尊嚴的手段。色情刊物貶低人的價值，使人喪失尊嚴，真正的藝術品卻恰好相反，它們把人的情操提高及昇華至更高的層次。

色情刊物的一個特色，是製造一個脫離現實的幻想世界。精湛的攝影技巧，加上先進的印刷技術，可以遮掩無數的瑕疵。電影中那些經過精心堆砌的浪漫情節，很容易使現實生活中本來相當美滿的婚姻關係看來沉悶乏味。銀幕上的女角豐胸細腰，笑靨如春，一雙美腿惹人遐思，試問哪個女人可以日夜與之比較而不相形失色？電子媒介所展示的男角肌肉發達，一身曬得驕人的棕色，試問現實生活中哪個男人堪與比擬？

事實上，沒有任何人可以與銀幕或雜誌上的美女俊男相比，甚至是拍攝這些影片或照片的男女主角本身也不可以。這些影片或照片所展示的是一個夢幻世界——一個虛假、欺哄人的夢幻世界。色情影片或刊物所描繪的性美麗、奇妙，令人快樂得超乎現實。真實生活裏的性卻是柔情混雜著汗臭，愛意混雜著勞累，快樂混雜著失望。人一旦相信這個夢幻世界真正存在，便會對真實世界的種種瑕疵投以不屑的眼光，事實上，他們會開始去找尋一個十全十美，沒有半點瑕疵的夢幻世界。這種以假亂真的現象不但會使人對性產生錯誤的觀念，而且會損害人的靈魂。

色情品的害處還不止於此，這些作品所描寫的各種畸型的權力為害更大。硬性色情刊物不但令人想入非非，而且充滿暴力和病態。這些作品訴諸蠻力，極盡殘暴淫虐的能事。

淫慾是另一種歪曲了的性。當我提到淫慾時，我不是指偶然注視異性的眼光或偶然心中一動，而是指一個人日夜處於慾火之中。如果性慾是馬，淫慾就好比脱韁之馬。

罪使我們的性慾也變得不正常。有時，性似乎佔據了我們整個人的思想。魯益師曾經用一個十分生動的比喻來形容這種不正常的情況：「我們試從另一個角度來看。如果有脱衣舞表演，一定捧場者眾，大家爭著看台上的女郎脱下身上的衣服。設想你來到一個國家，只要你捧一個蓋上布的碟子上台，然後慢慢掀開蓋布讓觀眾看，就在燈光熄掉之前，觀眾僅看見碟子盛著一塊羊排和一片煙肉，這樣作便能使整間劇院座無虛設，你是否會覺得這個國家的人們食慾出了毛病？」[註10]

魯益師說得不錯，人的性慾是出了毛病，這種情況對有些人來說更成為重擔。他們有如困獸，慘受折磨，卻又內疚自責。縱使聽上千百次的講道，也沒法熄滅心中如火燒旺的慾念。

著名的作家兼長老會牧師波納（Frederick Buechner）曾經寫道：「淫慾好比在我們身體內嘶叫的人猿。我們在日間可以把牠治得貼貼服服，但一到晚上，牠就在我們的夢境裏出現，鬧得我們心緒不寧。我們以為不再受牠騷擾了，怎知牠忽然伸出猙獰的頭來，對著我們吃吃地笑。即使是世上最洶湧冰冷的河水，也沒法把牠撲倒在地。全能的神啊，為甚麼祢給人這麼一個討厭的玩意兒呢？」[註11]

我們或多或少都有類似的經歷，但有些人在這方面卻有更深切痛苦的體會。他們祈求釋放，但神在天上卻似乎置若罔聞。他們日日夜夜都受到性的困擾。身為基督徒，他們深知姦淫是不對的，所以他們轉而借助淫褻畫片來滿足內心的渴望。可是，這樣作不但不能帶來滿足，反而令慾念更如火焚燒，就有點像一個飢腸轆轆的人走過香味四溢的麵包店一樣。縱慾的結果是內疚和自責，內疚、自責過後是更多的縱慾，結果只有帶來更多的內疚和自責。

對於這些飽受性困擾的人，我們應該耐心聽他們傾訴，不要馬上譴責他們。在這個色情泛濫的社會裏，我們面對的引誘非常大。正常的性慾逐漸變質而成為失去控制的淫慾，其中的過程可能十分曲折複雜。只有藉著神的恩典和弟兄姊妹的愛心支持，才能使變了質的性慾回復正常。

性虐待狂及被虐待狂是另一種形式的性變態。性虐待狂者喜歡將痛苦加諸對方身上，被虐待狂者則恰好相反。兩者均與雅歌書所形容的溫馨、兩情相悅的性關係背道而馳。在這裏，我並不是指夫婦間的嬉戲，例如大力的擁吻或抓搔對方。在一個彼此負責任的關係裏，雙方都付出愛與關心，即使配偶有些怪癖，也是可以忍受的。

性虐待狂和被虐待狂並不會帶領我們走向愛與關心。在虐待的過程中，重點是痛苦本身而不是關係的建立。史密特斯寫道：「在這種情況下，當事人並不是在一個性關係中感受到痛苦，而是以痛苦來代替真正的性關係。」[註12]

到底是甚麼令到人會享受施予及接受淩辱和痛苦呢？極端的性虐待狂可能導致強姦，甚至謀殺。神創造性，是要為人帶來歡愉和生命，但性在墮落人的手中，卻淪為痛苦和死亡的工具。為甚麼呢？到底是哪裏出了毛病，以致人要轄制、淩辱，甚至毀滅另一個人呢？沒有人可以對這個問題給一個完滿的答案。我們只能說，變了質的性可以帶來極其駭人的結果。罪是真實的，邪惡也是真實的，那個在空中掌管幽暗世界的也是真實的，隨時會把我們引至地獄的邊緣。

但我們不要這麼快便唾罵這些人。在我們每一個人的心底深處，都潛伏著踐踏別人和毀滅別人的衝動。即使我們不以性虐待狂或被虐待狂的形式表達出來，這種衝動仍然真實存在，隨時會一觸即發。這些事實當叫我們謙卑在主的十架下，使我們為著大家的身心健全而彼此代禱。

性別歧視是另一種病態。事實上，性別歧視和性虐待狂就好像一個銀幣的兩面，兩者相似之處是那股希望轄制、支配及將別人玩弄於股掌之上的慾望。人類歷史上有許多人轄制人，特別是男性轄制女性的悲慘記錄。甚至在舊約社會中，女人也往往被視為男人的附屬品，受男人保護，任由男人處置。

女人不如男人的觀念是錯誤的想法，這種思想足以令人意志消沉。如果我們不相信女人天生比不上男人，就應該反對女人必須聽命於男人的作法。有人辯稱，雖然女人並不比男人差勁，但女人有別於男人，自當聽命於男人，這種論調實在難以令人信服。不錯，兩性之間是有明顯的分別，但這些分別並不一定表示男人的地位高於女人。

我們必須記住，創世記三章16節所述男人管轄女人的情況：「你必戀慕你丈夫，你丈夫必管轄你。」並不是人墮落前兩性關係的寫照，而是人墮落後所受的咒詛。性別歧視是一種病態，而不是健全的心態。藉著耶穌基督的死和復活的大能，我們已戰勝了因人墮落而受的咒詛，我們可以不斷戰勝這個咒詛，而且將來我們會徹底解除這個咒詛。

同性戀與基督徒

我真希望可以避而不談同性戀這個題目，有下列理由：首先，寥寥幾張紙實在不能詳盡討論這個題目，況且，以事論事，異性戀者對同性戀者的感受可以說是一無所知。儘管我們努力嘗試了解同性戀者的背景，儘管我們博覽羣書，嘗試了解同性戀所涉及的種種問題，我們對事情的真相仍然是一知半解。其次，現時在基督徒的圈子中，同性戀是一個極具爆炸性的話題，無論你說甚麼，都會受到嚴厲的批評——而這些批評可能是有其根據的。不過，這些理由都不足以令我緘默，況且，同性戀使許多人受到痛苦和傷害，如果我能說一些叫人得益、甚或叫人得醫治的話，冒一冒險也是值得的。

正因同性戀使許多人的身心靈深受創傷，我想我應該先說一些同情和安慰的話。一方面，那些明顯有同性戀傾向的人，時常覺得被人誤會，被人定型，被人侮辱，被人拒絕。但，另一方面，那些認為同性戀跟聖經所訂的標準相違背的人，眼見有些宗派意欲將同性戀在教會生活中合法化，亦難免有背道離經的感覺。

今日社會對同性戀的爭議更影響了第三類人，我是指那些對自己的性別身分感到困惑的人，他們感到自己體內似乎有兩種互相矛盾的性慾在爭戰，他們懷疑自己是否是隱伏的同性戀者；也許這一類人最為痛苦。他們無所適從，因為教會沒有發出明確的指示。一方面，他們聽見有人大聲斥責同性戀；雖然他們知道基督徒必須忠於聖經的教訓，但這些人傲慢、無知、自以為義的態度令他們反感。另一方面，他們又聽見有人興高采烈的對同性戀表示接納；雖然他們知道這些人這樣作，是出於對受壓迫者的同情和關心，但這些人照自己的意思解釋聖經，以迎合自己的作法，卻不能不叫他們感到驚訝。

凡陷在這種混亂中的人都值得我們同情和體諒。對所有曾遭人歧視及迫害的同性戀者，我們請求他們饒恕。對所有覺得教會正逐漸失去堅定的道德立場的人，我們應該設身處地的聆聽他們的心聲。而所有對自己的性別身分感到疑惑的人，則需要我們的諒解、輔導和嚴明的道德審判。

聖經有否對同性戀這個問題給我們任何指引呢？答案是肯定的，聖經的立場相當明顯和直截了當。由始至終，聖經都將兩性的結合視為神所命定的模式，而將同性戀看為一種罪惡，有違神造人的原意。聖經有些經文直接提到同性戀，我相信這些經文相當清楚顯示，聖經並不贊成同性戀*。我並不單止根據這些經文，而是將整本聖經的教訓

---

*請參看利十八22，二十13；羅一21～27；林前六9及提前一10等經文。我知道許多人嘗試從新的角度來看這幾段經文，有些還用上相當深奧的理論來解釋，但我不覺得這些解釋能令人信服。

前後貫通而得出這個結論：兩性的結合才是正常的模式，神造人是「造男造女」，目的是要他們成為「一體」。這個信息貫徹聖經中一切有關性的教訓。

當然有人可以辯稱，聖經的作者並不了解同性之間的情慾和同性之間的愛有何區別，也不了解先天同性戀者和有同性戀傾向的人有何不同。即使如此，我們也不可以說聖經在這個問題上的立場模稜兩可。聖經的立場十分清楚：同性戀有違自然，與神造男造女的原意相違背。至於有人提出同性戀只是「正常性關係一種特殊的表現」這種觀念，從聖經的角度來看，簡直不可思議。

知道了聖經對同性戀的審判後，我們不必立即妄下結論說，同性戀者純粹是自取其辱。如果我們認為所有同性戀者都憑自己的意願選擇表達性慾的方式，或憑自己的意願選擇同性戀活動，這種想法既不合乎科學精神，也不符合神學觀念，甚至是不合理。同性戀有許多不同的程度，也有許多不同的成因，有些因素根本不是當事人本身可以控制得來的。一個只有二、三成同性戀傾向的人，很容易可以轉變成完全的異性戀者，但對有八、九成同性戀傾向的人來說，則困難得多。影響個人性傾向的因素往往十分複雜，因此，一方面我們要表明立場：根據聖經，異性戀才是正常的模式；但另一方面，我們要同情體諒那些對與異性建立關係感到不自然和困難的人。

對另一個同性的人感到吸引與同性戀是截然不同的事。一個同性的人吸引我們可能有許多原因，例如對方十分愛護關懷自己等等。這與真正的同性戀可以說是兩回事。

一個女人如果只是對另一個女人感到吸引，這並不算是同性戀；同樣，一個男人如果只是對另一個男人感到吸引，也不能算是同性戀。兩個人在十分親密的情況下產生性興奮並不是少有的情況，也不是不自然或不尋常的現象。在今日的世界中，性受到過度的渲染，以致異性戀者也有可能因為沉溺於性愛的緣故而搞異性戀，又搞同性戀。不過，這種性慾必須受到控制和引導。

如果你曾經試過與同性相處而產生性興奮，不必因而感到驚慌，害怕自己一生注定要作同性戀者。這種經驗相當普遍，但我們必須以堅決和合宜的態度來處理。我們應該運用神學、社會學和心理學的原則來把性慾納入正軌。已婚人士可以用聖經的原則來抗拒婚外情的誘惑；同樣，我們也可以用這種方法來抗拒同性戀活動。

性好比一道廣闊深遠的河流，河水不越堤而流，則潤澤兩岸。河水一旦破堤而流，泛濫四溢，則為禍無窮；性一旦衝破神所設的堤岸，一樣為禍無窮。我們的職責是盡可能清楚界定正常性活動的範圍，同時盡一切努力將我們的性反應引入正途。

直到現在，我只談及那些對同性有性反應的人，卻還沒有討論到那些慣常對同性有偏好的人，後者我們稱為先天同性戀者。儘管他們嘗試接觸異性，但異性卻不能叫他們心動；儘管他們嘗試克制自己，但同性的人往往令他們怦然心動不能自已。社會科學家告訴我們，男性中約有百分之五是慣常只對同性才產生性慾的，女性中則有百分之二點五是這種情況。對這類同性戀者，我們該說甚麼好呢？

頭一件要說的是，他們並不是自己選擇只對同性有興趣，正如一個天生足部畸型的孩子，並非自願如此。兩者都是一種病態——神創造的本意並非這樣，但兩者都不應受到責備。我們生活在一個墮落人類的世界，罪滲入了其中，使人類飽受痛苦，許多人都深受其害。我們應該同情體諒這些人，而不應譴責他們。

不過，雖然同性戀者毋須為自己生為同性戀者負責，他們卻需對自己的行為負責。他們必須作出抉擇。凡發現自己有同性戀傾向的基督徒，都應按照神的真理，並且依靠神的恩典來作出適當的抉擇。

大致上，同性戀者有三條路可以選擇：第一是改變同性戀傾向，第二是抑制同性戀傾向，第三是實行同性戀。

先天同性戀者是否可以轉變成異性戀者呢？這個問題備受爭議。我們很難找到可證實的證據，許多所謂由同性戀轉變為異性戀的成功例子，可能只是一些有同性戀傾向而非真正的先天同性戀者。不過，有些學者所作的研究卻為我們帶來希望。曼素．柏迪遜(E. Mansell Pattison)與萊．柏迪遜(M. Loy Pattison)在美國精神病學雜誌所刊登的一篇文章中下了這樣的結論：「上述資料提供了頗多證據，證明完全同性戀者有可能作一百八十度的轉變，成為不折不扣的異性戀者。這與金賽博士所提出的有關這種轉變的可能性的統計數字，馬士特斯(Masters)與尊遜(Johnson)的資料，以及臨牀或觀察所得的例證，不謀而合。」[註13]

當然，我們不應不切實際的過分樂觀，但我們應該對同性戀者可以作出真正、永久的轉變的可能性充滿希望。

那些設法改變自己性傾向的人需要基督徒團體的代禱、支持和愛心關懷。他們要走的路並不容易，作為基督徒團體的一分子，我們必須與他們一起經過挫敗、沮喪及失敗的時間。我們巴不得神改變生命的能力臨到他們身上，改變他們的情況，這是我們的祈禱和希望。每一次神的能力帶來改變的時候，我們可以與歡樂的人同歡樂，但我們亦需願意與哭泣的人同哭泣。

有些人向神呼求，並且盡了一切努力去改變自己的性傾向，但卻看不見絲毫改變。我們這些與他們並肩作戰的人也盡了一切努力去幫助他們。但這些努力似乎都歸於徒然。若然這樣，該怎麼辦呢？第二個可供選擇的方法是抑制同性戀行為。有些人發現自己是同性戀者後，選擇過獨身的生活，以免作出不道德的行為。這些人需要我們的愛心支持和鼓勵。同時，他們需要作出行為上的改變，更需要自律和正確的判斷。教會應以懇切的禱告托住他們，以致他們能夠忠於獨身的呼召*。

同性戀者可以選擇的第三條路是實行同性戀。說到這裏，很多人便會說，實行同性戀是罪，因此，基督徒不應選擇實行同性戀，就此結束討論。不錯，實行同性戀是罪，但這並不表示我們便可以置身事外。我們生活在一個墮落至極點的世界，我們有時會跌入罪的網羅中，不能自拔。我們所作的，未必盡如理想。人是有限制的，人的知識和力量都有限。當然，我們希望神的力量臨到，我們祈求神

---

*對同性戀者來說，守獨身是一種正當的呼召，但我並不是暗示所有守獨身的人都是同性戀者。

的力量臨到，我們更期待神的力量臨到。當神的力量臨到時，那是何等美妙的時刻，我們沒法不發出讚美的聲音。然而，我們也會遇到挫敗、沮喪及失敗的時刻，當這些時刻來臨時，我們必須盡力應付。

至於那些覺得不能改變自己的性傾向或守獨身的人，作為一個基督徒團體，我們絕不能容許他們實行同性戀。但如果他們真的作出這個不幸的抉擇，我們必須盡可能保持一個道德的環境。

也許我可以用一個比喻來說明。如果兩國在迫不得已的情況下交戰，參戰國的行為仍然受到道德標準的約束。雖然他們陷於一個不理想的境況，但這並不表示他們可以任意妄為。即使一個人在無可奈何的情況下，作了一些不是絕對妥善的事，他仍然有道德上的責任。一方面，我們不能說實行同性戀是對的。但另一方面，我們也不能與選擇這樣作的人一刀兩斷。我們必須站在他的旁邊，隨時樂意伸出援手；當事情弄得一團糟的時候，樂意替他想出補救辦法；更樂意幫助他體驗神的接納和饒恕。

這章有兩個目的，第一是了解聖經的性觀。第二是認識幾種性變態的表現，以致我們行事為人更能與神的道趨於一致。現在我們要轉而看看怎樣在獨身的生活中，正確地處理性的問題。

第六章

性愛與獨身

除了進入地獄之外，天下間我們無處可以逃脫那愛情陷阱。

——魯益師（C. S. Lewis）

基督教信仰今日要面對的挑戰之一，乃是如何叫獨身的信徒在生活中，和諧地處理性的需要及屬靈生命的要求。獨身人士在社會中成為過半數的日子漸漸逼近。有些是年青人，他們當然仍期望著進入結婚的階段。有些人獨身，是因為死亡奪去了他們的配偶。更可悲的，有成千上萬的人，因離婚而被迫接受獨身的生活。

教會若能協助獨身信徒誠實及完整地面對他們性的需要，實在是一個極大的貢獻。首先，我們不要以為獨身人士並沒有性慾的要求。獨身的信徒，尤其是那些委身的基督徒，常常因著他們的性需要而掙扎。他們面對很多困惑的問題。基督徒是否可以把自瀆作為滿足性需要的合法途徑？我如何去解決我思想中常常出現的那些情慾的感覺？而情慾又是甚麼？這與性慾的要求又有何分別？我對肉體的愛慕又該如何？是否可以藉此建立一個正常的關係？或者只是一條通往性愛的單程路？談到性愛，為何人們看得如此重要？禁止在婚姻以外有性愛，是否有真確的聖經根據，或者只是社會的禮教呢？獨身的信徒正面對著這些問題及類似的疑難，他們正在尋找如何和諧地處理基督教信仰上的要求，以及他們性的需要。

濫交與性愛

作為一個開始，讓我們一起探討基督徒對濫交與性愛的觀點。有人常常問：「你贊成婚前性行為嗎？」答案是：「贊成同時亦反對。」在肯定人類有性的需要方面，基督教對這問題是贊成的；但婚前性行為卻被基督教完全反對。現在就讓我們來看支持贊成與反對的理由吧！

無可否認，我們都是有性別的人。不論是男性，或是女性，我們都是照著神的形像所造的。其重要的含意，表示我們的一切及我們所行的，都是與性有關的。在此我試圖推翻某些人以為獨身者是沒有性需要的謬論。

獨身者的性表達，顯於他或她如何去愛別人，及如何讓別人去愛他們。婚姻雖然是性愛，但並非是一切親密關係的終極。愛意不必要靠肉體的接觸來顯示其深度，而對性更重要的是，我們能夠愛別人多少。所以，獨身者應與別人建立一種完整及關切的人際關係。其實，人與人之間的關係是絕對可以建基於深厚的交情，而非肉體上的滿足。對獨身者來說，這方面是值得鼓勵的。

獨身者的性表達，亦顯於他們需要在情感上得到滿足。一個人決定了在婚後才有性愛，並非表示他在情感上便得不到滿足。獨身者可以藉著與別人建立一種誠懇及充實的友誼，以取代性愛的滿足。其實，獨身者是絕對可以得到情感上的滿足的。而教會聚集時是可以在這裏給予幫助，因為這樣的環境正適合獨身信徒們與別人建立一個愉快並充實的友誼。

獨身者性的另一表達，顯於他或她如何去學習接納及控制自己在性方面的感覺。在婚約之內的人，不應否定或壓制自己的性感覺。高根先生(Donald Goergen)說過：「感覺之目的是為感覺，可以讓人去感受，而性感覺也不例外。」[註1]當我們嘗試去否定這些感覺時，我們同時也把我們與我們的人性分割。

我聽過很多人談及柏拉圖式的精神戀愛，但真正實行的人卻很少。異性之間親密的友情，大多數有肉體吸引的層面。我們毋須否認這事實。反之，我們應該接納這些感覺。可是，接納並不等於要將感覺付諸行動。我們要控制自己對性的感覺，而不是讓其控制我們。有些人錯覺地以為性衝動是無法控制的。其實，惱怒也是一樣。我們有時憤怒到極點而想殺死對方，但這不等於我們便會去殺人。這樣，若我們有能力去控制我們的怒氣，我們也可以同樣控制我們性的感覺。

上面幾段，我們嘗試去指出獨身者如何能正面地去處理他們的性需要。對婚姻以外的性行為，反面的看法又是如何呢？

聖經的教訓很明顯是禁止獨身者進行性愛，這是無可置疑的。但問題是為甚麼聖經的作者絕不否認有性愛這回事；並且神所以造男造女更意味著，祂對令人興奮的性經驗是完全贊同的。雅歌頌讚性生活像一個逸樂的探險。保羅勸勉信徒：「丈夫當用合宜之分待妻子，妻子待丈夫也要如此」(林前七3)。這就是為甚麼性愛只能在婚約之下進行。

聖經禁止沒有結婚的人進行性愛，是基於一個積極的遠見。根據聖經作者所述，性愛叫男女兩人奇妙地結合成為「一體」。創世記用了簡單而意義深遠的字句，記著說：「因此人要離開父母與妻子連合，二人成為一體」(創二24)。當法利賽人想藉當時具爭論性的休妻問題，去試探耶穌時，耶穌用創世記的「一體」觀念來回答他們，並且加上了一句：「既然如此，夫妻不再是兩個人，乃是一體的了，所以神配合的，人不可分開」(太十九6)。在以弗所書中，保羅引用創世記有關「一體」的經文，勸勉丈夫要愛妻子，因為「愛妻子便是愛自己了」(弗五28)。保羅在這裏指出一個很明顯的意思：婚姻叫男女兩人成為一個有約束性的連合，以致任何一方對配偶的傷害，即是等於傷害自己。

然而，在我們討論範圍內，最切合的經文莫如保羅在哥林多前書六章的教訓。保羅這些話是因教會中有一弟兄曾召妓而說的，保羅說：「豈不知與娼妓聯合的，便是與她成為一體麼？因為主說：『二人要成為一體』」(林前六16)。這經文很清楚地指出，保羅把性生活視為達到「一體」結合的決定性舉動。

現在，我們可以探討為何聖經中的道德觀，只容許性行為在婚約之內。性行為不單是肉體上，更是感情及心理上的連合，這舉動深深的接觸到男女雙方的靈，進而產生一個結合，聖經作者稱之為「一體」的結合。請記得，我們每個人不是「有」一個身體，我們乃是「是」一個身體；同時，我們不是「有」一個靈，我們乃是「是」一個靈。身體所接觸到的，同樣靈會接觸到。

史密特斯先生(Lewis Smedes)稱性愛為一個「聯合生命的舉動」[註2]。貝力先生(Derrick Bailey)曾説：「性愛是一個包括整個自我而又影響整個自我的舉動，男女雙方面對面的接觸，無論好或壞，男女互相在對方的身心靈上，留下一個永不能除滅的印記。縱使雙方都不知道這舉動的實在意義，其深遠的影響仍然存在。」[註3]

因此，聖經禁止獨身者進行性交，其理由遠超過一些實際的問題，如懷孕或性病等。婚姻以外的性行為，其錯在於「侵犯了這舉動的內在含意，因為兩個未結婚的男女，在沒有意圖與對方的生命作結連，而進行一個使生命結連的舉動……性交等同簽署一個生命連合的契約，而這個生命的連合，就是婚姻。」[註4]

使徒保羅之所以反對婚姻以外的性愛，正因為這舉動直接侵犯了性愛本身的特質。性愛叫人真實地覺知那「一體」的奧祕，並且把男女雙方在一個奇妙的情況中，互相結連。男女若處於一個永久忠貞的婚姻盟約下，這經驗是奇妙的。否則「縱然在表面上未能覺知，然而這舉動會成為一個空洞、短暫和惡毒的婚姻，給當事人留下一種深遠、困惑和不滿足的感受。」[註5]

根據希伯來文，性交的原文有「認識」之意。聖經的作者了解到，在性行為這個舉動中，男女雙方交流了一種特別的知識，並且彼此建立一個極密切的關係。這個「認識」聖經作者稱為「一體」。這就是聖經把性結合只限於婚姻盟約之內的原因。

這樣，對於一些在婚約之外曾有過性愛的人，如今他們知道自己是錯的，那又怎麼辦呢？藉性交而已產生的生命結連是否完全無法補救？不是的，這是可以補救的，但必須倚靠神的大能和醫治。在沒有意圖與對方的生命作結連，而進行一個使生命結連的舉動，會傷害到男女雙方內在的靈。這個傷口並且會發膿而蔓延，直到毒害了整個屬靈生命。至終，留下了一個醜陋的疤痕。

還好，奇妙的是，對於上述的傷害，是有醫治的可能。神恩典的大能，是可以湧進那受創傷的靈，使其得醫治及復原。可惜，有些個別的信徒，單靠自己並未得著神的醫治。在這情況下，他們最好找一位有智慧及憐憫心的屬靈「醫生」——一個對屬靈的帶領及以禱告去求醫治有經驗的屬靈長者，請他為他們禱告，祈求神的釋放。

無論如何，藉禱告去祈求醫治是必須的。不論那件事表面看來是如何等閒，我們絕不可以裝作未曾發生。若沒有面對並得著醫治，這事件的影響，遲早都會浮現。我的一個朋友，曾輔導過一位七十八歲的老姊妹，她是一個已有五十年經驗的宣教士，但今天，她的生命好像一團糟。她日夜都有著莫名的恐懼，她害怕人羣，她害怕階梯，她簡直是甚麼都怕。同時，她很沮喪，整個生命好像被愁苦所困。她那抑鬱的情況是那麼壞，以致她願意接受精神病的治療。

我那位朋友，素來對關懷肢體是非常有智慧的，他問這位老姊妹是否有一個快樂的童年。「是的！」她答道。

「那麼妳何時開始感受到這種愁苦及抑鬱呢？」

她很快的說：「當我十六歲的時候。」我的朋友接著問：「為甚麼？當妳十六歲時，有何事發生，以致令妳有這愁苦？」於是，在這位姊妹的一生中，她第一次向別人承認她在十六歲那年，與一位青年男子發生過性關係。可幸她沒有懷孕，而那男子很快亦離開了，但她卻把這個影響她靈命的傷口，藏了六十多年。

我的朋友為這位親愛的姊妹，祈求神伸手作心靈的醫治。奇妙的，在幾個星期後，她的恐懼及沮喪消失了，甚至她自己說：「我記得我曾經很害怕及抑鬱，但如今我卻忘記了我當時的感受！」

藉著基督的大能，使別人得著饒恕及醫治，是神子民共有的權利。若我們願意，我們可以帶給別人何等的幫助及醫治，這是一種蒙恩的事奉，並且值得在忠心的信徒羣體中鼓勵實行。

性幻想

主耶穌很清楚地表明，性的道德要求，不只限於禁止婚約以外的性關係。主說：「凡看見婦女就動淫念的，這人心裏已經與她犯姦淫了」(太五28)。主的話直指向問題的核心，說及心裏面的姦淫。主將文士及法利賽人那著重外表的道德觀念，遠遠的拋離。不過，主的要求，卻叫人對性幻想，產生了許多困擾及疑惑。

一個真正願意作基督門徒的獨身者，往往在對付性幻想這問題上，產生了疑惑，因為他知道性愛只能限於婚約之內。但性幻想卻能使他滿足快樂，當然亦叫他煩惱不安。

而基督教圈子內，對這方面不一致的看法，更使困惑加深。當單身信徒向教會長者求問指引時，常常得到的，一或是無情的緘默，一或是輔導他去自我抑制。可惜，緘默不算是輔導，而教他去抑制亦不是好的輔導方法。但是，在絕望中，獨身者只好嘗試去抑制自己的性感受。不過，他們的努力卻時常失敗。結果，他們產生了罪疚感引致苦惱及困惑。真的，在如何對付性幻想這問題上，切實及可行的指導，是當前必須的。

首先，我們必要把情慾(lust)與性幻想(sexual fantasy)盡可能分別清楚。我用了「盡可能」這幾個字，因為我們必須承認，二者之間的分界線，已被很多的倫理道德煙霧所遮蓋。雖然，所有情慾都包含了性幻想，但性幻想不一定會引致情慾的產生。怎樣分別出來呢？

在本書第五章裏，我曾把情慾定義為：「奔放及不能受控制的性慾望。」史密特斯先生(Lewis Smedes)把二者的區別表達得相當好：「當那興奮的感覺開始想去利用對方，當那吸引力變成了一個計謀，那時我們已經從純愛的刺激境界，跨進了屬靈上姦淫的地步。」[註6]有了情慾，使人無法控制那過度的性慾望，這與那通常有愛情覺知的性幻想，絕然不同。

因此，信徒首先要作的，是拒絕在自己思想中那些因性愛幻象的自責所產生的精神重擔。有時，性幻想是對一些親情渴求的表徵。亦有時，性幻想只是表示被一個美麗迷人的異性所吸引。性幻想可以有很多因由，而我們切勿自動地把所有性幻想當作情慾一樣。

再者，幻想是有其正面功能的。當我們接受了現實之後，我們可以藉幻想，去讓想像力自由地漫遊。一個成熟的人，是可以運用其想像力，而絕不會與現實世界隔離的。世界上一些最佳的音樂及發明，往往是由此而產生的。

使人類與別的創造物不同的特質之一，就是人對性需求的表現。這些可以包括：寫情信、懷念著那甜蜜的吻、並期待著那將臨的溫馨愛情等。這些愛情的經歷，是性的一些表達方式，但都不能被稱作情慾。事實上，在婚姻生活中，性幻想對引發出夫妻間的性衝動，非常重要。也許，很多夫婦對性生活厭煩，其原因之一是缺乏想像力之故。

可惜，縱然性幻想有其可取之處，但亦具其有害的一面。性幻想可以變成友情的替身，因為真實生活中的友誼，包含了責任及失望的可能。性幻想更可導致被性慾所牽制，變為一個殘缺只顧肉體的習慣，至終成為不道德舉動的序樂。

在我們生活的今天，現代傳播媒介的內容，更加深了性幻想的問題。我們簡直無法逃避這些媒介所帶給我們的性幻想的吸引力。廣告商亦認識性幻想的力量，並且常常予以濫用。

不過，我們要覺知我們可以有權柄去勝過性幻想的。想像力是可以有紀律的。在屬靈境況好的時候，我們可以把思想放在那些真實的、可敬的、公義的、清潔的、可愛的及有美名的事上。縱使在屬靈低潮之際，我們可以像保羅一樣，承認「既是這樣，就不是我作的，乃是住在我裏頭的罪作的」(羅七17)，並相信這會帶我們去經歷一個更深的順服。

你要知道，當惡人作了壞事，他們只是隨心所欲吧了！但是，當一些願意跟從耶穌基督的人，作了壞事，這正是他們不想的。好像保羅所記：「我所願意的，我並不作，我所恨惡的，我倒去作」(羅七15)。當我們面對這景況，讓我們憑著信心説道：「這不是我作的，乃是我裏頭的罪作的。靠著神的恩典，我可以在神所定的時間內，把這行為除去。」

在幫助別人得醫治的事奉上，我們最能作的，便是學習互相為對方有性幻想問題去禱告。在這方面，我有一位朋友，我為他禱告，而他亦為我禱告。我們交通的內容當然要保密，這樣的事奉是喜樂的，而我們的禱告也是加上歡笑聲的。我們求主拯救我們脱離那些有害的性影響。我們求主掌管我們的性幻想，並且用祂的光照亮，叫我們在性的表達上所行的，全是正確及清潔的。這是值得向你推薦的一個事奉，是充滿恩典及喜樂的。

自瀆

在這裏，我們必須接著去處理自瀆(masturbation)這個問題，因自瀆往往與性幻想直接有關連。從道德的角度去判斷，有很多不同的見解。自瀆可以被視為比淫亂或強姦更甚的罪，但亦可以當作搔頭一般的平常。*

---

*在中世紀時候，因自瀆絕對不會延續後代，所以羅馬天主教嚴責這舉動為罪惡。當時一般都以為，性交的獨一功能便是延續後代。甚至最近梵蒂岡對這問題所發表的見解，亦以「自瀆為一種非常嚴重的失常舉動」。而在福音派教會中，在《面對你的慾望》(*Living with your Passions*)一書內，作者路沙先生(Erwin Lutzer)幾乎把自瀆等同為犯罪。但相反的，現代的醫學界中，大部分當自瀆為正常及無害的行為。在迪生先生(James Dobson)那受歡迎的片集「家庭焦點」(Focus on the Family)中，自瀆被接納為成長過程中的一個正常經歷，除非這行為變得太過分。薛查理牧師(Charlie Shedd)在他的《鸛鳥之死》(*The Stork Is Dead*)一書內，形容自瀆為「上帝所賜的禮物」，因為藉此可避免濫交。以自瀆比若搔頭這觀念，來自麥加理先生(James McCary)所著的《人的性慾》(*Human Sexuality*)一書。

無可否認的，自瀆這經驗幾乎是世界性的。《人的性慾》(*Human Sexuality*)一書的作者麥加理先生(James McCary)，調查所得，男性中有百分之九十五曾進行自瀆，而女性中則有百分之五十至九十的人有此經驗。[註7]亦有人指出：「自瀆比任何一種性活動，更惹人討論、指責，但卻更為人普遍地經驗過。」[註8]差不多所有青春期的少年都有自瀆的經驗，而許多成年人亦在他們的生活裏，間中有這行為。

願意委身基督的獨身信徒，正因為他們自願拒絕在婚約以外有性愛，當他們面對自瀆這問題時，事情就顯得特別嚴重了。一些重要的疑問產生了：一個基督徒若進行自瀆，這是否是一個合乎道德的行為？更甚的，是否正如一些人的看法：自瀆是一個「上帝所賜的禮物」，叫人可以避免濫交呢？至於那些經常與自瀆行為同時出現的性幻想，又該如何處理？

這些疑問，及其他更多的，是所有信徒所關注的。但對獨身信徒而言，他們特別急需知道答案。為了極力去作好，很多獨身的信徒在他們那自瀆的經驗，常被罪疚感、失敗感及自我討厭的感覺所困擾。他們立志不再犯，可惜他們失敗，於是那自責的聲音愈來愈大。

首先，讓我們了解兩個不可辯駁的事實。第一，自瀆這行為對身體並沒有害，所有醫學界專家都會同意這點。那些古老傳說認為自瀆會產生疾病，小則為暗瘡，大則使人神經錯亂，全都是無稽的傳聞。

第二，在聖經中，我們找不到直接處理自瀆的經文。例如，自瀆沒有像同性戀那樣被聖經完全禁止。而聖經對這行為的緘默，並不是因為當時的人沒有進行自瀆，因同期的一些埃及文學中有對自瀆的記載。不過，我們不能就此斷言說凡聖經沒有提及的性慾問題，就表示神是厭棄這一切的。聖經的緘默，不等於自瀆的問題是與道德無關的；而只是表明，若果我們要在這問題上得到一些聖經的教導，就必須要非直接的去發現。

有三件事令自瀆的道德問題更覺困惑。第一，是自瀆與性幻想的關連。一個人在自瀆的時候，腦袋中不可能是一片空白，而很多人就是在一些幻影出現的情況下，事後感到非常不安，覺得自己好像動了淫念，犯了耶穌所曾警告勿行的（太五28）。

第二，自瀆往往叫人不能自拔，叫人無法抗拒，使人好像被困一般，這行為變成一個不能自制的習慣，並且漸漸佔據了一切。但最令人苦惱的，便是這個難以控制的行為，叫人覺得自律的失敗，並有不能自主的感受。

第三，自瀆使人非人格化（depersonalization）。自瀆是個人單獨的性行為。真正的性生活，叫夫婦兩人進到更深入的關係，但自瀆卻如韋約翰先生（John White）所描述，是「獨自在孤島上進行性交」。

在積極方面來看，當許多青春期的青少年人，在肉體上、感情上及社交上學習成長時，自瀆能幫助他們去補足所遇到的不平衡發展。很多青少年往往在他們未準備接受社交上的親密及婚姻的責任前，已經在肉體上渴望經驗性生活。而自瀆則成為一個「安全掣」，讓身體各方面在成長的過程中，互相協調。

對已婚夫婦來說，當他們一起進行自瀆時，這常常可以變為一個彼此豐富的經驗。在婚姻之內的性生活中，自瀆曾被稱為「一個帶進分享式快樂的興奮旅程。」[註9]其實，有些夫婦在發展他們的性愛生活時，發現相互的自瀆是很重要的一環。

那麼我們可作甚麼結論呢？首先，我們要説明自瀆本身並非錯誤或有罪。大致上，多數人都有自瀆的經驗，而這行為應視為正常生活的一部分。

第二方面，在性愛是暫不容許下，自瀆在給予一個健康的生理釋放上，有其一定的價值。我們不可以將一些無法接受的道德擔子加於別人身上，特別是當我們找不到有關自瀆的聖經教導。有許多人，當別人告訴他們自瀆是有害的，曾切切的祈求解脱，甚至求神除去他們對性的渴求。這些願望是完全不正確的，若神真的聽從他們，神就是對自己的創造加以否定。有性的渴求是正常的，是應該被肯定，而非拒絕的。

然而，性的渴求亦要被控制。在此，我們要提出第三個斷言：一個人愈對自瀆著迷，他愈近乎拜偶像一般，而惟一要叫我們著迷的理應是神。無論我們談到懶惰、貪吃、或自瀆，我們應知道要對付的，是在肉體上的紀律。不能控制的自瀆行為，使我們失去自信及自尊。著迷的自瀆，會危害到靈性生命。但同時我們要小心那反面的舉動：著迷地去擺脱。這執著更令人痛苦。特別是當一次的失敗便使人深感絕望，繼而逐漸變得自暴自棄，更使人不禁完全接受、或者完全放棄。這都是悲哀的，我們實在不應將人困於兩個極限之間，我們需要在自制、均衡及觀點上尋求更多的突破。

與上述的斷言相連的是第四點：自瀆期間所引發的性幻想是人性的一部分，是需要節制而非滅絕的。性愛的想像是必會有的，那真正的道德問題是如何加以處理。這些幻想是否霸佔著我們的每一刻？能否使這些幻想放置於正確的範疇裏，使其包含於愛情那更大的人際關係之內呢？我們喜歡幻想，因為幻想能把生活理想化。在幻想中，我們有最佳的性能力，我們的伴侶是好得無比，他或她的一舉一動都是合我們心意的，並且對我們無任何要求，以上這一切都是我們應節制的痴想，以免這些幻想把我們從不完美的世界中抽離。另一方面，我們必要緊記主耶穌對於在心中犯姦淫的教訓。

最後，我們要指出，雖然自瀆能叫人有觸電的感覺，但這行為永遠不能叫人完全滿足。性的高潮只是那大的整體的一小部分，而那大的整體包含著夫妻相愛的整個人際關係：早晨一起喝咖啡、晚上靜靜的細訴、一接觸、一吻……這些都是性愛的內涵。自瀆永遠都不能與其相比，因它只是不斷地以幻想去挽留那個完美的愛侶。

受控制的激情

我們現在所熟悉的求愛方式，與世界歷史上大部分的文化都不同，過去的婚姻常是別人所安排的。亞伯拉罕差他的僕人為以撒找一個新娘，而在以撒和利百加未曾見面以先，那婚事已經定了（創二十四章）。在很多文化裏婚姻也是如此。愛情與親密的關係，是於結婚之後才產生的，並非在結婚之前。我們的文化卻不是這樣。（譯者按：這裏所指的是西方文化。）在我們看來，結婚前必要有彼此認識及求愛的過程。其中的內涵包括有純情的：談心、手拉手、接吻；亦有近乎不同挑逗性的愛撫舉動。

對那些認為可以容許婚前性交合的人，這些求愛過程沒有甚麼道德上的困難。他們以為若果一切順利，這些舉動可以作為性愛的前奏。然而，對另外一些人，他們相信在婚姻盟約下，男女才應該有性交，那麼上述的舉動便需要承擔不同的道德結果。以下的談論便是為這些人而設的。

第一個必須解答的問題：在基督徒對性應有的表現範疇中，可否容許有愛情與親密的舉動？我的答案是可以的。但先讓我們找出為何許多人在不同程度下都會試圖禁止。主要的原因，這些人認為接吻及擁抱是導致性交的第一步，而這過程一經開始便不能停止。是的，若這些愛的舉動惟一的目標是性交，那麼加以禁止是絕對正確的。

可是，求愛過程所包涵的一些愛的舉動，是可以有其完全不同作用的。溫馨的關懷與分享、互相的鍾愛與摯誠的親密，都是其中的目標。這些愛的舉動本身能叫人歡然享受，而並非一定引致性交合的。

男女相愛時的親密舉動，應是互相接近的表示，而不應是以性交合為目標。縱然社會壓力、朋友們的壓力及身體機能上的壓力，都是叫人思想起性交，但未婚者必須清楚親密舉動的至終目標並非如此。

我的建議是：我們要控制我們的激情(passions)，而不是要加以否定。當然這樣會引起一些危險，因為與性慾有關的激情是很強烈的，能輕易叫人達到一個不能自拔的地步。接著牽涉到另一個重要的問題：若果我們認為在基督徒的道德範疇裏，可容許有親密的舉動，那麼在實際行為上有沒有任何指標呢？因這些舉動包括很廣，由輕輕的擁抱及接吻，而至直接的挑逗乳房及性器官。未婚者在求愛的過程中，如何找尋到正確的出路呢？

有一個基本的原則可以讓我們面對激情而同時負責的：在男女相愛的關係裏，加深的肉體親密，應配合同等進度的委身關係。下面的圖表[註10]可以幫助説明這原則：

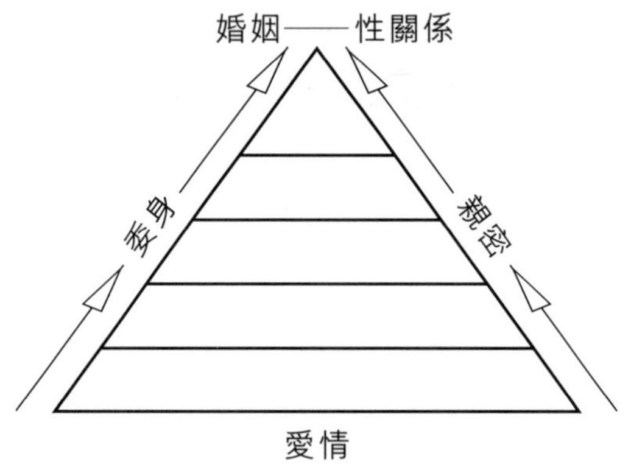

男女相互的委身程度，若能與肉體的親密同時地進深，那便成為愛情的一個牢固基礎。當親密加增，委身同樣加增；而當委身加增，彼此的親密亦相應而加增。若男女相互的委身有所動搖，那麼親密的程度要因而收減。初期的委身包括只與對方一人約會，而進深程度的委身會導致訂婚等行動。在這條路上，加深親密的權利，同時帶來進深的委身責任，而至終達至最親密的性關係，則應配合在達至完全彼此委身的婚姻盟約之下。

下面的圖表說明當親密程度超越了委身進度的情況：

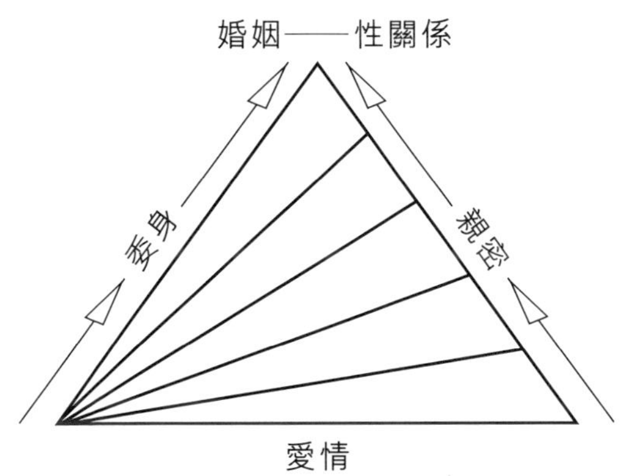

當男女在委身方面踏前一步，而在親密程度上卻跨前一里的時候，整個關係便會變成一面倒。沒有把愛情建築在穩固的基礎，結果是挫敗及混亂。

我在上面試圖提出一個原則，叫人能面對激情，而要付上同樣的責任；盼望這能成為一指標，而非一法律條文。以下我會提出兩個我自己的建議：若是對讀者有幫助，很好；但假若讀者不同意，請把它置諸腦後，因為這些只是建議而非金科玉律！

第一個建議是：因為親密舉動的目標是增進彼此的接近及分享，而非性交，我認為應避免接觸乳房及性器官，直至結婚之後。身體的這些部位，實在是太具挑逗性，若親密舉動只為示愛，則不需要這樣冒險。

第二個建議是：訂婚期不宜太長，最好在六個月之內。當男女相愛達到訂婚的階段，他們已進入了很親密的程度，但這日子不應拖延太長，因而阻攔了他們進一步在性關係上的親密表現。我與太太卡樂玲，在訂婚的那一段日子，雖然一方面是很開心，但另一方面卻感到很困難。我們之間的愛情、關懷及分享都到了頂點，現在回顧時，覺得要我們等到婚禮舉行後才發生性關係，那漫長的日子實在使我們難以忍受，但卻是正確的。然而，我們又高興那段日子不是太長。

獨身的生活

正如主耶穌及使徒保羅所教導的，有些人是神特別蒙召而過獨身生活的。這在聖經的教導上實是一個突破，因為在此之前，關於性的神學觀念，並不包括獨身生活在其中。*[1]

主耶穌曾說有些人獨身是「為天國的緣故」（太十九12）*[2]，而保羅根據此基礎再引申，說到沒有嫁娶的人，可以專心將他們的力量用於神的事工上，而已婚者則不能這樣地專注（林前七32～35）。

＊1 基本上猶太教以獨身生活為一不正常的情況。例如閹人（eunuchs）是被禁止作祭司的（利二十一20）。而惟一例外的是死海昆蘭派的愛色尼團體（the Essene Community of Qumran）。在那裏獨身者是存在的；而耶穌也會知道有這些人，因他的表兄施洗約翰，大概曾與愛色尼團體有過聯絡的。

＊2 聖經所用的字是「閹人」（eunuchs），曾有很多辯論有關這字的含意：有認為這是指沒有結婚的人，亦有認為這是指一個已婚的人，但其伴侶因拜偶像而離異，這人沒有再婚而是「為天國的緣故自閹的」。無論哪一個解釋是正確的，但實際的結果是一樣：那人是為天國的緣故過獨身生活的。

有些人對保羅之勸人考慮獨身而產生埋怨，但事實上保羅的教導是有智慧並且是實際的。他並非反對結婚，而相反的他在基督教關於性的神學思想上，有他偉大的貢獻，因為他把婚姻之內的性結合對比於基督與教會的連合。然而，保羅叫我們計算代價。大家應知道，人若不認識一個成功的婚姻，在時間及精力上所要求的，他絕對不適宜結婚。「沒有娶妻的，是為主的事罣慮，想怎樣叫主喜悅；娶了妻的，是為世上的事罣慮，想怎樣叫妻子喜悅……」（林前七32～34）。

因此，在基督徒的團契生活中，我們要給予那些「專業獨身者」一個地位，這些人他們為了專心把力量用之於天國的事奉上，而選擇了獨身的生活。主耶穌和保羅都是好的例子。「專業」的獨身生活，並不是一種次等或是超然的生活方式，乃是一個不同的呼召。

在我的另一本書《簡樸生活真諦》（*Freedom of Simplicity*）裏，我曾說過：「若我們不讓人知道，獨身是基督教圈子所容許的，那麼我們便是造成了一種損害。」[註11]那些被呼召成為獨身的，應該在教會的生活及事奉裏被欣然接納。他們並非「半個人」，亦不是因找不到對象而如此。他們作了一個積極的選擇，對神的呼召作回應，並且為了基督的緣故而成為獨身。正如亞奴先生（Heini Arnold）所說：「每個人並不一定要有婚姻，才能找到那最深入的心靈相通。」[註12]

在未結束這一部分之前，我想對那些沒有特別呼召但卻成為獨身者的，說幾句話。或因他們的配偶逝世、或離婚，或者他們沒有機會結婚但卻深切盼望著婚姻生活。基督徒的羣體在面對這些沒有份參與我們這個伉儷世界的人，應給予特別的關懷。

他們大多數是在一些無法控制的情況下導致獨身生活。例如，我們教導人必須與「主內」的人結婚，可惜由於某些傳福音的運作及栽培，教會中的女性比男性為多。那些姊妹們又可作甚麼呢？

或是看看教徒中的離婚者，我們在很多情況下，不知道是否要歡迎他們，或是要排斥他們。他們覺察到我們的矛盾，往往覺得這比斷然的被拒絕更難受。

對那些非自願的獨身者，我送給你們幾個字：信靠與盼望。不要使你的心變硬。神仍是掌管一切，不論你所面對的困惑如何叫你動搖，神可以作出那「奇妙中的奇妙，神蹟中的神蹟」，正如電影《錦繡良緣》（*Fiddler on the Roof*）那主角坎慕提（Motel Kamzoil）所唱出的。信靠祂，盡你的所能，並且活在盼望中。縱使婚姻不臨到你身上，但總要相信在這情況下神的恩典仍是夠用的。

在寫下這篇文章時，我覺知自己好像很容易地為獨身者，在關於性方面定了些保持清潔的教條，因我已有一個溫暖而滿足的婚姻。直截地說，我不需要在晚上面對一張空的牀，或者在日間被性幻想所困擾。然而，無論我們每個人的景況如何，我們相信都能倚靠神的慈愛和大能而活。

第七章

性與婚姻

基督徒的信仰並不會貶低婚姻的價值，而是使婚姻成聖。

——潘霍華（Dietrich Bonhoeffer）

婚姻是神極大的恩賜，它領我們全然進入「二人成為一體」的奇異奧祕中。我們應該存著敬虔的態度來接受這個恩賜，並且細心予以栽培。當然，我們不應將婚姻的恩賜看得比獨身的恩賜高，但我們也不應低估其重要性。馬丁路德曾宣稱：「阿，親愛的主，婚姻是……神的恩賜。那是最甜美、最親密、最純潔的生命。」[註1]

創世記告訴我們，婚姻的連繫甚至比父母子女的連繫更為緊密。「因此，人要離開父母，與妻子連合，二人成為一體」（創二24）。耶穌引述創世記這段經文時，更補充說：「既然如此，夫妻不再是兩個人，乃是一體的了。所以上帝配合的，人不可分開」（太十九6）。使徒保羅認為婚姻是十分屬靈的事，並稱婚姻關係足以反映基督和教會的關係（弗五21～32）。因此，聖經將婚姻視為極重要的呼召。事實上，帖力克（Helmut Thielicke）將婚姻形容為「無私之愛的盟約」（the covenant of agape）。[註2]

基督與婚姻

甚麼才是基督徒婚姻的重要基礎呢？歷代的基督徒夫婦都苦苦思索這個問題。浪漫情懷和互相吸引的感覺是否便足夠呢？當然這些都是重要的，但只有這些並不足夠。新約聖經認為浪漫的愛只是婚姻中一個次要的因素，所以甚至沒有提及，這點可能令許多人感到驚訝。不過，這並不表示浪漫的愛毫不重要，而是我們應該透過浪漫的愛與婚姻其他更重要的因素的關係來看它的重要性。今日社會的一個悲劇，是許多人純粹基於浪漫的愛和性吸引而結婚離婚。現代人任由情慾之愛(eros)自由發展，沒有使其聽命於無私之愛*的指揮，無怪乎性愛關係搞得一團糟。性吸引和浪漫的愛都是婚姻中美好的事物，但我們不能純粹以這些作為婚姻的基礎。

如果浪漫的愛不是婚姻的基礎，那麼，甚麼才是基督徒婚姻的基礎呢？根據聖經，結婚的原因，是為了自己和別人的幸福設想，也是為了神的國度能夠在地上擴展。毫無疑問，浪漫的愛和性慾的滿足都是考慮的因素(林前七章)。兩者都是神所創造的，而兩者都是有限制的，意思是說，我們不能靠這兩樣過一輩子。性和戀愛都是要考慮的因素，在決定到底與誰共諧連理的時候，這些甚至可能是決定性的因素，但對跟隨基督的人來說，這些並不能成為婚姻的惟一基礎。

基督徒婚姻不僅是一件私人的事，或是一種滿足個人慾念的途徑。凡考慮結婚的基督徒，均需考慮本身的職事和呼召、

---

*簡單來說，情慾之愛(eros)指浪漫的愛，無私之愛(agape)則指神聖的愛。

其他人的益處，以及信徒全體的益處等更大的問題，還有更重要的問題是，這段婚姻是否有助或有礙於神國度的工作。

我能想像到，大家一定覺得這些問題大煞風景，毫無花前月下，卿卿我我的浪漫氣氛。事實上，從某一個角度來看，婚姻確是不羅曼蒂克的，因為聖經反對愛情小說所描寫的婚姻公式。如果我們希望婚姻關係永恆堅固，情慾之愛必須受到無私之愛的約束。

反過來說，在基督徒婚姻中，浪漫和激情亦佔重要的地位。事實上，只有在無私之愛管治下的家庭和團體中，我們才能享受浪漫的愛和性所帶來的好處。

我們必須按照愛(無私之愛)的原則來看婚姻。根據聖經的觀點，愛是理智地為所有人的幸福設想。在決定應否結婚時，一項極重要的考慮因素是，結婚會否為我們自己、我們的配偶以及其他人帶來好處？

此外，我們又必須按照作主門徒這個原則來看婚姻。身為基督徒，我們不能把婚姻跟我們對基督的順服分開來看。事實上，婚姻是我們順服主的一種表現。在決定應否結婚時，一項極重要的考慮因素是，結婚會否令我們更忠心跟隨主，而且使神的國度更加擴展？

雖然這兩項大原則相當有用，但同時亦會造成問題。人生很少是這樣黑白分明的。婚姻可能為一對新人帶來好處，但對雙方的親屬來說，卻可能產生壞影響。誰能準確預測婚姻對作主門徒這件事的影響呢？況且，一對男女到達談婚論嫁的階段，通常都正在熱戀當中，愛情至上，說甚麼其他考慮因素都似乎是多餘的了。

正因如此，我們十分需要基督徒團契的幫助。我們不必孤軍作戰，獨自在黑暗中摸索前進。教會的弟兄姊妹願意以愛心關懷我們，幫助我們辨別正確的作法。我發現，甚至只是認識到基督徒婚姻應有更廣闊的基礎，都能使人對愛意慾念在婚姻關係中的地位，有更正確的看法。

請勿誤會我反對浪漫的愛。浪漫的愛在促進婚姻關係上，佔著十分重要的地位，在決定誰是那特別的一位時，更可以說是舉足輕重。但在考慮應否結婚時，浪漫的愛只是其中一個因素，而不是最重要的因素。我希望大家在考慮各項因素時，能保持均衡的看法。

婚姻是盟約

基督徒婚姻使我們體驗「成為一體」的事實——這並不僅是一種浪漫的說法，事實的確是如此。一對夫婦，就有點像弓和箭、磁碟和磁碟機一樣，相輔相成，缺一不可，必須互相配合，才能發揮作用。

這個事實促使基督徒宣稱：婚姻應是一輩子的事。婚姻是永恆的盟約：「無論是富足或是貧窮，是疾病或是健康，都不能使我們分開，直到死時。」我稍後會討論離婚這個問題，但現在先請大家看看婚姻的永恆性所帶來的好處。

正因我們立過上述的盟約，正因我們經歷過「成為一體」的實際，即使愛情逐漸冷卻，我們仍然能夠安渡這些時刻。愛情是會冷卻的，沒有人可以永遠在熱戀中，愛情自然會由璀璨歸於平淡。但正如魯益師所說：「不再『在戀愛中』，並不等於不再去愛。」[註3]當這些時刻來臨時（而這是十分自然的趨勢），無私之愛會約束，甚至滋潤情慾之愛。無私之愛的持久力，能將愛情的火燄重新挑旺。

當我們提出婚姻的盟約應該是永恆的盟約時，我們同時連帶提出了多項其他要求，其中之一便是雙方必須盡所能使婚姻的盟約能夠貫徹下去。花心力去改善婚姻關係，就如讀經祈禱一樣，是神聖的工作。事實上，如果我們只顧讀經祈禱而罔顧與配偶的關係，可以說是犯罪，因為我們違背了結婚宣誓時所立的約。留意我們的婚姻關係，是順服神的表現，是讓神的國度在我們的生命中居首位的一個方法。我們把時間和精力投資在建立婚姻關係上，就是服事基督。

我們一旦訂立婚姻的盟約，便與另一個人終生結合。這是極其親密和奧妙的關係，我們必須花許多心思才能維繫終生結合的關係。我們必須樂意付出最好的時間和盡最大努力，來應付這項耗費心力，但卻值得投資的工作。

閨房之樂

坦白說，婚姻中的性關係實在是一種令人歡愉的經驗。那是值得稱頌、好得無比的恩賜。我們與雅歌書的作者一起歡欣：

> 我妹子、我新婦，我進了我的園中，
> 採了我的沒藥和香料，
> 吃了我的蜜房和蜂蜜，
> 喝了我的酒和奶。
> 我的朋友們，請喫，
> 我所親愛的，請喝，且多多的喝（歌五1）。

我們樂於聽從箴言書的教誨：「願他的胸懷，使你時時知足」(箴五19)。

那些認為性只是為了傳宗接代的人，實在是忽略了聖經的教訓。聖經對婚姻關係裏的性生活給予肯定的價值。行房次數和形式並不是道德問題，重要的是我們必須顧及對方的感受。換言之，一對夫婦可以在主裏面作任何令雙方都感到滿足及促進彼此之間關係的事，甚至許多其他令對方產生快慰的方式，這些行為本身並沒有不對的地方，只要雙方同意這樣作便可以。

討論性技巧的書很多，我不打算在這裏研究這個題目。我想只提一點：信徒在婚姻關係中可以自由探索性愛的領域，體驗性愛的溫馨和歡愉，從而更深體驗愛。

不過，我想在這裏談談怎樣使雙方的性節奏協調這個問題。不要以為一踏入婚姻生活，我們便懂得性交，絕不會發生問題。我們需要學習性愛技巧，並且小心栽培這段關係。兩個人肉體親密接觸的時候，雙方無論在感情、靈性和肉體方面都需要適應。

男人和女人的性反應大不相同，我們最好弄清楚兩者迥異之處。提供這方面資料的書不可勝數，但沒有一本書可以告訴你，你和你配偶之間的獨特分別。坊間的書只可以給你一些提示，指出正確的方向，但要發掘你配偶獨特、神祕的一面，則非靠自己不可。

據專家說，女人比男人更注重關係、關懷和分享。但了解內子的性節奏，卻是神給我的責任。不論是次數多寡、強烈程度、快慢，以至甚麼會產生快感，甚麼會令她感到不快——凡此等等，都是表達愛的詞彙。我必須學習去了解她心靈的語言，而她也必須學習了解我心靈的語言。

這正是親密性關係的苦與樂，但即使我們想避開也避不了。況且，正因如此，性生活變得更具姿采，樂趣無窮。難怪創造主將婚姻設立為永恆的制度——我們窮一生的年日，也只能明白彼此心理節奏的萬一。

許多人對性提不起勁來，原因是他們將性和「成為一體」的奧祕和真理分割。事實上，如果我們認為性只是將陽具插入陰道，僅此而已，這就難怪我們對性事厭倦。但如果基督徒所見證的事實是真的話，那麼，真正成為一體的性關係便是十分有挑戰性的事。

因此，了解彼此的性節奏是屬靈的操練。屬靈的增長可以促進性關係。基督徒往往在默想的時候覺察對方內心的需要。神樂於幫助我們經歷「成為一體」的實際。有時我們會在默想祈禱時得到新的領受，知道應該怎樣作才能使性生活更趨和諧。這有甚麼值得奇怪呢？神也關心這些事。如果我們肯藉著祈禱聆聽神的引導，我們一定會成為更好、更體貼對方需要的情人。

羅本思（Dr. Norman Lobenz）曾經說：「防止夫妻任何一方不忠貞的最佳辦法，莫如保持婚姻生活活潑有趣。」[註4]性生活肯定是婚姻關係中需要經常保持新鮮活潑的一環。

基督與離婚

攀上美滿婚姻的高峯，自然令人振奮，但墜落到婚姻失敗的幽谷，卻又是另一回事，就有點像經過死蔭的幽谷一樣。所有婚姻都會經歷憂傷和痛苦的時刻，但有時我們所承受的憂傷和痛苦似乎把我們壓得透不過氣來，叫我們沒法忍受下去。信徒面臨婚姻的幽谷時，該怎麼辦呢？

這個問題引起熱烈的爭論，有趣的是，遠在耶穌時代，這個問題便已引起熱烈的爭論。在舊約希伯來人的社會，離婚相當普遍，因此，摩西便訂下一些法律上的原則，使離婚的作法較為合乎人道（申二十四1～4）。但甚至這些原則本身都引起激烈的辯論。在耶穌時代，以希利（Hillel）為首的一派律法師認為，丈夫可以基於任何理由跟妻子離婚，例如，妻子早上把多士烘焦了，或他遇上一個更令他心動的女人，這些都足以構成離婚的理由。至於以煞買（Shammai）為首的另一派律法師，則認為丈夫與妻子離婚，惟一的理由是妻子不貞。（離婚只是男人的特權，女人可沒有說話的餘地。）

法利賽人一心要把耶穌捲入這場爭論的漩渦中，他們問耶穌：「人無論甚麼緣故，都可以休妻麼？」（太十九3）希利派認為可以，煞買派則認為不可，耶穌會站在哪一邊呢？耶穌既不同意希利派的說法，也不同意煞買派的說法，祂提醒法利賽人神起初設立婚姻的原意：「那起初造人的，是造男造女，並且說：『因此，人要離開父母，與妻子連合，二人成為一體。』這經你們沒有念過麼？既然如此，夫妻不再是兩個人，乃是一體的了。所以上帝配合的，人不可分開」（太十九4～6）。

神的心意，是希望婚姻成為永久的結合。但這引起摩西律法的問題。所以法利賽人跟著問：「這樣，摩西為甚麼吩咐給妻子休書，就可以休她呢」(太十九7)。請留心耶穌怎樣回答：「摩西因為你們的心硬，所以許你們休妻，但起初並不是這樣」(太十九8)。

大家明白耶穌的話嗎？祂的對象是男人，祂告訴他們，摩西准許他們休妻，目的是保障婦女，免得她們受硬心男人的欺負！寧願他們休妻，也好過他們虐待妻子。但正如耶穌所說，離婚並不是神起初的心意。

耶穌反對當時社會所實行的離婚制度，與摩西起初設立休妻的制度，理由完全相同，就是要保障那些孤苦無告的婦女。在耶穌時代，離婚對婦女造成極大的傷害。當時社會用來指「離婚」那個字，字面意思是「拋棄」。丈夫要拋棄糟糠之妻，手續十分簡單，既不用上法庭，亦毋須驚動任何宗教機構，只要有證人便可以，甚至是丈夫請回來的證人也無不可。作丈夫的，根本不需要指證妻子犯了任何罪名，只要將一紙休書交給結髮妻子，休書上列明休妻的理由便可。幾乎任何事情都足以構成離婚的理由，甚至是說錯了一句話或踢了狗兒一腳等芝麻綠豆小事，都可以導致離婚。

在第一世紀的父權社會，女人往往身陷困境。耶穌大力反對這種將婦女呼之則來，揮之則去的作法。祂甚至說，凡休妻的，便是「叫她作淫婦了」(太五32)。耶穌的意思是，被丈夫趕出家門的女人，只有一種謀生的方法。她既找不到別的工作，最後只好出賣自己。第一世紀的社會容許賣淫活動存在，這是主要原因。

我們必須認清一點，耶穌說上述一番話，並不是從法律觀點出發，列出一套規條，說明在甚麼情況下可以離婚。照馬太福音五章32節看，耶穌似乎贊成煞買派的說法，認為姦淫可以導致離婚，但這並不表示，如果要離婚，姦淫是惟一准許的理由，甚至也不表示，如果犯了姦淫，便非離婚不可*。耶穌並沒有訂下甚麼規條，祂只是針對人與人相處的態度。所以，當我們研究耶穌論及離婚的教訓時，千萬不要嘗試從中去找離婚的理由第一、第二、第三……。我們必須根據第一世紀巴勒斯坦的社會狀況和文化背景，了解耶穌教訓的中心——耶穌的著眼點，是人與人之間的關係——然後我們才嘗試將這些原則運用於今日的世界。

使徒保羅將這些原則運用於哥林多社會。當地的問題是，許多人歸信了基督，但他們的配偶卻未信主。我們應怎樣看這段婚姻關係呢？如果未信的配偶要求解除婚約，信徒應該怎樣作呢？如果保羅將耶穌的教訓視作律法，他就會對這些基督徒說，除非對方犯了姦淫，不然，他們無論如何一定要維持這段婚姻關係，因為姦淫是耶穌惟一提到的離婚理由（太五32）。但保羅並沒有這樣作。他勸諭信徒盡可能維繫這段婚姻關係，不過，「倘若那不信的人要離去，就由他離去罷。無論是弟兄、是姊妹，遇著這樣的事，都不必拘束。上帝召我們原是要我們和睦」（林前七15）。

保羅這樣作是甚麼意思呢？他是否將耶穌的教導置諸

---

*參看太五32及太十九9，但請將這兩處經文與可十11及路十六18比較，馬可福音十章及路加福音十六章均有記載這段教訓，但卻沒有「若不是為淫亂的緣故」這句話。有人認為「為淫亂的緣故」這句話是後來加上去的，因為聽起來似乎削弱了教訓的重點。

不理呢？絕對不是。保羅明白，耶穌談到婚姻，談到離婚，最基本的原則始終是愛，他就是用這項原則來處理哥林多人所面對的問題。

另一方面，我們千萬不可將保羅對哥林多信徒的忠告變成另一套律法。例如，有些人會教導人說，只有兩個理由可以離婚，第一個是犯姦淫，所根據的經文是耶穌在馬太福音五章32節所說那番話；第二個是遭對方遺棄，所根據的經文則是保羅在哥林多前書七章15節所說的那段話。如果有婦人向他們投訴遭丈夫強姦或虐待，他們就會堂而皇之的對她說，除非對方犯姦淫或拋棄她，不然她並沒有聖經的支持離婚，就是這樣簡單。這種作法的致命傷，便是將耶穌和保羅的教誨變成另一種律法。

如果聖經沒有給我們一套規條，我們應根據甚麼來處理離婚這個問題呢？首先我們得明白，神起初的心意，是希望婚姻成為永恆的制度，兩個人永遠「成為一體」。神造人是造男造女，男人和女人應該互相配合，互補不足，婚姻應該是永恆的、一生一世的事，如果不能「永結同心」，便是違反了神的旨意。

到底基於甚麼理由才可以離婚，基督徒可能有不同的看法，但大家都會同意，離婚好比用刀切割一個活生生的有機體。一般的合夥關係是合則聚，不合則散；但離婚卻像割斷一條手臂或割掉一邊肺，會深深傷害「二人成為一體」的關係。斷了一條手臂或割掉一邊肺，當然可以繼續活下去，但我們必須記住，離婚有如動一次大手術，而不是染上傷風咳嗽等小病，喝些藥水便沒事。

既然如此，信徒應該靠著神的恩典儘量設法挽救瀕臨破裂的婚姻，非不得已，絕不要用離婚來解決問題。我們不能純粹因為婚姻關係出現了問題或「愛上」了第三者便貿貿然離婚。基督徒的婚姻關係是「二人成為一體」的關係，兩個人成為一個有機的個體。除非完全沒有其他選擇的餘地，我們不可輕率將這個個體切割。史維多(Chuck Swindoll)說得好：「有兩件事最怕過早決定去作：一是替死人抹上香油，二是離婚。」[註5]

我們不要太早放棄。破裂了的關係可以重歸於好，這種例子聖經裏俯拾皆是。神十分關心我們的婚姻是否美滿。基督徒社團的關懷、親友的愛護、專業人員的輔導、屬靈長者的禱告——這些都能成為我們的支持和幫助。

但我們生活在一個墮落的世界。有時，雖盡了一切的努力，但我們的婚姻仍然陷在死蔭的幽谷中，不見起色。可以去求助的人都去求助了，可以帶來醫治和痊癒的事都作齊了，但那段婚姻對雙方仍然只有損害，彼此之間只有苦澀。在這種情況下，根據愛(無私的愛)的原則，兩人應該離婚。誠然，如果我們明白到離婚是在愛的原則下所產生的結果，那麼，離婚通常所帶來的禍害便可避免，事實上，也不會有這麼多夫婦鬧離婚。無論如何，信徒在考慮離婚的時候，應藉著祈禱求神教導和引領，確保自己是遵循愛的原則行事。

因此，對基督徒來說，離婚的基礎與結婚的基礎完全相同。如果維持婚姻對雙方所帶來的損害比離婚更甚，那麼，這段婚姻關係便應結束。

如果事情發展到忍無可忍的地步，當事人最後真的選擇了離婚來解決問題，使問題能夠真正有個了斷，雙方也絕不可存著「拋棄」對方的態度，耶穌所譴責的正是這種心態。大家應該好好安排將所有財產平均分配，以免任何一方因離婚而一無所有。此外，在感情上，我們也不應視對方如「棄屣」，大家應設法消除苦澀的情緒，儘量保持友好的關係。

另一方面，有些信徒為了忠於神，寧願維持關係惡劣的婚姻，他們的決定並沒有錯，但要實行這個決定卻是極其艱鉅的事。他們需要弟兄姊妹的代禱和支持。我們應與他們一起受苦，在他們氣餒的時候扶持他們，同時祈求神的能力扭轉這段關係。假如他們後來還是逃不了離婚一途，絕不是因為他們作得不好或作錯了甚麼，我們應該好好去愛和接納他們。

我想對那些離了婚，卻又怕自己沒有盡力挽救婚姻的人說兩句話。我在上文提到：「應該靠著神的恩典，儘量設法挽救瀕臨破裂的婚姻，非不得已，絕不要用離婚來解決問題。」你們讀到這幾句話，也許心裏一沉，暗忖自己不知是否離婚離得太早。「也許，」你想，「也許，如果當時我肯再忍耐一段時間，如果我肯再試試看，也許就不會弄到今天這個田地。」如果你這樣自怨自艾，我想說這幾句話來開解你。也許當時你真的作得不夠好，你失敗了——但誰沒有失敗呢？——不過，神遠超過我們的失敗。祂的憐憫、祂的饒恕、祂的接納足以遮蓋我們一切的失敗。你沒法重寫過去，但你可以脫離過去的陰影。就照你現在的情況來到神面前，沐浴在神的愛中，接受祂的饒恕，重拾希望面對明天。

基督與再婚

離了婚的人對明天還存有甚麼希望呢？他們可以考慮再婚嗎？他們應該這樣作嗎？對那些真心遵行主道的人來說，這些都是令人困惑的問題。

譬如說，耶穌在登山寶訓中提到「人若娶……被休的婦人，也是犯姦淫了」(太五32，另參閱可十11～12；路十六18及太十九9)。許多信徒為這句話感到煩惱：耶穌的意思是不是說信徒絕不可再婚呢？耶穌所用的字眼看來再明白不過，但耶穌為甚麼嚴禁再婚呢？祂禁止再婚的用意何在？

耶穌的目的是針對第一世紀男人對女人任意妄為的態度。在當時的社會，男人可以憑一時之氣拋棄女人，也可以因一時興之所至搭上另一個女人。耶穌抨擊的正是這種深具破壞力的大男人心態。所以，我們應該小心閱讀耶穌在雅各井旁與撒瑪利亞婦人的談話(約四章)。耶穌指出她已經有五個丈夫，當時與她住在一起的並不是她的丈夫。耶穌這樣說只是指出事實，語氣中並沒有譴責的意思，原因是這個女人經歷這許多離離合合，可以說是身不由己。她遭人「拋棄」了五次之多，就像穿舊了的鞋子不值錢一樣，男人根本不用名正言順娶她便可以佔有她。耶穌責備當時的男人隨便離婚再婚，漫不經意的態度彷彿是在買賣牛羊。(事實上，在耶穌的年代，一頭上好的牛在市場沽售，賣得的價錢要比女人還好！)

耶穌談到再婚的時候，叫我們注意男人與離過婚的女人建立關係時，可以怎樣不尊重她。在祂的年代，情況正是如此。離過婚的女人在這種關係中惶惶終日，抬不起頭來作人。她既在那男的控制之中，只好任他魚肉。在第一世紀的社會，離婚婦人被視作「二手貨」。耶穌指出，如果一個男人把一個女人當作一種低賤的貨品，那個女人在這段關係中一定苦不堪言。時至今日，這種現象仍然存在。許多女人的生活仿如人間地獄，因為她們的丈夫把她們當作「舊貨」。

耶穌把再婚說成犯姦淫，不是因為再婚本身有甚麼不對的地方，而是因為在這種關係中男人往往輕視與他同居的女人。耶穌用「犯姦淫」來形容那種對女人造成傷害的性關係。祂把心中動淫念形容為「犯姦淫」（太五28），也是出於同一個原因。在兩個例子中，耶穌指責的，都是這種足以破壞兩性關係的心態。

耶穌對再婚的看法深具洞悉力，我們千萬不可將這些教訓變成另一套令人窒息的律法。甚至是耶穌其他的教訓，我們也不應如此作。譬如說，耶穌曾說，若是我們的眼叫我們跌倒，就剜出來丟掉，若是我們的手叫我們跌倒，就砍下來丟掉，如果我們把這些教訓當作律法來遵守，那麼，我們全都會變成斷手斷腳的廢人了（太五29～30）。又譬如說，耶穌在路加福音十四章12節提到請客不要請自己的朋友、弟兄、親屬和富足的鄰居，我們也不會按字面的意思跟著去作。同樣，我們也不應這樣看耶穌有關再婚的教訓。不錯，按照神絕對的旨意，祂創造的原意是設立婚姻成為永恆的制度，「二人成為一體」，不可分開；另一方面，按照神絕對的慈愛，祂救贖的範圍也包括我們生命破碎的一面，使我們的身心靈獲得釋放。

所以，對跟隨主道的人來說，再婚的理由跟結婚和離婚的理由完全一樣。如果再婚不但對當事人大有好處，而且有助天國的擴展，那麼根據愛的原則，這對男女可以再婚，甚至可以說應該再婚。

再婚的時候，需要考慮許多實際的問題，例如怎樣處理對方所受過的性傷害或感情方面的創傷等。這些問題通常不是一個人能夠獨自處理的。婚姻破裂的原因很多，但很少全是一方的錯。即使一方全對，一方全錯，受委屈的一方仍然有許多傷口需要醫治。如果心靈的創傷尚未復原而踏上再婚之途，實在不是明智之舉。

團契往往可以助我們一臂之力。弟兄姊妹可以聆聽心事，付上代禱，求主醫治我們的創傷。適當的輔導和好的書籍對我們也大有幫助。最重要的是，在團契我們可以與人建立親密的關係，在瀰漫愛與憐憫的環境下，我們會有膽量去感受、去關心，甚至冒險重新去愛。

在這幾章，我們嘗試透過聖經的性觀了解人的性慾，又嘗試從聖經的角度看獨身的生活，接著下來，我們嘗試了解在甚麼情況下結婚、離婚及再婚才符合聖經的原則。最後，我們要嘗試根據所學過的原則來討論忠貞的誓約這個題目。

第八章

貞忠的誓願

貞忠是那包含著自然之愛的道德條件。

——布倫納(Emil Brunner)

關於性的爭論，必須有一個與前不同，並且有彈性的答案。這答案不能是負面的或是回應式的，而應該是主動的、有創意的、與及正面的。我們需要有一個能為聖經作見證的答案，使能見證聖經對人的性慾有著豐富而積極的態度。我們需要一個能應用於所有信徒的答案，並且能在日常生活中實行出來。我們需要一個答案，使能恩慈地及直截地對付那歪曲了神所賜予性慾的功能。這答案最佳的表現莫如在那貞忠的盟誓裏。所有信徒——無論男性或女性，無論單身、已婚、離婚、喪偶或再婚——神都要求他們在性慾的關係上，持守貞忠。

貞忠表示我們要接納那多方面並複雜的性需要。我們慶幸自己是個有性慾的人，需要關懷和體諒、愛及友情。我們堅決的反對把我們當作沒有性需要的人。我們知道以一個人為無性慾，等於奪去他的人性。我們非但不會如此待自己，亦不會這樣待任何人。我們要忠於神創造時給予的本能，而接納性慾。

貞忠表示忠實地面對神給我們的呼召。有些人被神呼召過獨身的生活，而那呼召是從神而來的，且有其他信徒的印證，那麼這位主的門徒就應在神所賜的這恩典中，得著滿足。那時候，並不需要煩躁、憂慮或四處去籌算其他的出路。教會的成員應歡歡喜喜地接納這人的呼召及恩賜，而不該有任何影射或毀謗，以為他在尋找伴侶的事上失敗了。

另一些人則被呼召進入婚姻生活。他們欣然接納他們的呼召，亦毫不吝惜他們的時間與精力，使之實現。教會應了解他們，並支持他們去建立一個健康的婚姻及家庭。教會不應以分化的聚會或要求，去破壞家庭的單元，而使他們達不到理想。

貞忠表示保留性愛的權利，只在神所賜的婚姻盟約下才進行。我們要拒絕婚前的濫交，與及婚後的姦淫。我們要排斥現時代的虛妄，以為肉體的佔有可證明性的能力。我們相信惟有在婚姻那「一體」的長久關係中，男女才可以體會到性愛的完美及滿足。

貞忠表示為了叫對方得著好處及成長而持久委身。我們把自己投身於伴侶的滿足及快樂裏。我們希望無論是能力、恩賜、才幹，都在每個機會上為對方開花並結果。夫妻兩人是個別地呼召出來，去為對方的興旺而犧牲的。

貞忠是個相互的關係。夫妻彼此的效忠表示拒絕控制對方，不會玩弄權力，不會有任何優越的地位，亦不會製造一些階級觀念。

貞忠表示以誠實及坦率予對方。我們對伴侶的委身，叫我們脫去自己的面具，從遮蓋我們的屏帳後面走出來。我們的分享不應是一種「日常的工作」，乃是我們都願意將心底裏那隱祕的言語，向對方傾訴。

貞忠表示一起去探索那屬靈生命的內在世界。我們要一起禱告、一起敬拜、一起祝謝。我們帶領伴侶進入自己心靈裏的內在祭壇前，我們叫對方去見證自己的掙扎、疑惑、突破及成長。

貞忠對單身者的意義

人類的性需要有多方面的表現，而男女的性行為只是其中之一。若單身者能在性需要的其他各方面加以培育及發展，那麼他對性交合的渴求便會遂之而減退。

其實，我們所稱為性需要的，並非真是需要，而只是渴求而已。身體需要食物、空氣、水分——若缺少了這些東西，人的生命便不能生存，但人卻不會因缺了性行為而致死亡。不少人沒有性行為的經驗，卻過著完全及滿足的生活，其中包括我們的主耶穌基督！

因此，性愛只是人類的一種渴求，而非人的需要，這分別是很重要的。單身者若能明白這分別，能叫他有很大的釋放。他知道自己不是一個未得到滿足、或不完全的半邊人，而他亦不用靠性行為去經驗自己性別的完整。

使徒保羅在寫給哥林多教會的書信中，曾特別提出有關「性需要」這個問題。當時的人生活在一個很淫亂的社會裏，他們中間的一些人，誤把福音的得自由之信息，當作可以接受性開放行為，甚至容許召妓。他們的藉口是：「在基督裏凡事都可行」。保羅卻回答說：「凡事我都可行，但不都有益處。凡事我都可行，但無論那一件，我總不受它的轄制」(林前六12)。

哥林多人接著提到，性需要好像食物，是正常身體的需要之一。換句話說，假若性需要是一種自然的需求，類似食慾一般，那麼人在有性衝動時，以行動去滿足之，這又有何厚非？保羅的答覆是：「食物是為肚腹」，但是，「身子……乃是為主」(林前六13)。他接著以消化系統乃短暫來反駁，並指出這生理的反應只在屬世的範疇中有意義。但身體卻是聖靈的殿，至終會復活，並且有永恆的價值。所以我們要「逃避淫行」。性濫交只是男女「成為一體」的贗品，並且會傷害人的屬靈生命。「豈不知與娼妓聯合的，便是與她成為一體麼？因為主說：二人要成為一體。但與主聯合的，便是與主成為一靈」(林前六16～17)。如此，保羅告訴我們，正因兩性結合有永恆的價值，人要因著婚姻的持久關係，而在婚前守著自己的貞操。所以，單身信徒要禁止淫行。與此同時，他們卻要發展自己性需要在其他方面的表現。

單身者可於與別人建立親切友誼的時候，去發展性需要在這方面的表現。人必須去愛及被愛，有人因為缺乏愛而死。我們所需要的友情，是可以叫我們得著關懷及生命力更得維持。今天社會的通病是人的寂寞，很多單身者患上了這症狀，因為他們以為親密友誼與性關係是相等的。事實卻非如此；許多親切及友愛的感情，並不需要靠性愛去建立及維持的。

單身者可在生活的不同層面上，與別人建立親切的友情。諸如閱讀分享、意念交流、分享異象目標、互相傾訴等等，都可以幫助我們接近他人。我們的朋友可以是男性，亦可以是女性；是單身的，亦可以是已婚的。人是一幅有複雜彩色的圖畫，從別人生命色彩中去認識，會帶來相當之刺激的。

與親切友誼相關的另一個性需要的表現，就是身體上的接觸。有些身體接觸的方式，例如觸摸、擁抱及輕撫等，只是人性的正常表現，而並非必然與性行為有關連。事實上，在一本名為《觸摸》(*Touching*)的書中，作者莫達高先生(Ashley Montagu)曾指出：「在西方社會中，人之所以著重性愛活動，甚至成為一種對性著迷的文化，其中一原因，是尋求滿足對身體接觸的需要，而非對性愛的喜好。」[註1]

單身者應該欣然接受別人的觸摸，並那熱情的擁抱。(譯者按：西方文化中，「擁抱」是友情的表達方式之一，並不像東方社會，只限於夫婦或情侶。)這是我們性需要當中的一些重要內涵，不應加以拒絕。醫療界愈來愈重視那不含性愛的身體接觸：護士學習怎樣去輕撫及緊抱嬰兒；心理分析家學習到單單握著對方的手，便可帶來能力；而像加爾各答的德蘭修女，更幫助我們發現，那滿有慈愛的觸摸，竟有醫治的能力。

較年長的單身者，對於身體接觸所帶來有種活力的經驗，是特別需要的。他們當中的許多人，可能有多個月，沒有在身體上接觸到另一個人。假如信徒能對較年長的肢體，給予一個友善的擁抱、或拍拍其背，這些舉動所能帶來的情感支持力，可能會叫你驚奇。

我們性需要另一方面的表現，就是對美貌及外在吸引力的欣賞。許多單身信徒，為了避免觸犯耶穌基督所禁止在心裏面行淫的可能，在面對一個英俊男子或美麗女子時，制止了自己那發自本能的欣賞能力。其實，在欣賞美麗樣貌及外表時，是可以沒有邪淫之念的。我們可以學習細察那眼睛、秀髮、微笑、肩與臂的力量、修長的腿等，而不產生淫褻的想法。這些都是創造主手中可愛的禮物，我們又豈敢加以輕看！

欣賞美貌毋須變成不道德，只需要加以控制，而且這是可行的。我們可以欣賞身體上一些可愛的線條，而不用掉進那無法控制的激情陷阱。縱然各種傳播媒介，試圖把有吸引力的外表和美妙的動作，與情慾拉在一起，我們卻毋須依從他們，而把自己陷入幻想的世界之內。作為光明的兒女，我們有的是：沒有淫褻的美麗及不迷惑人的動作。

我們性需要還有另外一面表現，就是與人溝通的經驗。起初這溝通只是以談話方式表達出來：海闊天空，可說無所不談，而且很多時候充滿著歡笑。有時候，溝通卻超乎人的言語，當兩個人靜坐在一處，好像心靈相通。這樣，溝通就變成一種特別而有深度的經歷。

當我第一次牧會的時候，我認識了一個肢體並常到他家中傾談。我們在書房裏，一起談及偉大的理想、一起憧憬未來。有時我們一起禱告，並且我們常常一起歡笑。令我最難忘的，便是我們停下來沒有說話的時候，那時我們只在寂靜中坐著。永久的聯繫，往往就是建基於這些溝通的經驗上，這些經驗幫助我們擴大自己可與別人接近的能力。

在教會中，很多時候我們把單身信徒，在性需要的表現上，困於某個範圍裏。我們只給予他們兩個選擇：一則結婚，二則要抑制自己的性需要；結果是困惑的無所適從。這是不必的，而單身者更不可用藉婚前之性行為來解決。這裏還有一條出路：去接納並欣賞自己的性需要，而同時保留直到婚姻，才有性愛行為；這不是不可能的！

單身信徒在基督裏，是有其自由去接納自己的性需要，並以親切的友情及團契生活，去發展性需要的多方表現；這就是貞忠對單身者的意義。

貞忠對已婚者的意義

在主內建立的婚姻是受盟約所束縛的。[註2]一個盟約是一個承諾——對愛情、忠心及信實的應許。一個盟約含有持續的意義，夫妻兩人向前一同展望未來，向後一同回顧過去。一個盟約表示互相屬於對方，在一個豐富及逐漸增長的愛與關懷的關係下，彼此委身。因此，讓我們在婚姻的盟約下，找出貞忠的意義。

首先，婚姻的貞忠等於一夫一妻。我們之所謂贊成一夫一妻而反對一夫多妻，並非只根據聖經的律法作決定的。事實上，有人會希奇，我們在聖經中，在找到支持一夫一妻的經節的同時，亦有經文支持一夫多妻，甚至比前者為多。我們的根據非因律法，基督徒支持一夫一妻，乃基於我們在耶穌基督身上所看到的「神聖的愛」(agape)。基督所給我們的，乃是真實的「為對方而活的生命。」[註3]直截來說，一夫多妻制(polygamy)*貶低女人的人性。在這制度下，女

---

*我知道嚴格地說，英文polygamy意指多個配偶，不論是夫或妻。(polyandry指一妻多夫，而polygyny指一夫多妻。)但多數人當提及polygamy，便會想到一夫多妻，而在很多文化的習俗中，事實亦是如此。

人只是一羣女性的其中一個，而這些女性的任務，是為著娛樂男性。一夫多妻制是直接對抗那愛的原則。在舊約聖經中，我們已經看到，因這制度而產生的種種禍害。

這並不表示我們強求在一夫多妻制的社會中，一個人信主之後，便立即改變他的婚姻狀況，而轉為一夫一妻。我認識一位來自尼日利亞的高材生，他有一個妻子及四個可愛的孩子，但他的父親卻有七個妻子。他的父親在不久前去世了，依照習俗那七個妻子便歸於他了。然而，若我這位朋友拒絕接納這些女人而趕走她們，可能會作成很大的傷害，所以他決定留下她們。(譯者按：在非洲不少地方，女人沒有謀生技能，所以不能獨立生活。假若這人不接納她們為妻，她們只有走上絕路，變成妓女。) 不過，他作丈夫只限於供養她們，而不會在性生活上，以丈夫自居。但他容讓她們自己去找尋滿足的自由，並且若遇到可以再嫁的機會，他會讓她們得「釋放」，即與她們離婚。一個基督徒在那尊崇一夫多妻的文化中，事實上很難作出適當的決定，而我非常欣賞這位朋友所願意付出的。

第二：婚姻的貞忠，表示給予對方的愛情與忠心，是有一生之久的承諾。信徒在婚姻上遇到困難時，或者是感情漸變冷淡時，必定要拒絕在婚約之外找尋出路。困難並非意味著婚姻已失敗了，相反地正反映出婚姻的健康。當夫妻兩人珍惜那婚姻關係，為了關心對方，才會引起爭論及反對。夫妻若不爭吵，可能表示他們不再珍惜這段感情而已。

那些爭論與反對本身並非問題，問題是我們處理的方式。薛查理牧師 (Charlie Shedd) 為女兒而寫的《致嘉蘭書》

(*Letters to Karen*) 當中，曾列出他與妻子所採用的「夫妻爭吵七原則」，在此向你們推薦。[註4]在其上我想加一點：絕對、絕對不可讓爭吵引致打架。因肉體傷害而破壞的夫妻關係，往往比我們所知道的更深遠。(若有人要為離婚找出合乎聖經的理由，身體的傷害必定是第一大理由。)

有些時候，夫妻所經歷到的衝突，似乎是不可再容忍下去。他們問：「為何要繼續嘗試？」我們繼續嘗試，是因為下注愈大、所贏得來的獎金愈多！若我們珍惜那一生持久的結合，我們必要相信，這是值得我們花費精力去掙扎的。我們不能容許這般佳美的愛情隨便失去。

然而，我也了解在某些情況下，衝突不單是似乎無法容忍，而是真正的難以忍受。遇到這情況，為了婚姻的貞忠，我建議盡可能去到教會的主內團契中，尋找那愛心的輔導及指引——是否要以離婚來處理。教會的工作之一，是要幫助修補破裂的婚姻。若真的不能成功，則要幫助醫治因離婚而帶來的損傷。

我比別人更清楚知道，許多教會根本就不能盡上這個責任，去小心處理婚姻破裂的問題。很多時候，教會的長執在離婚及再婚的原則上，都不能有一致的意見，以致不能給當事人任何幫助。屬靈的遠見往往被偏見所遮蓋。而很多領袖誠然認為處理財務及管理建築物，才是他們在教會的工作，而並非作為業餘婚姻輔導者。

可是，一個充滿愛心的主內團契，若以愛和支持包圍著一個破裂的婚姻，所帶來的結果，往往是奇妙的醫治。但必須有關懷及謙卑的態度，不可自大驕傲、不可有閒言、亦不應以道德者姿態去作教訓。當事的夫婦必要感到那主內團契接納他們，並且不論婚姻的結果如何，都會在他們的痛苦時刻中支持他們。支持的主要方式可以是聆聽，和那投入的禱告。有時候，這些經驗得來的，好像拉撒路從墓穴中走出來，又真又活，但並不是常常如此！

第三：婚姻的貞忠，表示為了對基督的敬畏，而彼此互相順服。使徒保羅把彼此順服的原則，加於所有的親屬關係上：「又當存敬畏基督的心，彼此順服」(弗五21)。他接著解釋在信徒的夫妻關係中，如何運用這彼此順服的原則。在希伯來人的民族觀念中，男性有最高的地位，但保羅竟把順服的責任加在他身上，真叫人驚奇。保羅要求的，是學像基督的順服，能以捨己去表達。第一世紀的婚姻習俗中，並不把女性當作一個完整的人，更談不上要給予她那捨己的愛。

保羅特別向作妻子的提出一個順服的責任：「你們作妻子的，當順服自己的丈夫，如同順服主」(弗五22)。他亦同時給予男人一個特別的功能：「丈夫是妻子的頭，如同基督是教會的頭」(弗五23)*。或許有人希望保羅沒有如此表達，因為這教訓常常被人曲解，使男性可以控制女性的一切。然而，我們必須記得，保羅在這裏是用了聖經中

---

*近年來多位學者嘗試把希臘字*kephale*譯作「源頭」，而不是「頭」，使這段經文，不再提倡一個含有階級分別的夫妻關係。並且，學者認為「順服」二字在原文並不出現於22節，原文只說：「你們作妻子的，自己的丈夫」。顯然現在的字眼是從第21節而來的，所以那同等程度的順服，是對所有信徒的要求。若要深入研究這論點，請參看英文雜誌*Christianity Today*一九八一年二月二十日號，頁20～23，Berkeley和Alvera Mickelsen所作的〈書信中的頭〉一文。

常出現的連接式教導方法，他只是把當時人的處境連接到他要求的地步而已。*

保羅在這段經文所作的談論，是相當令人希奇的。談過了要效法基督的榜樣，並可得著福音給予的自由之後，保羅突然轉向一個論點，是與一向存在的權威制度及階級制度不同的：「當存敬畏基督的心，彼此順服」。但另一方面，接著他所論的又與傳統的觀念有關：「你們作妻子的，當順服……因為丈夫是妻子的頭」。對於這段經文，雅娣美亞女士(Elizabeth Achtemeier)曾有以下的見解：「這段經文誠然是天才之作，一方面經文保留了傳統以男人為家庭的頭之觀念，但丈夫作為頭只是功用而已，並非在地位上或身分上的提高。經文把丈夫作為頭的了解，與及妻子對丈夫的關係，給予一個更新的意思。任何一方再不能主宰配偶，亦再不會運用那有罪性的能力，更不會以漠不經心的態度對待對方。相反的，只有那完全奉獻的愛、向對方傾倒而出，好像基督對教會的信實、愛護及犧牲，又好像教會以相同的態度回應主一般。」[註5]

誠然，我必要指出，保羅並不是指向那平等主義者的婚姻原則。但同時保羅亦非同意權威式或階級制的婚姻狀態。他所強調的彼此順服及相互負責任的婚姻原則，正是叫讀者及我們，離開民族社會中的權威式婚姻制度，而進

---

*舉例，當耶穌說：「莫想我來要廢掉律法和先知」(太五17)，祂便是採用這連接式的方法。正因耶穌這話之前的教訓，正是與律法和先知反對，而祂亦不會為了律法和先知而改變自己的教訓，所以用這句話，去連接祂後來的表白，表明耶穌來是要成全律法。保羅在以弗所書這段經文裏，正是用同樣的方法。

入一個互相支持的配偶關係。我們每個人的婚姻，可說是居於這兩極之間。

保羅在這方面所要達到的，在加拉太書三章28節之經文中表明得很清楚：「並不分猶太人、希利尼人、自主的、為奴的、或男或女，因為你們在基督耶穌裏，都成為一了」。在使徒行傳十五章所記的耶路撒冷大會中，教會已處理過不同文化之信徒的問題——「不分猶太人，希利尼人」。經過了多個世紀，教會至終解決了奴隸制度的問題——不論是「自主的、為奴的」。我們盼望並祈求，在神的帶領下，教會很快便能成功解決那性別歧視的問題——「或男、或女」。

實際上，這對你和我有何意義呢？借用保羅的字句，我們每個人都要以「恐懼戰兢」(腓二12) 去找尋適合自己的婚姻模式。基督的門徒在福音給予的自由及平等中，同樣要處理自己的婚姻上那相互關懷及順服的原則。一定不可以任意主宰對方，亦不能有執著的反抗。關懷、愛慕及相互的尊重，應掌管著所有的決定。要記住，那「成為一體」的經歷到「骨中之骨、肉中之肉」，能叫夫妻在生命中的不同抉擇中，一起向前邁進。相互關懷是貞忠那多方面的其中之一。

第四：婚姻的貞忠，表示對婚約以外的性活動加以約束。當我說及性活動的約束，有以下兩個意思：第一、禁止在婚姻以外有任何性行為；第二、為了保持良好的婚姻關係，並為了配偶的好處，在非肉體的性表現上，加以控制。

第一點是很明顯的，作耶穌基督門徒的人，在任何情況下都不能接受姦淫的存在。姦淫直接侵犯了那「成為一體」的婚姻盟約，並且傷害了夫妻之間的婚姻關係。

第二點則要加以解釋。雖然，像保羅所說：「凡事我都可行，但不都有益處」(林前六12)。一方面，結婚之後，我們不再是屬乎自己的，我們再不可隨己意去選擇或行動。每一個決定、每一舉動，都對我們的配偶及婚姻有影響。這時，我們也許不想如此，但這是現實生活，我們不能不加以接受。我們表達自己性需要之方式，比生活上任何事物，都更直接及深遠地影響著我們的配偶及婚姻，不論是好是壞。

這並不表示我們要完全抑制，在婚姻以外去表達性需要，絕非這樣，否則對婚姻的損害會更大。我們必定要保守我們的人性；即是說，我們需要建立親切的友情、與別人在身體上有接觸、和知己作有意義的溝通等，這些都發生在婚姻以外。不然的話，我們便要求婚姻負荷過重，因而影響到那健康的婚姻關係。

然而，我們必須很小心，免得我們的舉動，甚至我們的思想，破壞我們的婚姻。舉例，假若我耗盡了我的情感及集中力，在輔導工作或其他事工上，以致我回到家中完全感到疲倦，並無餘力去關心我的妻子和兒子。那麼，我是在感情上犯了「姦淫」；因我的妻子卡樂玲和兒子，是需要並應該得到我的關心的。假若我不能滿足卡樂玲在感情上的需要，我的生活方式就必須作些修改，以致能使那貞忠的盟誓得以實現。

卡樂玲參與某些我沒有興趣的工作，而我與朋友談論的某些話題她亦會覺得沉悶：這是可以的，因我們要給予配偶許多的自由及許多的選擇。但同時我們要警覺自己的行為和活動，對配偶所帶來的影響。我們要有一個開放及暢順的溝通；我們要去聆聽：不只是聽配偶所說的字句，更是要覺知那不同的語調、身體的語言、以至作到心靈相通。當我們在聆聽時，我們要除去所有可能使我們分心的東西。正如麥朗尼先生(Francis Moloney)指出：「因愛情而達到的外在約束行為，往往表示人已脫離了內心的限制，並且得到釋放。」[註6]

接著帶出了第五個標誌：婚姻的忠貞表示在婚約之內，夫妻可以有無拘無束的性生活。於此，讓那自由的鐘聲響過不停！在婚姻那完滿及自由的流域內，夫妻的性生活是一種豐富及充滿刺激的經驗。有時候，好像科羅拉多河那般快速及興奮；有時候，好像密西西比河那般安靜及溫和；而許多時候，像哥倫比亞河那般深廣有力。

在婚姻之內，保羅給予性生活很大的自由：「丈夫當用合宜之分待妻子，妻子待丈夫也要如此」(林前七3)。也許你覺得，這只是一個吩咐，何來自由之意？讓我告訴你，這吩咐使當時作妻子及作丈夫的人，除去了許多的約束。這吩咐是叫夫妻在性生活上，把自己毫無保留並毫無約束地給予對方。要注意到權利的平等：並非是丈夫的權利、妻子的責任。夫妻在這方面是要相互的給予及接受。作為丈夫的你，你的妻子理應可以在性生活上得到滿足的。在婚姻的盟約下，你可以有自由在多方面去享受性生活。作妻子的也有同等的自由。

性愛行為的目標不單只為傳宗接代。當然，有兒女是好的，但我們絕對不可限制性行為的功用，而只將性行為當作生孩子的「工具」。性生活的經驗並且包括有：親密的舉動、自我的敞開、人性軟弱的表露及娛樂的成分。

性生活能叫人滿足，其因素之一，就是能對配偶有最親密的認識，並能帶來溫馨、愛意與及那說不出的感受。所以希伯來文給予性交的字眼是yada，有「認識」之含意。性生活的經驗，能叫夫妻兩人進入對方那人性上的密室之內。

與性行為並存的經驗：包括自我的敞開及人性軟弱的表露等，加增了這種認識的神祕感。在沒有害羞的赤裸狀態下，夫妻將自己完全的給予對方，並且在給予中拆開了外在門面式的障礙，而彼此進入到最接近的領域中。肉體上的連合，意味著一個更深的連合：在心、智、魂及靈裏的合一。這經驗是奇妙的、是美麗的，並且是刺激的。

從某角度來看，性生活的刺激及娛樂成分，往往是一種極豐富的經驗。從美麗、高貴及神聖的角度來看，性愛是玩意，也是慶典，亦是喜悅。正如魯益師先生(C.S. Lewis)所說：「若閨房之樂要禁止玩意及歡笑聲，你不如娶一個木頭娃娃。」[註7]

在娛樂的時候，夫妻二人所得著彼此的認識，是在嚴肅情況下達不到的。性生活是一場探險，亦同時是一個遊戲。夫妻二人因著對方的身體，得著一種輕快、超脫並歡樂的喜悅。夫妻二人一起玩樂、一起嬉戲。在夫妻對性愛的禮讚中，這是一個重要元素。

貞忠對教會的意義

於上文，我們已經討論過貞忠的盟誓，對單身者及已婚者的意義。對於那整體的信徒團契又如何呢？貞忠對教會有何意義呢？

首先，我們必須從神與祂的子民立約時所留下的模式，去看這問題，並且特別要從基督對教會的貞忠表現去看。神在舊約對祂的兒女所顯出的信實，以及基督在新約對教會那持久不變的愛，二者同時給我們看到貞忠盟誓的內涵。我們對婚姻的了解，必須參照這模範，並且以之為準則。保羅在談及夫妻在婚姻上的聯合時，把這意念說得最清楚：「這是極大的奧祕，但我是指著基督和教會說的」(弗五32)。

在神與我們立約所顯出之愛的光照下，我們對婚姻的了解，有一個更新與積極的層面。史密特斯先生(Lewis Smedes)曾說：「基督徒對貞忠的概念，乃基於神和祂子民所立的盟約，所給予我們的模式……假若我們採用這模式，我們便可以防止自己對貞忠的一知半解——以為貞忠只是那沒有姦淫的行為。我們會了解到，一個人在婚禮誓約時所承諾的，是與配偶有永久的伴侶關係；並且那貞忠的計算，在於他對配偶有多少的愛意。」[註8]然而，這個模式絕對不能變作一個理論，我們必須以行動去加以學習。於此，讓我們轉向去探討，在教會的生活中，這模式有何實際的影響。

教會首要的任務，是專心以祈禱傳道為事，這是教會的職分。但神是否也容讓這個信徒團契，作為信徒在婚姻上的幫助呢？特別是一些年輕男女，當他們遇到對婚姻有疑難時，他們是否可以從教會中長者得到指引、輔導及祝福呢？

不久以前，我參與了一個稱為「清楚神心意的聚會」，* 這是為一對年輕男女而設的。他們互相愛慕，而眾人都鼓勵他們結合，但他們卻猶疑。他們希望能從一些屬靈長者得到指導，所以我安排他們到我家中有這聚會。那個下午，我們在歡笑聲中一起禱告、一起交通。那位年輕的姊妹是一位牧師的女兒，她告訴我們自小她就是活在別人的意願中。她作事的態度，常常只是為了取悅父母，或是教會的人。今次她快要結婚了，她恐怕這決定也是基於別人都以他們為「天生一對」而作的。當她指出了問題的所在，我們便找尋解決的方法並加以處理。最後，在我們當中的一位女牧師，為他們作了一個非常感人的祝禱。她走到他們面前，按手在他們身上，以極溫柔的聲音及富啟迪的字句，為他們禱告；叫人覺得好像是置身於天上……而從某一角度來看，我們正是。這對男女現已結了婚，並成為教會的中堅分子。這聚會只是一對男女生命中的一個事件，但這經驗卻應該被傳到各地的教會，讓成千上萬的信徒，同樣得到祝福。

我們可以作的是這麼多。我們為著現有許多宗派，正在推行一些名叫「面對婚姻」的課程而高興，因為這些課程曾帶給人不少的祝福；我們只希望會有更多人得益。在我任教的大學裏，我們有一科類似的課程，稱為「合適的結

---

* 簡單來説，一個「清楚神心意的聚會」是一羣屬靈領袖的聚會，藉以幫助一個信徒或一對男女信徒，為了某些問題，清楚神在他們身上的旨意。整體地我們一起去尋求並「清楚知道」神的意思。這些聚會中，最常見的問題，莫如婚姻的抉擇，及職業的揀選。

連」，為已訂婚的男女而設的。在我寫這書的同時，大概有十五對男女正在參加這週末舉辦的課程，而他們剛剛走過我的窗前，步往飯堂那邊。我默默地為他們未來的婚姻禱告。這課程是何等奇妙的事工！在我的城市中，亦設有一個名叫「重尋希望」的課程，專為臨近婚姻破裂邊緣的男女而設的。這課程所得的反應非常好，以致主辦機構會將這方式向全國推動。可惜，這些課程只是一些微小的力量，而要作的工作是那麼多。工人卻是那麼少。

教會領袖們，你們明白麼？請不要再讓那些無結果的會議浪費光陰和氣力。請不要再開那些除了教會事工之外，無所不談的工作會議。這些人的婚姻，及他們寶貴的屬靈生命正是教會要注重的議程！請立即行動吧！

還有，教會中舉行的婚禮。縱然今天社會是如何世俗化，許多人還是到教堂舉行婚禮，為此教會要擔當重要的角色。讓我們抓住這機會發揮重要的作用。在婚禮中，讓我們真正要求新人進入一個貞忠的盟誓，並且是一個一生之久的婚姻關係。好讓蒞臨的會眾，真正成為正確婚姻觀念的「見證人」。

數年前，我參加了一對信徒的婚禮。他們曾參與過一次「清楚神心意的聚會」，並且在請准了教會的同意才決定結婚。在婚禮舉行時，三百多位嘉賓所簽名的，並非普通的嘉賓名冊，而是在一特大的文件上，簽名作為見證人，去見證他們的婚禮。當時的場面非常感人，我走到聖壇前以我的話語及我的簽名，去見證我確信這段婚姻是「合神心意的」。

若教會要「見證」及「祝福」一段婚姻，教會有責任去協助使婚姻維持美滿。教會中常有許多無謂的委員會，何不設立一個委員會，專責幫助新婚信徒，使他們得著鼓勵去建立一個健康及成熟的家庭？這委員會的工作，可以包括家庭探訪、提供讀物、交友輔導及其他。進一步，何不成立另一委員會，去關心已結婚多年的夫婦呢？

婚姻的開始是藉一個特別的崇拜儀式，何不為現存的婚姻舉行一個特別崇拜，藉此去得醫治及得祝福呢？夫妻可以一同走到壇前；而牧師可以按手在他們頭上，祝禱這婚姻的持續——從美滿達至更完全。

魯益師先生(C. S. Lewis)曾提到我們應有兩次的婚禮：一次是由政府所監管的，有法律約束的；另一次是宗教儀式，由教會去守護著。[註9]我同意這看法。這樣，教會便有責任，去維持信徒婚姻的健康及美滿。婚姻上的問題、離婚、再婚等事情，便可以由這信徒團體，用愛心去處理。教會亦可以盡力去照顧寡婦、鰥夫、離婚者及被遺棄的受害者。總而言之，教會的責任之一便是看顧信徒的婚姻。

在性需要上得不到釋放的人

在我們的性需要方面，我們於上文已談過，如何在神面前保持貞忠。我們談論時，已預先肯定自己是有性能力的人，並在這事實上我們不用自辯。可惜，有另外一些人，他們不單被拒於性愛生活之門外，別人更當他們是沒有這需要及能力的人。因此貞忠的盟誓，便要求我們對這些得不到釋放的人，有新的認識，並為他們盡上自己的責任。[註10]

許多人把傷殘人士當作沒有性能力的人。於是，有人想像以為傷殘人士對性愛是不能有所表達的，因而他們對性愛沒有興趣，這想法叫傷殘人士更被孤立及遺忘。然而，有研究顯示，一些傷了脊骨的人，也可以「在盆骨結構完全麻木的情況下，仍能在性愛中達到高潮。」[註11]

我們對於傷殘人士的需要，該如何回應呢？我們可以拒絕對他們的性需要不加以理睬。我們亦可以承認性幻想的實在價值，幻想對傷殘者的性表達是非常重要的。我們可以鼓勵夫婦使用不同的性愛技巧。傷殘者其中一個寶貴的能力，便是能夠幫助配偶得到性愛的快樂；縱然他自己經驗不到性高潮，若能帶給配偶一個高潮，同樣使他得到滿足及興奮的。

我們亦不可當那些患重病的人是沒有性能力的。死亡也許是漸漸逼近，但這並不表示他對性愛的興趣會消失，亦不等於性生活要停止。「事實上，很多時候病人覺得需要與配偶有更多的性生活；一方面可以藉此抓著生命力，另一方面可以減少自己對死亡的恐懼。」[註12]

縱然患絕症的人要保持正常的性生活，會遇到不少困難，但結果卻能帶給他極大滿足感的。「病人和他的配偶，往往因而加深了彼此的連繫，並更清楚自己真正所寶貴的。他們對現有的會更加珍惜，並能欣賞對方的本身，而非他所能作的。」[註13]

教會能作些甚麼呢？十分之多。讓我們的牧者學習以坦誠及愛心去正面處理這方面的問題。讓我們鼓勵醫院及其他療養院，特為配偶的探訪而設一些房間，好使夫婦能有性活動的地方。而教會聚集之所在甚至可以義務裝飾這些房間，使之設有雙人牀、柔和燈飾及其他舒適的傢具。讓我們教導會眾那觸摸的醫治能力：例如，拍拍肩背、輕撫頭髮、熱情的握手等，這些都能帶給人親切的經驗。

尼爾遜先生(James Nelson)述說了一個發生在一位教牧同工身上的事件，去幫助我們認識及注重那患重病者對親切舉動的需要。「『他的母親患了癌症而快將死亡。她的身體受疾病蹂躪而變得不似人形，她因而感到非常沮喪。一方面她不想親人見到她這樣子，但另一方面她卻很需要別人的關懷，及親切的身體接觸。這天，她的兒子又一次來到醫院探望她，在他們一起交談時，他用手擦著她的肩背，以幫助她減少一些痛苦。過了不久，他感到母親所需要的親切舉動是更大，於是他躺在她身旁，在醫院的病牀上把母親抱進懷中。那個下午，他們在一起傾談了很久，互相交流比一向更深入的思想與感受。當天晚上，他的母親去世了。』我的朋友覺得這很清楚表示……身體接觸的親切經驗，幫助了加增愛的聯繫，亦同時減少了面對死亡的痛楚。」[註14]

老年人是另外一羣我們以為是沒有性需要的人。現今的潮流把性愛，與青春及吸引力連在一起，於是叫較年長的人更在這方面被忽略。然而，社會中年長的一羣，繼續有他們對性的渴求。有人以為老年人過了六十五歲，他的性功能便急速下降至差不多完全消失，這想法是絕對錯誤的。有研究顯示，許多老年人的性生活，在到了八十歲甚至之後，仍然是很活躍的。[註15]

教會在這方面又該有何反應呢？我們可以要求護理中心及安老院讓年老的夫婦有自己的房間，並在其中設置雙人牀。我們可以鼓勵喪偶的老年人，假若想再婚，不必一定為已去世的伴侶持守「貞節」。我們可以努力改善社會保障的法例，好使再婚的老年人仍能在經濟上得到幫助。我們更可以容許並供給他們一些私人的環境。我們亦可以鼓勵別人給予老年人一些親切的身體接觸。

最後，是那些弱智的一羣。很多時我們以為這些善良的弱智人士，並沒有任何性需要，可是研究結果所顯示的卻是相反。大多數弱智的人，都對自己的性別非常的敏感。當中許多人更知道自己有性愛的渴求。可惜的是，療養院的環境對這方面的發展沒有任何幫助；男女往往被隔開而生活，並且各人根本沒有私人的時間或環境。

我們可以作些甚麼呢？我們可以要求弱智人士在可能的範圍下，接受適量的性教育。有研究顯示，弱智的人是非常有興趣得到有關自己性別的知識的。他們已經在生活上失去了許多；若可能的話，我們不應拒絕他們接受性教育。

關於叫弱智人士絕育的問題，我們要非常小心處理。一方面，我們要保護個人的權益；但另一方面，我們亦要制止這病症遺傳給下一代。假若我們能知道怎樣處理弱智人士懷孕的問題，我們甚至可以鼓勵弱智男女結婚。其實，弱智的人跟你我一樣，都擁有愛與被愛的能力，並且能與別人建立關係，有時作得比你我更好。所以我們不應拒絕他們在這方面的機會。當弱智男女結成夫婦，縱然只是在療養院當中，我們必須容讓他們生活在一起。

回顧及結語

我們談過了許多問題。在貞忠的盟誓這題目裏，我們論及對不同之人的意義：單身者、已婚者、甚至對教會的意義。而面對在性需要上得不到釋放的人，我們亦看過一些回應的方法。請常常記住，貞忠並不是一些律例；這是生活上的一個探險。貞忠並不是抑制情慾的方法，反而是引導我們面向同一目標的道路。貞忠乃是同心與合一的先決條件。

第三部分：**權勢**

第九章
破壞性的權力

我們活在一個著了魔的世界中。我們也心知肚明。

——許靖國（Johan Huizinga）[註1]

如果金錢在錢包上攻擊我們，性在臥室裏面攻擊我們，權力則在人際關係上攻擊我們。權力深深影響我們的人際關係，我們的社交關係，甚至我們與神的關係。不管這影響是好是壞，沒有甚麼比權力對我們影響更深的了。

權力能破壞也能創造。破壞性的權力要求權勢，它要完全控制。它破壞關係；破壞信任；破壞對話；破壞廉正和完整。無論我們從人類歷史的大宇宙看，或從我們個人歷史的小宇宙看都是如此。

破壞性的權力像甚麼呢？想想亞當和夏娃在樂園裏面的情形——他們有各樣的享受，各樣的歡愉，美好人生必需的各樣東西都應有盡有。然而他們還不滿足；他們貪得無饜，要像神一樣，能知道善惡。**樂園的罪就是權力慾的罪**。他們不滿於正當的地位和身分；他們要更高一等，要獲得更多，要知道更多。他們不安於受造的身分；他們要成為神。

那種心態令我們精神痛苦，可不是嗎？我們有一份好的工作，但永不滿足。不，我們要高人一等；我們必須擁有；我們必須囤積；我們必須征服。權力的罪就是渴望超越我們受造的身分——我們要成為神。

哲學家羅柏士(Arthur Roberts)說到，我們把自己造成各類自以為了不起的偶像，又塑造成彩色的鏡子和熒光幕。註2 我們在康莊大道上追逐自己的影子，把所製造的鐵鳥拋在其他星球上。我們歡呼「哈利路亞歸我們！」然而那些聲音刺傷我們的耳膜，五光十色的東西傷害了我們的眼睛，各種各類的灰塵塞滿了我們的嘴巴，全部東西只弄得臭氣薰天。神在天上察看，禁不住流淚哀傷。

對亞當和夏娃而言，權力慾意味著他們與神的關係破裂了。與神交通和對話的經驗破碎了。他們要躲避神。我們也一樣，怕與神見面。權力慾把我們與祂的關係割裂了。我們倔強地要按照自己的意思行事為人，這便使神的聲音變得遙遠，祂的話語也難以聽見。

破壞性的權力像甚麼？想想掃羅王以及他對大衛瘋狂的嫉妒。掃羅是王；他自以為掌握權力。然而權力不能命令人們愛他；百姓愛大衛。掃羅無力控制百姓的心，因此他遷怒大衛。他寧可犯謀殺罪，也不讓權力從指縫中溜掉。眼見掃羅和大衛之間的關係因著掃羅的權力慾而遭破壞，這是多麼悲慘的事。權力慾甚至把掃羅和他兒子約拿單之間的關係也破壞了。

權力破壞關係。一間公司的副總裁位置不穩時，數十年的老朋友也可能變為死敵。權力的術語是爬、推、擠。沒有別的東西像權力一樣把我們分割開來。甚至普通的日常交談也被破壞。杜保羅(Paul Tournier)註3寫著說：「權力是對話之道的最大障礙……為了權力我們付上極重的代價；我們過著失去對話的生活。」[註4]我們到處都看到這悲慘的情形：夫婦之間，父母子女之間，雇主與雇員之間，權力那種破壞人際關係的本領，在人間到處可見。

破壞性的權力像甚麼？想想耶穌的門徒對於在神國中誰為大的問題所作的激烈辯論。在四卷福音書中都提及這事，可見他們的辯論必然十分激烈。這種繼續不斷的爭吵以及運用手段謀求高位的結果，更令使徒團體中的和諧受了損傷。從那時起，他們可能對各人的動機起了懷疑。

成年人對於誰站在最高的地位深切關心，這實在令人驚異不已！當然，每當我們決定誰是最大的時候，我們也決定誰是最小的。這難道不是我們的難題嗎？作為最小的即等於無助。在一間公司裏，如果我們是最低層人物，我們便完全沒有權威，也完全沒有權力。

每當門徒之中有這辯論時，耶穌都會叫一個小孩子站在門徒中，教導他們關於偉大之道。耶穌這樣作有甚麼意思呢？祂向門徒指出，兒童毋須居於最高位置，也能共同工作、共同遊戲。你曾否注意兒童在屋後的花園作泥餅呢？儘管外面的世界瘋狂爭大，他們都不在意，能夠作泥餅，便心滿意足。這使我想起杜爾勤(Tolkien)所描述的奧黎(Aüle)。他是八大原始守護神之一，又是地中心(Middle Earth)的總督。「然而奧黎喜歡並引以為榮的事是製造東西這種行動本身、以及所製成的作品。他不蓄意收藏，對自己的卓越技術也不以為意；因此他常常施予，不囤積收藏，毫無牽掛，繼續不斷地從事新的事工。」[註5]你看，在神的國度中，偉大的問題簡直是風馬牛不相及的問題。別人可能對誰是最大的問題拼得死去活來，但對基督的門徒而言，對這問題該置之不理才對。保羅說：「敬虔加上知足的心就是大利了」(提前六6)。

破壞性的權力像甚麼？想想那位行邪術的西門以及他想把聖靈當作貨物去買賣的事(徒八9～15)。西門是撒瑪利亞一位術士。他顯然有相當的權力，因為人們說：「這人就是那稱為神的大能者」(徒八10)。然而在腓利所傳之福音的影響下，他悔改相信耶穌基督。後來彼得和約翰來到撒瑪利亞，按手在門徒身上，他們便領受聖靈。西門看見從按手而來的能力，「就拿錢給使徒說：『把這權柄也給我，叫我手按著誰，誰就可以受聖靈』」(徒八18～19)。彼得當然斥責他以為可用錢買神的權能。經文指出，西門對他的惡念誠心悔改。

西門的罪在於企圖利用神的權能達成自私的目的。這是一切假宗教的標記。然而今天的基督教也正滿有這樣的心態。傅碧絲(Cheryl Forbes)寫著說：「公義的法衣成為權力的外袍。」[註6]

權力在任何情況下都能成為極端破壞性的東西，然而在宗教的事奉上，它簡直是窮兇極惡的。宗教權力能夠破壞到一種地步，是其他權力不能作到的。權力使人腐化，絕對的權力使人絕對腐化；在宗教上這句話特別真實。大權在握而又披上敬虔外衣的人特別容易腐化。當我們深信我們所作的等同神的國度時，任何反對我們的人**必然**是錯的。當我們深信我們時常都是為了好的目標而使用權力時，我們便相信我們永不會作錯。然而當我們有這心態時，我們便是使用神的權力去達成自私的目的。

那些不必向人負責的人特別容易受權力的腐蝕性影響。聖本篤(Saint Benedict)設立了恆久戒律(the rule of stability)就是為了對付這問題的緣故。在第六世紀時有許多遊行的先知和僧侶，他們所言所行不必對任何人負責。然後藉著這恆久戒律，他們便可以聯結在一起，互相鼓勵，互相督促。今天，多數利用電視傳媒宣道的傳道人以及遊行佈道家，也正如第六世紀的遊行先知一樣，毋須向人負責。今天所需要的是一種新的「本篤戒律」，好讓這班大有權力的領袖聯結在一起，互相督促，彼此負責。

我們必須看出的是，那班時常自以為是的人的錯誤。惟獨耶穌基督才是時常對的。我們大家都必須認出我們自己的軟弱和缺點，而謙謙卑卑地從他人的改正上學習長進。如果我們不這樣作，那麼權力可能把我們帶到屬魔鬼的道路上。

驕傲與權力

驕傲與權力的破壞性之間有密切的關聯。參孫是一位大有能力的人，這能力是神所賜的。然而驕傲充滿他的心，不僅是驕傲，而且是狂妄自大。參孫在敵人面前誇口說：「我用驢腮骨殺人成堆；用驢腮骨殺了一千人」(士十五16)。驕傲、狂妄和能力，這種不聖潔的三合一招致參孫的敗亡。

權力加上驕傲便變為險詐。在我們這個給傳媒滲透了的文化中，最危險的人物就是那些自以為掌握世界命脈的領袖。記得有一次我在一個大型聚會中受褒揚。由於對家人有了承諾，我只能逗留二十四小時。在這期間排滿了特別餐會，親筆簽名，以及傳媒訪問等。二十四小時以後，我對內子卡樂玲說：「我們必須離開此地；因我開始相信人們論到我的一切話。」一個人很容易失去正確的觀點。這也就是一班居於領導地位的人必須深深地植根於日常生活經驗的原因。

當然，不僅領袖們，我們大家也同受虛榮引誘。可是由於我們對傳媒的迷戀，領袖們今天特別容易陷入這圈套。比方，我們毫不置疑地肯定，在電視中出現乃是一種光榮，這難道不是一件奇怪的事嗎？我們不期然地覺得，電視決定誰是重要人物。當然，這觀念是愚蠢的，然而我們仍舊堅持不放。莫格力(Malcolm Muggeridge)在他所著《基督與傳媒》(*Christ and the Media*)一書中提議，如果耶穌今天在曠野受試探，撒但會加上第四個試探，就是在全國性電視中出現。

這一切都使驕傲成為我們這個時代的一個重大問題。今天，許許多多的人都為自我尊嚴死命掙扎。與此同時，我們又有許許多多的人把自我形象過分誇張。這難道不是一件發人深省的事嗎？當驕傲與權力混在一起時，結果便是真正的浮誇。驕傲使我們自以為是，權力則使我們能夠把我們自以為是的看法勉強他人接受。驕傲與權力聯盟，把我們帶至鬼魔的邊緣。

執政的、掌權的

當破壞性的權力達到最高峯時便明顯為鬼魔的權力。聖經說到極其真實的空中屬靈掌權者，這些掌權者在我們這個實實在在的世界之真實架構中顯示出來。使徒保羅對這屬靈界的實體最喜歡用的描述名詞是：「執政的、掌權的」，雖然他也採用其他名詞，例如：「有位的」、「主治的」、「在位的君王」、「治理人的」、「這世界的王」等等。這些「掌權的」是我們周圍所見，有破壞傾向的勢力的根源。的確，惟獨當我們開始了解，聖經所謂「執政的、掌權的」究竟是甚麼意思時，我們才能真正面對在我們生命中的權力問題。

我們不可把這教訓看作科學未發達時代的遺物。聖經所對付的是一種極深刻的實體，遠超乎身穿紅衣，頭上長角，面目猙獰的惡鬼，或者和藹可親的鬼魂。這些掌權者並非在空氣中飄浮，專門騷擾不設防之人的幽靈，而是屬靈界的實體。他們在人類的事務上扮演一定的角色。

這些掌權者是受造的實體。保羅告訴我們，「萬有都是靠祂造的：無論是天上的、地上的、能看見的、不能看見的，或是有位的、主治的、執政的、掌權的，一概都是藉著祂造的，又是為祂造的」(西一16)。這些掌權者曾經一度與神創造的旨意相聯；然而，我們再也看不見他們擔任這角色。他們背叛他們的創造主神。保羅說，我們「是與那些執政的、掌權的、管轄這幽暗世界的，以及天空屬靈氣的惡魔爭戰」(弗六12)。的確，聖經談到這班掌權的，承認他們是設法奴役我們、敗壞我們的「諸神」(加四8～10)。

這些掌權的是可以具體化的。他們是人類以及社會架構背後活動的力量。當保羅告訴我們，這些掌權者「把榮耀的主釘在十字架上」時，他是強調，基督被釘十字架不單是一些人所作的事，還有更複雜的背景。*

然而，這些掌權的不獨「掌握」個人，也控制機構，以及整個社會架構。會社或機構能夠成為，而且時常都成為有組織的犯罪團體。一切政治、社會，以及經濟制度下面，都有基本的屬靈實體作基礎。殘酷的獨裁者，不義的政策，以及腐敗的機構背後，都有屬靈的執政者和掌權者。文克(Walter Wink)寫著說：「這些『執政的和掌權的』都是各樣權力之內在和外在的表現。於內在方面，他們是機構的精神，是團體架構和制度的『內涵』("within")，是外在權力組織的內涵精髓。於外在方面，他們是政治制度，是委任的官員，是一個機構的『主席』("chair")，是法律——總之，他們是權力所採用的一切可以觸摸的現象。每一種權力都傾向於有一條看得見的標竿，有一個外表的形式——無論它是教會、國家，或者一種制度——又有一條看不見的標竿，一種內在的精神或者推動的力量，這種力量會賦予活力，會使之合法化，會在這個世界上調節其具體表現。」[註7]

當使徒保羅說，我們不是與屬血氣的爭戰，乃是與執政的、掌權的爭戰時，他的意思並不是說，血肉並不重要。完全不是！他的意思是，我們爭戰的真正焦點應該是站在個人或機構背後的掌權者。

---

*林前二章8節說：「這智慧世上有權有位的人沒有一個知道的；他們若知道，就不把榮耀的主釘在十字架上了」。「世上有權有位的」這術語，是保羅用以描述掌權者的。幾乎所有註釋家都同意，保羅在此不是論及人類，乃是指超乎塵世的另一實體。參看H. Berkhof, *Christ and the Powers* (Scottdale, Penn.: Herald Press, 1962) 第二章。

團體和整個國家時常都被某種特別的概念和意識形態所決定和控制。有一種流行的心境或精神使全羣的人聯結在一起，朝同一方向前進。這些心境不是從真空中創造出來的，而是密切地與極其真實的屬靈本體聯結在一起的。因此當我們說「團體精神」時，我們也許說及多過我們所知道的。

比方說，當三K黨(Ku Klux Klan)的黨徒聚集在一起時，集體的憎恨超過個別黨徒憎恨的總和。當成見和殘酷達到某一決定性的爆炸點時，一種「烏合之眾的精神」便會爆發出來，以致任何個人都不能加以控制。這種實際情況之造成，有屬靈的掌權者牽涉在內。

在我們的現代社會中，這是我們極難理解的觀念。我們習慣於把機構看作不能生育的中性結構，與屬靈生命毫無關聯。然而有一個顯著的歷史事件能夠幫助我們，使我們對聖經所強調的掌權者形成一種新的欣賞。當希特勒掌管德國時，國家和種族的權力開始有一種可怖的新的範疇。在第三帝國中，種族(volk)這個觀念變為阿利安種人是最優秀民族的那種自大狂的俘虜。那些看過達豪(Dachau)和奧施域(Auschwitz)的焚化爐的人，不難相信有屬鬼魔的掌權者存在。

在實際的層面上，這對我們有甚麼意義呢？當我們注視我們本身瘋狂的慾望，要盡力達到最高峯時，我們必須對抗我們心中驕傲和威望的能力，這能力緊緊地抓住我們的心。當一間學校的校董會有一個議決案會損害兒童時，我們必須對抗在這決議案背後的特權階級尋求自我利益的權力。我們必須找出那促成這不義的律法或者不義的團體機構的「精靈」，並且設法用基督的權力把它擊潰。

辨識掌權者

說來也許令人希奇，然而辨識這些屬靈的掌權者乃是教會的嚴肅責任。聖靈賜給神子民的各樣恩賜的其中一項是辨別諸靈(林前十二8～10)。我們獲得聖靈賜下能力去認識這些掌權者，明瞭他們的本質，了解他們對基督之道的敵視。

辨識掌權者並不像我們始料那麼容易。比方，當希特勒在德國開始得勢時，他提出二十五點政綱，包括強而有力的德國民族主義，保證改進教育機會，關心「國民健康標準提高」，以及相信「積極性的基督教」。[註8]如今你我回顧第三帝國時能夠容易看出它屬鬼魔的歪曲面，可是在那急轉直下的經驗中，實際上，惟一能夠看出在這第三帝國背後的邪惡勢力的基督徒團體乃是「認信教會」(the Confessing Church)＊。

辨識當權者的任務雖然滿有挫折和陷阱，可是那是給予你我的使命。我們要辨識今天真正發生了何事，了解它會引導我們到何種地步，並且給予一種價值判斷。

聖法蘭西斯看出他那時代的人民被瑪門勢力所掌握，因此他以喜樂的心情號召他們走一條新的道路。一次，有

＊這「認信教會」由德國一班基督徒組成。他們反對希特勒的傀儡主教苗勒(Reich Bishop Müller)把持教會。在一九三四年他們草擬了著名的「巴勉信條」(Barman Confession)。這信條堅決反對國家的權威超乎教會之上，明確承認耶穌基督為主。其中的領袖人物有巴特(Karl Barth)，尼慕勒(Martin Niemoller)，和潘霍華(Dietrich Bonhoeffer)。當時的尼慕勒牧師看出這一點，但帝國主教苗勒看不出來。

一位名叫西維斯德（Silvester）的人看見法蘭西斯和伯納德派錢給窮人，他「貪念頓起」，對法蘭西斯說：「你還未付清欠我的錢，就是你向我買石頭修築你的禮拜堂的價錢」。聖法蘭西斯站著，「詫異他的貪心」，終於把雙手放進錢袋裏面，抓滿了錢，交給西維斯德。然後他說：「如果你要求多些，我會給你更多」。西維斯德把錢帶回家中，但他很快便「為自己的貪心懊悔」。一連三晚，他看見一個異象，神告訴他，真正富足的是聖法蘭西斯。最後西維斯德從貪慾中獲得釋放，能夠慷慨地施捨給窮人；後來他變得「非常聖潔，滿有恩慈，以致他與神說話的時候，像與朋友交談一樣。」[註9]

究竟發生了甚麼事呢？聖法蘭西斯看出了盤據在西維斯德心中的貪念之魔力，而他能用神的力量把他釋放。

今天我們多麼迫切需要從貪婪中獲得釋放！那是一種把我們緊緊抓住的魔力。我們國家的整個風氣都被貪婪的魔力迷住。它存在於社會的每一層面上。如果基督徒能夠主動帶來一種全國性的驅魔行動，把貪慾趕走，那麼，我們便有可能再次向一個飢餓的世界敞開我們的心，伸出我們的手。

美國南北戰爭前約一百五十年，武爾曼（John Woolman）看出了我們受種族歧視和種族壓迫的魔力奴役所帶來的可怕後果。他寫著說：「我看見一朵漆黑的陰霾籠罩著這地方」。他看出，如果人們不願意「折斷這壓迫之軛」，那麼，「對後裔會造成嚴重的後果」。我們這個國家不願意聽從他這先知性的辨識，實在是一個悲劇。[註10]正如杜維園（G.M.

Trevelyan）所說的：「摀著耳朵不聽武爾曼一百年，你會得到卜約翰（John Brown），然後便是古倫（Grant）。」註11

我們多麼迫切需要從種族歧視和壓迫的魔力中釋放出來！今天，這種精神的鬼魔正日益猖獗。在民權運動期間所獲得的進步，我們大家都覺高興；可是如今我們驚覺，有反其道而行的趨勢。巴不得神使基督徒能帶頭導至一個新的公義以及情如手足的日子。假如我們能夠辨識這些掌權者，並且靠著羔羊的力量去打敗他們，那麼，這事必能實現。

點名數說掌權者

約翰說：「要試驗那些靈」（約壹四1）。這是一個滿有陷阱的任務，然而又是我們不能逃避的任務。今天，這些掌權者如何顯示他們自己呢？

瑪門是這些掌權者中的一位。杜保羅（Paul Tournier）注意到，「全國生產總額（GNP）是現代的金牛犢。」註12我們的財富不是中性的。它並非不育的，也不是無生命的。它是活的且有魔力；它要支配我們。在本書的第一部分，我們曾仔細察看，看看我們怎能運用羔羊的力量去征服瑪門，把它帶回到神對它的原本用意中。

性也是掌權者之一。性在今天不單是一種需要，像愉快的環境和友好的談話一樣。它是一種力量；是由情慾、淫蕩，以及毫無約束的性行為所激動的力量。對不知其數的千百萬人而言，性乃是焚身的慾念。有一句俗語說：「讓她冬天赤足，夏天懷孕」（“Keep her barefoot in the winter and pregnant in the summer"）；當我們聽見這話時，自然會體驗到這句話的力量。當我們留心察看亂倫、強姦的罪行時，我們必然會認識，這些都是權勢罪行。性是權勢，真正的權勢。它不是中性的，也不是消極的。它滿有活力，具有魔力，而且盡力設法去控制男女的心靈。在關於「性」那部分裏，我們討論一些方法，叫我們能夠打敗性慾的淫逸行為，把它帶回到神所賜，用於豐富人際關係的功能上。

宗教的律法主義也是掌權者之一。保羅宣告說：「你們若是與基督同死，脱離了世上的小學(或譯：脱離了「宇宙基本諸靈」)，為甚麼仍像在世俗中活著，服從那不可拿、不可嘗、不可摸等類的規條呢？這都是照人所吩咐、所教導的……」(西二20～22)。這「世上的小學」(或「基本諸靈」)乃是宗教和倫理的法規。保羅的要點是，在這些宗教的傳統和規條背後有屬靈的掌權者，這些掌權者要求自主，並且使人對他們的服從當作至善。

可哀的事是：原本設計要引導我們到神面前的東西，恰巧得到相反的果效。道德律的屬神功能是把我們帶到順服的地步，然而當它以其本身為目的時，所謂「律法主義」的曲解便昂然抬頭。這些規條便成了與神匹敵的神祇，把我們擄了過去，要我們絕對效忠他們。

宗教的律法主義是人類歷來承擔的最沉重的擔子之一。主耶穌警告我們，要防備那班「把難擔的重擔捆起來，擱在人的肩上；但自己一個指頭也不肯動」的人(太二十三4)。

科技也是掌權者之一。廣義而言，科技把程序和行為標準化，以便提高效率。事實上，效率是科技的金科玉律。

當然，講求效率和生產力沒有甚麼不對——除非它變為最終的價值。不過，韋敬循（John Wilkinson）注意到，「科技愈來愈趨向於變成一位新的神。」[註13]

當科技成為一位新的神時，我們便把標準化推到最高的地步，駕乎自發性之上。我們豈不都有這樣的感覺嗎？當我們收到從電腦而來的電話時，我們曉得，效率已經勝過自發性。當我們填打孔卡，找尋號碼過於人名時，我們曉得，標準化已經勝過獨立存在的個人。我們變為「東西」；我們心靈深處體會到，我們是「人」的這種身分受了侵犯。

當我們說：「如果效率好，事情便**必然**好」的時候，我們便把最終的意義交給科技。對基督徒而言，其他問題要去平衡科技的問題：人類在過程中是否會被粉碎？它是否會損害個人的尊嚴？當我們尋求識別科技的屬靈氣質，並以適當的態度去回應時，這些問題以及許多其他問題都必須加以考慮。

自我崇拜也是掌權者之一。自我崇拜是過分自愛，而這正是我們這個時代最有勢力的心態。我們把尋求享受，尋求自我滿足擺在優先目錄的最前頭。廣告商大聲疾呼：「儘量攫取享受」；我們也高歌：「想作就去作」。為他人的好處而犧牲的觀念似乎是滑稽可笑的。

我們必須棄絕我們這個時代的自我崇拜。我們信主的人曉得，活得好並不在於自私而在於無私。我們跟從釘十字架的基督之人曉得，喪失自己是得著自己（路九24～25）。

軍國主義也是掌權者之一。軍事力量之精髓本是約制混亂，然而今天軍國主義所作的完全相反。今天，其目的不是防止混亂，而是促進混亂。軍事戰略家所圖謀的，不是如何使世局比較穩定，而是使它較不穩定。今天所流行的是恐怖主義和設置間諜網。

我這樣說，不是要批評某一國家，某一機構，或某一羣人。在我們今天的社會中，製造混亂已經成為軍國主義普遍的心態。這種屬於鬼魔的變態現象之最終目的乃是極度使用權力去毀滅這世界。基督徒必須號召軍國主義脫離這種邪惡的傾向。

絕對的懷疑主義又是另一掌權者。今天，在大學生活中極其流行絕對的懷疑主義信仰，以致我們必須認它是一種靈界的力量，是與真誠尋求真理作對的。大學的任務是追求真理——全部真理。然而今天，在許多事例上情形恰巧相反。本是真誠的求知論者所應存的謙卑立場，已經轉變為絕對的懷疑論者的狂傲表現。不曉得、不確定，已經成為永遠不可侵犯的最高教條。

魯益師（C.S. Lewis）在他所著《醜惡的力量》（*That Hideous Strength*）那部小說中描述大學的最終破壞力。當大學把自己交付在欺騙以及想把真理弄得模糊的慾望手中時，結果便會這樣。我們必須號召大學回到它那尋求真理的謙卑任務上。大學應該是出類拔萃、精英薈聚的地方。舉凡目的、意義和價值等問題都在此地毫不放鬆地追尋，當找到答案時，應該高興接納，而不是加以否認。

屬鬼魔的靈界力量對我們所居住的世界，有一個確切而顯著的影響。他們站在背後，影響並推動邪惡的個人和機構。他們在瑪門、性、宗教的律法主義、科技、自我崇拜、軍國主義，以及絕對的懷疑主義上顯明出來。

擊敗掌權者

我們決不可愚弄自己。我們從事羔羊之戰所對抗的那些掌權者十分頑強。撒但好像「吼叫的獅子」，遍地遊行，尋找可吞吃之人（彼前五8）。我們不是在乙組球隊中玩球，乃是在甲組球隊中作戰，得失攸關，影響極大。那班執政的、掌權的不僅擁有權力——他們**就是**權力。他們以權力的姿態存在；他們用權力去顯揚自己。他們的本質是支配、控制、吞噬、囚禁。那麼，我們如何去擊敗這外面的惡魔以及內在的妖怪呢？

首先，我們必須認清，基督已經戰勝了這些掌權者。基督在祂的死亡和復活上，「既將一切執政的、掌權的擄來，明顯給眾人看，就仗著十字架誇勝」（西二15）。在十字架上本來可以召集萬羣天使來幫助祂，然而，祂放棄權力的手法，為要擊敗地獄的權力。在耶穌基督的死亡和復活上，這班掌權者，就是在我們這個有時間、空間、能力和羣眾的世界上的掌權者，被擊敗了。

其次，我們藉著培養辨識力去擊敗這些掌權者。與掌權者任何嚴肅的交戰都需要「辨別諸靈」（林前十二10）。除非我們有這眼光，看出賦予家庭、團體機構、或者政府機關活力的靈界掌權者，否則我們還未透徹了解它。

我們可能想知道，怎能獲得這種辨識力。首先，我們必須祈求。雅各說：「你們得不著，是因為你們不求」（雅四2）。

我們祈求。我們也要聆聽：聆聽神的指示，聆聽我們周圍之人的說話，也聆聽世上所發生的事情。我們祈求神指教我們，這一切有何意義。我們也要聚集一羣忠實的信徒，分享見地，共同聆聽，因為無論是誰，都不能單獨了解神的全部旨意。我們這樣作的時候，要富有幽默和謙卑：要有幽默，是因為我們永不可把自己看得太重要；謙卑，是因為我們必須以最嚴肅的態度去接納神藉別人的口所說的話。

第三，我們要直接面對內在的「鬼魔」，便能擊敗掌權者。自開始時，我們大家都需要看出，也要對付那緊緊箝住我們腳跟的掌權者。否則我們便會採用我們所反對的那班掌權者所用的戰術，終於變成與他們一樣邪惡。我們必須正視我們貪圖權力的心念和慾望，看出他們本來的面目。我們必須用屬靈的睿智去察看我們自己，也用屬靈的睿智去辨識我們自己。

值得高興的是，我們不是單獨去作這事。聖靈與我們同行，安慰我們，鼓勵我們，也責備我們，叫我們知罪。祂引導我們進入我們心靈深處，獨自面對祂，讓祂對我們說話，指教我們。有時是採取私下退修去禱告默想的形式。但更常是在日常生活的各項活動和任務中，引導我們作內心的退修。在這內在的靜默中，我們聽見主的聲音（Kol Yahweh）。當我們靜聽主的聲音時，我們便會與我們的暴力，我們的貪婪，我們的懼怕，我們的憎恨遠離。當我們靜聽主的聲音時，我們便會轉向基督的慈愛、憐憫和平安。我們因羔羊得勝而歡欣。當羔羊勝過並獲得我們的心時，每次的慶功宴都會為我們的敵人安設座位。

第四，我們藉著內心捨棄一切去擊敗掌權者。懷著全然捨棄的心態，我們不會喪失甚麼；掌權者不能控制我們。假如掌權者奪去我們的東西和財產——不要緊，我們的財產只是從神借來的；神比我們更有責任保護它。假如掌權者想藉破壞我們的名譽去損害我們的影響力——不要緊，我們的名譽不是我們要去保護的，而且即使我們想去保護，我們也保護不了。假如掌權者把死亡的威脅拋到我們身上——不要緊，我們屬於那位能夠引導我們渡過死蔭的幽谷，進入更偉大的生命的主。所以，你看，我們簡直不會喪失甚麼。我們是沒有地位、沒有產業的人，而這種完全而徹底的脆弱，卻是我們最大的力量。你不能從一無所有的人身上奪去甚麼。

第五，我們藉著拒絕這世界的權力武器去擊敗掌權者。我們不企圖去支配和控制別人。我們拒絕去管理和恐嚇他人。像文克（Walter Wink）所寫的：「直接採用權力去對抗權力，必然會使掌權者站在有利的地位上。」[註14]

我們能夠對抗執政者和掌權者的惟一辦法是用聖靈的生命和能力。我這樣說，不是要把這全部事件拋進敬虔或理論的界域去。事情全然相反。聖靈要在我們的生命中作主動的媒介，要採用最實際、最具體的辦法去對抗執政掌權者。

如果我們僅僅攻擊權力的外形，沒有擊敗賦力量給外形的惡魔或靈物，那麼我們並無任何成就。比方，世上多數革命都奮力推翻一個腐敗和自私的政府，換來的卻是另一個腐敗和自私政府。他們失敗的地方在於不了解，真正的戰爭所要對付的是貪婪的魔力，既得的利益，以及過分自私的心，過於實際的人員以及政府的架構。我們必須同時集中注意機構以及機構的靈界本質。

第六，我們要採用以弗所書六章的武器去攻擊掌權者。拒絕使用這世界的武器不會使我們赤手空拳，毫不設防。遠非如此！人們需要槍炮、坦克和飛彈，但我們則獲得更有效的武器，就是真理、公義、和平、信德、救恩、神的道和禱告（弗六10～18）！這些武器比我們所能想像的強而有力得多。保羅堅持，「我們爭戰的兵器本不是屬血氣的，乃是在神面前有能力，可以攻破堅固的營壘」（林後十4）。

我們常常因為忽略了以弗所書這段經文的社會背景，以致使這些屬靈的武器變為軟弱無力。我們把它們變為敬虔的武器，與瑪門世界或軍國主義全然無關。我們好整以暇地講論羅馬兵的盾牌和頭盔，從來沒有猜想到，這段經文號召我們裝備自己，真正作戰，向機構和文化的靈界本質以及一切形式的具體惡魔進攻。

我們使這些武器變為無用的另一方法是，我們教導說，它們都是「自衛性的」武器。這完全不合原意。羅馬軍隊是當時最強有力以及最殘酷無情的殺人機器。保羅所描述的裝備不純粹是為固守本位用的，也是為前進攻擊敵人用的。保羅心中無疑的是想到「羅馬的楔形編隊」，就是一種「V」字形的編隊，在這種隊形中，一位士兵可以充分使用一種特別設計的長形盾牌，把這種盾牌的三分二用以保護自己的身體，又把另外的三分一去保護他左邊的同袍。這種智巧的安排，迫使士兵要彼此合作，互相保護，齊步進攻。

這是「當時所知的最有效能，以及最為可怕的軍事隊形，甚至此後一千年都如此。」註15

保羅的軍事比喻是一幅描繪一班誠摯獻身基督之人的美妙圖畫。這班人同心合力，步伐齊一，奉基督的名向掌權者進攻，征服他們。地獄的門都不能抵擋這種團結一致、齊心合力的進攻。奈勒(James Nayler)寫著說：「祂(基督)把屬靈的武器放在他們心中和手上……與敵人戰鬥，勝了又勝，不像這世界的王……用鞭子和監牢去折磨和苦待人的身體，去殺害和毀滅人的性命……而是用真理之道……用愛心去回報憎恨，與神共同奮鬥去對付敵人，晝夜流淚禱告、禁食、哀傷、哭泣，常存忍耐、信實、真理、真誠的愛，恆久的忍耐，以及聖靈的一切果子，至誠希望，藉此他能以善勝惡。」註16

個人的反省

魯益師寫著說：「有兩個同等而相反的有關鬼魔的錯誤是我們人類可能犯的。其中一個是不相信他們的存在。另一是相信他們存在，然而對他們有一種過分的、不健康的興趣。鬼魔自己對這兩種錯誤都同樣高興，對一位物質主義者或者一位魔術師都以同等愉快的心情向這等人歡呼。」註17如果今天我們犯錯誤，通常是傾向於物質主義者，因為那是我們這個時代的主要心態。平常我對於插敘自己的經驗都覺遲疑，然而在這件事上我想可能會有幫助。

雖然我已寫完了這套書，可是我對於討論權勢的這幾章並不滿意。因此我把其他兩部分的稿寄給編輯，解釋說，我決定重寫這四章。在重寫的第一週的星期三，我開始意識到一種重壓和黑暗臨到我。我敢斷定，部分原因是由於對這任務在情緒上和身體上都覺疲倦。因為一連九個月我埋頭伏案寫這本書，很少休息，而且在此之前花了相當多的時間作研究工夫(不過，我很小心約束自己，每天都有足夠的睡眠和運動)。

到星期五，黑暗幾乎勢不可擋。我覺得好像不想再寫，不想再說話，不想再教學。我閱讀一章，很想把它扔掉。我試行想法取消全部計劃。直到現在，我仍不能完全解釋我的感受如何。用喬治·弗克斯(George Fox)的話是，我幾乎給「黑暗的海洋」[註18]淹沒了。

任何讀過心理學的人都會曉得，我所描述的情形乃是精疲力竭的初期表徵。那當然是我經驗中的一個因素，不過它似乎不能表達我全面的感受。似乎還有更多的東西，有一些更深、更大的不祥預感。

星期六我到辦公室寫作，然而並無希望能寫出甚麼值得閱讀的東西來。當我默想禱告時，我想起馬丁路德把墨水瓶擲向魔鬼的軼事。我本能地抓起我的筆，向牆壁擲過去，筆斷了。我對自己說：「如果魔鬼在此，我也許沒有擲中他！」我企圖為自己配備以弗所書六章的武器，然而似乎沒有甚麼果效。

近午時分有五位朋友來為我禱告。我們只簡單談幾句話，然後他們靜靜禱告。雖然我與他們努力合作，可是我絕對沒有期望這會有甚麼好處。我全無感覺。

然而，當他們離開以後，我心頭的重壓輕了一點。隨著時間的消逝，事情愈來愈光明。到了晚上，黑暗全然消失。於是我能夠完成我的任務，不再遭受更多的壓力。

幾天以後，在上星期六上午到來的那班朋友中有一位告訴我，在禱告時她曾看見整個房間充滿了基督之光，而那邪惡的勢力給擠了出去。我沒有看見甚麼，但我對她的話毫不懷疑，因為她是一位對靈性十分警覺的人，但並不喜歡神祕的幻想。我相信她，因為黑暗的海洋實在已經給光明和生命的海洋所淹蓋。

這一切對你來說可能很奇特，但事情確實發生過。也許這事可以作為一個見證，證明執政的、掌權的是真實的，而且確實興起戰爭反對我們。它也能證明，當我們在這個黑暗邪惡的世代向惡勢力作戰時，有能夠幫助我們的人是多麼重要。

這些惡勢力很強，但基督更強。惡勢力必然失敗。我們過著勝過這世界的生活。無論我們往何處去，我們都當期待看見黑暗國度的敗亡，羔羊公義的統治得開展。

第十章

創造性的權力

沉溺於權力的惟一救法是愛的力量。

——麥嘉丹（Sherri McAdam）

有一種破壞性的權力。也有一種創造性的權力。創造性的權力賜人生命、喜樂和平安。它所帶來的是自由而不是桎梏，是生命而不是死亡，是更新變化而不是強制威迫。創造性的權力恢復關係，把整全的恩典賜給所有的人。創造性的權力是聖靈的權力，是從神而來的權力。

創造性的權力像甚麼？想想約瑟被賣為奴，又被下獄，沒有希望，但是後來擢升至當時最強國家裏面大有影響力的宰相地位。那是何等的生命歷程！在這地位上，約瑟能夠把屬靈的睿智與政治的力量聯結起來，防止了一次災難性的饑荒。後來，關係重大的一天來到。他的弟兄們，就是把他賣作奴僕的那班人到來買糧。約瑟面臨權力的重大考驗。本來可能是最佳的報復機會，然而約瑟竟使用他的權力與兄弟復和。聖經告訴我們，約瑟對他的弟兄情緒激動，滿有憐憫。他「情不自禁」，「放聲大哭」，最後竟「伏在他兄弟便雅憫的頸項上哭；便雅憫也在他的頸項上哭。他又與眾弟兄親嘴，抱著他們哭」（創四十五1～15）。這是一個美妙的故事，描述如何運用創造性的權力去恢復關係。

創造性的權力是恢復關係的權力。威伯福士(William Wilburforce)是一位基督徒政治家，他利用他的地位之權力，幫助廢除在大英帝國的販奴行為。他的長期努力所造成的善果是無可估量的。由於英國禁止了可怕的販奴行動，非洲各地的家庭成員得以共同生活。這就是保持關係！這類的故事能夠一再出現，因為忠實的信徒時常設法，把神所賜的權力，以創造性的方法應用到政治和商業的場所去。

使用權力去恢復關係也是我們個人每日生活上的一部分。一位母親糾正兒女之間不對之處，便是運用她的權力去恢復破碎了的關係。學校的校長修改學校制度上摧殘靈性的校規，也便是把生命吹進學生心中。牧師幫助委員會中彼此失和的委員，解決他們之間的爭執，也是運用他的權力，在信仰的羣體中作醫治的工作。公司的總裁改正負責計劃的經理所定的過量經費，也是使用他的權力，在商業世界中恢復廉正和整全。我們大家在日常生活中都遭遇到數以千計的機會，可以使用權力，為復和而服役。

創造性的權力像甚麼？想想摩西。很少人像他那樣，對埃及的權力深刻了解，而他自己也被迫逃亡。在曠野中他體驗到一種新的權力，就是耶和華的權力。當摩西回去面對埃及的權力時，他成為不同的另一個人。舊日的狂妄消失了；換來的是溫柔與自信的新聯合。他堅決要求，「讓我的百姓去」；這種命令式的要求獲得神大能行動的支持，甚至連大有權勢的法老也要屈膝。結果是人類歷史中所知道的、最具戲劇性的民族解放。

創造性的權力使人得自由。當金路德(Martin Luther King, Jr.)堅決反對美國的種族歧視時，數以百萬計的人獲得自由。當教師打開學生的心鎖，讓他們得到新的發現之喜樂時，他們是使用他們地位的權力去使人得自由。當一位長兄利用他較高的身分，去幫助年幼的弟兄姊妹建立自尊心時，他是使用他的權力使他們得自由。當那古老的破壞性習慣，就是沮喪或懼怕的心態，被神的能力更新變化時，結果便是釋放和自由。

創造性的權力像甚麼？想想耶利米；他在最令人灰心喪志的情況中仍舊保持對神之道的忠誠。我們稱他為哭泣的先知，有很充分的理由。當宗教領袖們剪裁他們的信息去迎合當時流行的政治風氣時，耶利米宣告「耶和華的話」(Dabar Yahweh)。我們最多也只能說，這是令人沮喪的話，是失敗之言，而非勝利之言。百姓棄絕耶利米警告的話，甚至迫害他。有一次他竟被丟進貯水池中，池中無水，只有淤泥。聖經告訴我們，「耶利米就陷於淤泥中」等死(耶三十八6)。在多方面，這句簡單的話是耶利米全部事奉的極好描述。他必須眼見他所愛的國家被敵人推翻和蹂躪，又眼見他自己的同胞像戰利品一樣，流放到他鄉異域。

然而，耶利米的教訓，就是百姓所棄絕的教訓，幫助了猶大，在被擄的綿長歲月中堅守對耶和華的信心。你看，百姓把他們對錫安崇拜的信仰，高抬至信仰中無與倫比的地位。當錫安被毀壞以後，他們的整個信仰體系都垮了。神難道不是應許過耶路撒冷永不陷落嗎？當巴比倫人劫掠蹂躪他們的土地時，神在哪裏呢？

可是，耶利米一再堅持，錫安的不可征服是本於順從摩西之約為根據的。由於他們背約，錫安會陷落。神准許耶路撒冷陷落，這並不表示神對他們失信；相反的，他們不遵守祂的約，這便是他們對神失信。最後，耶利米宣告希望和復興的話，並且指向一個新的盟約，這約不是寫在石版上，而是寫在他們的肉心上。「耶和華說，那些日子以後，我與以色列家所立的約乃是這樣：我要將我的律法放在他們裏面，寫在他們心上。我要作他們的神；他們要作我的子民」(耶三十一33)。當那班假先知自吹自擂的話被顯明是虛假的時候，耶利米對耶和華真理的堅持，幫助了猶大百姓，保持對神的信心。

耶利米提醒我們，屬靈的權力有時看似軟弱。信實比成功更緊要，而保持信實的能力實在是一大寶藏。也許耶利米對他的僕人巴錄所說的話，對今天的我們是極好的忠告：「你為自己圖謀大事麼？不要圖謀」(耶四十五5)。

潘霍華(Dietrich Bonhoeffer)曉得世人眼中看似軟弱無能的神的背後權能。他說：「當基督呼召一個人的時候，祂是呼召他來受死。」[註1]潘霍華曉得死是甚麼意思；他向自己死；他向一切的希望和夢想死；而他死於希特勒的祕密警察手中。然而，正如聖經提醒我們的，一粒麥子落在地裏死了，便結出許多子粒來(約十二24)。潘霍華的生和死所結的果子是不計其數的。我們大家都從他得益。正如黎賀茲(G. Leibholz)所說的：「潘霍華的生和死使我們對將來有極大的希望……他所贏得的勝利是為我們大家所贏得的勝

利，這種勝利是永不會破滅的，它是仁愛、光明和自由的勝利。」[註2]

創造性的權力像甚麼？想想在耶路撒冷大會時聚集在一起的早期教會（徒十五章）。他們共聚一堂去解答一個重大問題：外邦人是否不必與猶太宗教文化一致，而仍能有真正的在基督裏的信心？那是一個很容易把基督徒的團契分割為兩半的問題。然而，當他們聚集、訴說和聆聽時，神的能力在聖靈所引導的心靈與思想的合一中突破進來。像神蹟一樣，他們看出，外邦人能夠在他們本身的文化背景中忠實地在神面前生活，而猶太人也能夠照樣行。所以，教會的文化之軛折斷了，於是各地信徒能夠彼此接納，毋須要求別人接納他們自己的文化。他們體驗到在聖靈裏面合一的能力。

創造性的權力產生合一。一七五八年，武爾曼在貴格會的周年大會中起立發言，以動人的演辭呼籲人反對奴隸制度。全體與會人士一致同意（無人發言反對）廢除奴隸制度。這種內心與思想的合一是不容易得到的，不過它值得努力爭取。如果在我們家中，在我們教會裏面，並且在我們的商場中，我們會共同聆聽主的指示，那麼，我們會看到更多這種聖靈的合一。家庭是最好的開始之地。父母在這些事上帶頭，會有極大的果效。

創造性的權力像甚麼？想想耶穌以及祂教導和醫治的事工。我們在此找到完全的權力之完全表現。祂所到之處，黑暗的勢力都被擊敗，人們得醫治，關係得恢復。藉著耶穌所賜生命的彼此服役，人們對神活躍起來，彼此之間也活躍起來。

在十字架上，創造性的權力達到最高峯。在十字架上，撒但設法使用他一切的能力去毀滅基督，然而神把它轉變為創造性權力的最終行動。罪的刑罰付清了；神的公義獲得滿足。藉著基督的十字架，你我能獲赦免，並且知道恢復了與神的關係。基督為我們的罪死了，在那死亡中我們看到創造性的權力。

我們對此權力的最高行動之回應是感激。那是「神聖純愛，超乎萬愛」。我們永不能期望或想要重複這種權力的行動。我們只是為祂所作的感謝神。真正的赦免帶來榮耀頌。知道神真正赦免我們一切的罪，並且歡迎我們到祂面前來，這確實是「滿有榮光說不出來的大喜樂」，叫我們「忘形愛頌驚奇中」。榮耀頌本身就是力量。當我們為了神偉大的恩典感激生活時，別人也便受吸引去認識這種從主而來、得勝萬事的喜樂。

屬靈權力的記號

創造性的權力是屬靈的權力，它與人的權力全然相反。使徒保羅說到「肉體」，他的意思是指人所發起的行動，沒有屬神恩典的幫助。用肉體的權力，人能作許多的事，但他們不能作神之靈的事工。肉體的權力倚靠家世門第，身分地位，以及與一班掌權者的關係。然而，你看，保羅已經放棄了肉體。他說，他把這些東西看作「糞土」，因為他所注視的是一種更偉大的權力，「使我認識基督，曉得祂復活的大能，並且曉得和祂一同受苦，效法祂的死，或者我也得以從死裏復活」(腓三10～11)。

當我們看見人們迫切地爭奪「糞土」——屬人的權力——時，我們曉得，他們對「復活的大能」所知實在太少了。那麼，從神而來的權力有甚麼記號呢？

愛是屬靈權力的第一記號。愛要求人把權力用在令人得益的事上。請注意耶穌如何使用權力——醫治瞎眼的、有病的、殘廢的、口啞的、患痲瘋病的，以及許多其他病人。醫生路加注意到，「眾人都想要摸他；因為有能力從他身上發出來，醫好了他們」(路六19)。請注意，每一次都是關心別人的好處，是出於愛的動機。在基督裏，權力是用來毀滅邪惡，好讓愛能實行善舉。

如果我們的目的是用權力來提高名譽或者擴大自我，那麼，這不是給愛推動的權力。當神使用保羅和巴拿巴醫好路司得的瘸子時，那些驚愕的羣眾要把他們尊為希臘的神祇，然而他們卻撕爛衣服，大聲疾呼：「我們也是人，性情和你們一樣」(徒十四15)。我們中有許多人可能覺得這種神祇身分的觀念並不十分討厭。試想一想，我們可能有的駕馭別人的權力。何況，到頭來，我們會使用這權力去達到好些善良的目標呢！然而，用以提高名譽的權力會損害使用這權力的人，因為有這權力時，我們會渴望變為神。

這便把我們帶進屬靈權力的第二記號，即謙卑中。謙卑使權力有了控制。沒有甚麼比使用權力去為驕矜服務更危險的了。權力在謙卑的約束下還屬可教。亞波羅是一位大有能力的傳道人，然而他也甘心樂意向人學習(徒十八24～26)。彼得在他大有權力的事奉過程中，曾經犯過一些嚴重的錯誤，然而，有人指出他的錯誤時，他肯謙卑改過（例如，徒十1～35；加二11～21）。

請相信我，這不是一件小事。許多人與神同行遭受到破壞，就是因為他們使用權力時不讓謙卑加以控制。有權而無謙卑實在不是一件有福的事。

奈勒（James Nayler）是早期的貴格會最偉大的傳道人之一。然而他在權力的運用上給沖昏了頭腦。一六五六年，附從他的人中比較激烈的一羣說服了他，在卜力斯多（Bristol）重演耶穌在棕枝主日進耶路撒冷的行動。這次行動毀了他。因著他的狂妄自大，他受審，被判褻瀆罪名。雖然奈勒後來悔改，承認他狂妄自大的罪，因此還算有了一個好結局。不過，從此他便喪失了對基督的有效事奉。當權力不是與屬靈的謙卑並行時，它便成了破壞的力量。

其實我們對神權力之真正了解，是深深知道我們所作所為，都不過是從主領受了恩賜去作的。我們惟一正當的回應是感恩，而不是驕傲。權力不是我們自己的，雖然我們獲得自由去使用它。然而，當我們真正與神同行時，我們惟一的渴望是，使用權力去為基督和祂的國度服役。

這便把我們帶至屬靈權力的第三記號，就是自我限制。創造性的權力為了尊重個人的緣故，要約束自己不作某些事——即使是好事。你曾否注意到耶穌拒絕使用權力的次數呢？祂拒絕從殿頂跳下去，令人目定口呆（太四5）。祂拒絕製造更多「神奇麵包」的試探，去證實祂的使命（約六26）。祂拒絕在本城本鄉行許多異能奇事，因為百姓的不信（路四16～27）。祂拒絕法利賽人的要求，要祂行一個神蹟，證明祂是彌賽亞（太十二38）。當祂被捕時，耶穌提醒彼得，祂可以召集大羣天使來拯救祂，但祂不這樣作（太二十六53）。

從聖靈而來的權力不是可以輕易使用的。保羅說：「給人行按手的禮，不可急促」（提前五22）。如果人們還未準備好，我們便把他們帶進神的權力中，我們是害了他們。那些活在神裏面以及在神裏面行事的人曉得，有時要禁止自己，不使用權力，正如有時要使用權力一樣。

喜樂是屬靈權力的第四個記號。這不是冷峻的面孔，倔強的努力！遠非如此！看見基督的國度突破防線，進入黑暗和沮喪中間，實在是一件美妙的事。畢思高（M. Scott Peck）寫著說：「屬靈權力的經驗，基本上是一個喜樂的經驗。」[註3]

當那瘸腿之人得醫治以後，他便「走著，跳著，讚美神」（徒三8）。那是我們對神的作為之自然反應極佳的描述。有一次我與一位服務多年的女宣教士一同禱告，針對因她兒子悲劇性的死亡所引起的內裏傷慟。當我們禱告時，我們感受到一種十分特別的神的同在，然後有極清楚的消除懼怕和內疚的能力臨到我們。神的同在是那麼真實，釋放的能力是那麼確定，以致我們倆人都滿有欣悅和敬畏的感覺。那次禱告到現在已有一段時間了，但時間證明我們那次的經驗是真實的。幾個月以後她寫著說：「我很平靜。那豐富、美妙、聖潔的喜樂活在我裏面，簡直沸騰起來。終於我曉得，耶穌所說，在我們裏面會有活水江河湧流出來，究竟是甚麼意思，這是我向來所尋求的東西。」

我希望你了解，我所指的是比表面的氣泡那樣的「喜樂」更深刻的東西。那豐富的、內在的、從屬靈能力而來的喜樂認識悲傷，也熟悉哀愁。喜樂與悲痛常有共棲的關係。

細嫩脆弱是屬靈權力的第五個記號。從上頭而來的權力並非充滿了虛張的勇氣和誇大的言詞。它缺少屬人權威的表記。的確，它的標記是馬槽和十字架。它是不被認為權力的權力。它是自己選擇的溫柔地位，在人的心目中是毫無權威的。用盧雲（Henri Nouwen）的術語是，它是「負傷的治療者」的權力。

從上頭而來的權力是從軟弱去引導的。它與強者的社會以及有能者的社會相反。有一次，使徒保羅與他自己的軟弱掙扎，神的話臨到他說：「我的能力在人的軟弱上顯得完全」（林後十二9～10）。

我們通常稱為浪子的比喻，如果稱為「無能為力的大能父親的比喻」[註4]可能更合適。在父親身上我們看見那不支配人的權力，那忍耐等待的權力。當然，這是有關神的比喻：但也是在耶穌的生命中活出來的比喻。請看祂與一班頑梗而悖逆性強的門徒耐心地工作。看祂受審時一言不發。看祂掛在一個木頭上時全然無助。我認為，這些都是屬靈權力的行動之最高表現。

索忍尼辛（Alexander Solzhenitsyn）在獄中發現，無論甚麼時候，他企圖藉獲得食物或衣服去保持他對自己生命某種程度的權力時，他便受獄卒的操縱和擺佈。然而當他接納、甚至歡迎他自己的軟弱無助、易受傷害的處境時，獄

卒對他便無能為力。在某種意義上，他變為有權，而獄卒則變為無能。[註5]

我們這班了解不能保衞自己其實也是一種力量的人，很可能有一種真正的優勢。當我們的世界愈來愈複雜時，我們也便更加覺得無助。我們不認識的人所作的決定深刻地影響我們；我們無能為力，我們也曉得這一點。然而我們毋須因此覺得忿怒或放棄，因為我們曉得莫特曼(Jürgen Moltmann)所稱為的「無權者之權力」。[註6]

屬靈權力之第六個記號是順服。耶穌知道順服神的旨意是甚麼意思：「子憑著自己不能作甚麼，惟有看見父所作的，子才能作；父所作的事，子也照樣作」(約五19)。當我們學會了在個人的層面上體驗同樣的與父神親密的合作時，我們便會更深了解真正權力的意義。

有一種權力是從屬靈恩賜而來；又有一種權力是從屬靈的地位而來。這兩種權力同時並進。順服把屬靈的地位賜給我們。我們被安排在基督的領導下，也在別人的權威下。我們在基督徒團契中找到一些人，他們能夠在神的事上使我們更進一步。我們順服聖經，以便更加完全地學會神對待人類的方法。我們順服聖靈，以便學會服從的意義。我們過信心的生活，好叫我們能夠了解人的權力與神的權力之間的分別。

保羅說：「當存敬畏基督的心，彼此順服」(弗五21)。保羅自己順服耶路撒冷的教會議會(徒十五章)。當彼得和巴拿巴沒有向外邦人行右手相交之禮時，他們接受保羅的指正(加二11～21)。當亞波羅清楚曉得亞居拉和百基拉在基督的事上比他知道得更多時，他便順從他們(徒十八24～26)。

順服是權力，因為它把我們安放在一個位置上，叫我們在那兒能從別人身上有所領受。如果我們的世界局限於我們本身，那麼，我們實在十分貧乏。然而，當我們存心謙卑，順從別人時，極大的新資源便向我們開啟。當我們順服別人時，我們便可得到他們的智慧，他們的指教，他們的責備，他們的鼓勵。

自由是屬靈權力的最後標記。當耶穌和使徒們施行權力時，人們便獲得自由。瘸子行走；瞎子能看見；內疚之人得赦免；最奇妙的是，被鬼附的人得釋放。這個黑暗邪惡的世代之權力被擊敗了，被擄的得自由。

然而，論到自由的事還有更深的意思。請注意耶穌如何與人同工。以賽亞預言說：「壓傷的蘆葦祂不折斷；將殘的燈火祂不吹滅」(太十二20)。這是真實的。耶穌從來都不會不顧弱者的感受而一意孤行。即使是最微小的希望火花，祂也從不加以熄滅。祂從未使用祂的權力去剝削別人或控制別人。如果用別的辦法去作，對祂會容易得多。那些喜歡聽祂講道的窮人，會願意為祂作任何的事，因為只要有人注意他們，他們便非常感激。然而耶穌拒絕利用那支配他們的權力。不，祂釋放他們，讓他們充分地、獨特地有他們各人自己的身分。

有一次我特別活潑生動地體驗到這釋放的權力。我剛從一次會議回來。我在那次會議中作了一些頗為重要的決定。我對一位朋友，又是我靈性上的良師述說這次的經驗。

說到某一點時，我大聲說：「阿，順便說，我作了一個決定，我知道那是你很久以來就想我這樣決定的……」。我的朋友打岔說：「且慢！讓我們澄清一件事。我的任務，我惟一的任務是，按照我所看見的，把神的真理向你陳明，然後單純愛你，不管你作甚麼或不作甚麼。我的任務不是要糾正你，也不是要迫你作正確的事」。這次拜訪以後，我思想這簡單的聲明之涵義。他的關懷和愛心時常都是十分明顯的，可是在他那段話中我發現了自由的新範圍——這種自由可以容納親密的友誼而毋須卑屈地討任何一方的喜悅。他在我生命中的權力是真的，然而那是釋放的權力，而不是束縛的權力。人的權力是**支配**別人的權力，屬神的權力毋須這樣的控制——「沒有屬人的權力，祇是藉著道」（*Sine vi humana sed verbo*）。[註7]

商場中的權力

這種賜生命的屬靈權力必須在我們日常生活中活生生地表達出來，對我們才有價值。只以敬虔的語氣去講論仁愛、喜樂和謙卑是沒有意義的；它們必須植根於家庭、辦公室和學校裏面才對。屬靈權力在商場生活中像甚麼呢？

在個人方面，權力是用以促進自我控制，而不是自我放縱。自我控制與自尊和自我犧牲都很熟絡。舒勒（Robert Schuller）稱自尊為「人類對屬神尊嚴的渴求，這種渴求是神立意賜給我們這班按祂形象受造的兒女們的，是我們情感上與生俱來的權利。」[註8]自我犧牲是人類渴求自尊的心願得以滿足的渠道，而自我控制則包含兩者。

紀律是自我控制的表達方法。一個有紀律的人就是一位當事情必須完成時便能夠完成的人。一個有紀律的人也是一位在生活上能活得適當的人。這樣的一個人，在應該笑的時候便能笑，應該哭的時候便能哭，應該作工的時候便作工，應該遊戲的時候便遊戲，應該禱告的時候便禱告，應該說話的時候便說話，應該緘默的時候便緘默。戴柯茜(Jean-Pierre de Caussade)把自我控制的生命描述得極其美妙：「那心靈，輕如羽毛，動如流水，純潔如小孩，對恩典之每一動作，像飄浮的氣球一樣，活潑輕盈地回應。」[註9]

靠賴神的能力，我們能夠體驗到對自我放縱的控制。聖法蘭西斯稱人的身體為「驢兄弟」，因為我們應該騎驢，而不應該讓驢子騎我們。自我控制使我們有權柄去支配「驢兄弟」。從自我控制便獲得自由，因為我們正變成我們受造時應有的情形。

在家中，權力是用以培植信心，而不是屈從。父母要使用他們對兒女的權威去建立他們，過於拆毀他們；去勉勵他們，過於令他們失了志氣，這是十分重要的。有一位極有智慧的父親一次對我說：「每一個『不、不』，必須配以十個『好小子』的讚詞」。批評和改正當然是必要的，但永不可讓它成為破壞性的力量。像迪生(James Dobson)所說的：「我們要塑造孩子的意志……**但作這事時不可挫傷他的心靈**。」[註10]在家中使用權力時，如果用關懷的精神環繞著它，那麼，便能成為一種祝福。

在婚姻上，權力是用以增強溝通，而不是隔離。丈夫和妻子有權彼此支配，他們曉得這一點。我們大家在我們裏面都有某些東西會引起完全不講理性之反應的。當我們的配偶行近其中一項東西時，他或她便好像失足踏到高電壓的開關器一樣。知識是權力，在婚姻的親密關係中，我們對於各人的「高電壓開關器」都知道得極其詳細。一個特別的題目或名詞，某種動作的形式，某種特別的聲調，甚至有些極其簡單的事，例如揚眉或聳肩，都能觸動這些開關器，而引發第三次世界大戰。

這些開關器是真正的炸藥。許多時候，它們與婚姻裏面舊的傷心事或創傷有關。而它們有這能力去阻塞一切真誠的愛和溝通。然而在神的權能裏面，我們學習用仁慈的態度和手腕去避免這些能夠彼此毀滅的東西。我們也能祈求神重新安裝我們內在的電路，叫我們那些舊的傷心事以及舊的創傷不再敏感，不再控制我們。

我們彼此親密的認識也可能意味著，我們曉得甚麼能夠增強我們的關係，促進我們的溝通。我們可以利用這知識，把愛和同情的渠道開得更闊。

在教會中，權力是用以激發信心，而不是一致。監督、牧師、長老、執事，以及其他人士，都有權力支配人。他們應該使用這權力去促進生命，而不是招來死亡。對我們靈性增長有重大關係的事，我們會盡力激發信徒有所行動。然而我們必須坦白承認，在我們教會中有許多事情都與公義、和平，以及聖靈裏的喜樂極少關聯。如果並非實行愛神和愛鄰舍的誡命所**必需**的東西，我們不必勉強他人接納我們的文化。在這樣的事上，我們應該給人在福音上的自由，讓他們保持他們原有的文化，而不必在文化上完全一致。

我對「我的牧師」有很深的記憶。當時我還年輕，信仰也很幼稚。加上我秉性怕羞，然而為了獲得心理上的補償，我常常炫耀自己，而且行動激烈。不過，我的牧師在那些成長的年日中耐心忍受我。他從來沒有試行迫我在服飾和言詞的小事上依循宗教文化。他給我充分的機會在神學問題上掙扎。與此同時，他對信仰的基本教理向我清楚擺明。我受感歸向信仰而毋須凡事一致，對此遺產我時常都心存感激。

在學校中，權力是用以培養成長，而不是令人自卑。我們不要自己騙自己；教師和學生是在一種權力關係中。然而如果他們了解其目的，那麼，這種關係可能成為一種提升的力量，而不是破壞的力量。當教師使用他們的權威，激勵兒童去學習、思想、作冒險的發現時，他們是從事一種賜生命的服役。然而，一位教師極容易督促過嚴，批評太重；當這事發生時，兒童覺得一錢不值。教師需要督促而不貶抑，激勵學生盡可能作得最好，而對那些沒有達到這目標的兒童不加輕視。

我清楚記得一位教師，他督促我要盡可能作得最好，但對我的缺點不予鄙視。他是一位哲學教授。我雖然不記得他教過我的關於柏拉圖和祈克果的全部講義，可是我永不能忘記他對詞語的喜愛。他處理詞語的方法，對我來說是新的：詞語是一種應該珍惜的寶藏，而不是可以隨便操縱的宣傳。他對詞語的神祕性和力量有一種特別的尊敬。事實上，詞語似乎把他引進另一世界中，我對那世界完全陌生。我以前對詞語的運用十分笨拙，所以他對語言的技巧，一方面令我震驚，另一方面又令我著迷。他從不輕視我運用詞語的笨拙，反而時常策勵我再次嘗試。我果然一再嘗試，直到我在語言的世界中覺得安詳舒適——在那世界中熱情與睿智成為好朋友；在那世界中真理和美麗互相擁吻。他是一位看透了我的自卑感，但仍鼓勵我追求長進的老師。

在職業中，權力是用以幫助人更能勝任愉快，而不是加深人那種力不從心的感受。商業世界是一個迫切需要基督教的創造性力量去作見證的地方。小職員時常覺得無助以及受人擺佈，然而事情不必如此。我們大家都想要的一件事是把工夫作得最好。我們想要曉得我們有了真正的貢獻；我們也想要在我們服務的範圍內得稱其職。雇主有權力幫助雇員的這種深切心願得以實現，就是提供進修的機會，小心地把更多的責任委託給下屬，又幫助雇員發揮其全部的潛力。事實上，管理的一個定義是：**「當人們力求完成其職務時，提供他們所需要的東西。」**[註11]

雇員也有權力，就是鼓勵的權力。我們也許很難相信，然而身居高位的人確實常是孤獨的。主管人員發覺，真誠的友誼不易得到，因為人們對他的權力有所顧忌。那些不怕他所擁有的權力的人，則時常希望利用他的權力。

順從基督之道的雇員會向他們的雇主伸展他們的友誼。他們穎悟到在他們上頭的人內心的傷慟和寂寞。他們無條件地付出他們的友誼。他們為他們的上司祈禱，並且盡可能在各方面鼓勵他們。這也是一種權力的事奉。

釋放的權力

我們大家都向別人實施權力。我們大家也受別人向我們所施權力的影響。我們能夠選擇那用以支配和擺佈人的破壞性的權力；我們也能選擇那用以引導和釋放人的創造性的權力。惟獨藉著神的恩典，我們才能把像權力那麼危險的東西，變為有創造性和賜生命的東西。

第十一章
權力的事奉

靠著神的權能勇往直前！

——喬治・弗克斯（George Fox）[註1]

權力觸及我們大家。即使我們不想要，我們也不能避開它。一切人類關係都牽涉到權力的使用。因此，與其逃避它或者否認我們使用它，倒不如去發現基督與教會對權力意義的看法，並且學習如何去為了別人的好處而使用它。所有跟從基督的人都蒙召去承擔「權力的事奉」。

在耶穌的事工上權力的運用

有一件事是清楚不過的，就是耶穌一直運用權力去推翻黑暗的國度，並用以證實祂的信息，即神的國度已經來臨。福音書連篇累牘的描述耶穌趕鬼、醫病、控制自然的行動。這些彰顯國度權柄的行為，羣眾也體會到：「眾人看見都希奇，就歸榮耀與神，因為祂將這樣的權柄賜給人」（太九8）。

耶穌的事工有權柄的記號。屬靈的能力與屬靈的權柄是不能分開的。馬可在他的福音書中述說耶穌醫治被鬼附著的人，他加上一句：「眾人都驚訝，以致彼此對問說，『這是甚麼事？是個新道理阿！祂用權柄吩咐污鬼，連污鬼也聽從了祂』」（可一27）。耶穌不是給予一個新教訓；祂是顯示一種新的權力。祂不僅宣告神國來臨，祂用權力顯明神國已經來臨。

假如耶穌是惟一實施權力的事奉之人，我們或許能夠把它擱置，認為這是彌賽亞的特權，不過祂將這同樣的事工委託給他人。「耶穌叫齊了十二個門徒，給他們能力權柄，制服一切的鬼，醫治各樣的病；又差遣他們去宣傳神國的道，醫治病人」(路九1～2)。門徒所作的就是這事：「門徒就出去，走遍各鄉，宣傳福音，到處治病」(路九6)。

我們自己可能在想：「然而，究竟說來，他們乃是十二使徒；也許這種權力的事奉是使徒召命的一部分——我們當然不是奉召作使徒」。然而，耶穌將同樣的事奉也委託給七十個門徒，對他們說：「要醫治……病人，對他們說：『神的國臨到你們了』」(路十9)。而那七十個人恰好照所吩咐他們的去作。他們歡歡喜喜的回來說：「主阿，因你的名，就是鬼也服了我們！」(路十17)。這些都是常人，然而他們得主託付非常的權柄。

最後，在樓房上，耶穌說了一些令人震驚的話：「我實實在在的告訴你們，我所作的事，信我的人也要作；並且要作比這更大的事，因為我往父那裏去」(約十四12)。我們無法迴避這一點：權力的事奉是神子民共有的產業。

「無名無分者」的權力

這一點沒有甚麼地方比使徒行傳更明顯的了。甚至在基督復活以後，門徒對權力這事仍然極少了解，這在他們開頭對耶穌所發的問題可以看出：「主阿，你復興以色列國就在這時候嗎？」(徒一6)。他們要一個國度，好叫他們能夠實施一點權力。「這是否我們獲得國度、權柄和地位的時候，好叫我們真能向那些羅馬人顯明權力像甚麼？」然而耶穌向他們清楚表明，國度之事不是他們的責任；祂會給他們權力，屬靈的權力：「但聖靈降臨在你們身上，你們就必得著能力；並要在耶路撒冷、猶太全地、撒瑪利亞、直到地極，作我的見證」(徒一8)。祂賜權力給他們，但沒有國度；有權力，但沒有地位。

我們時常如門徒一樣以為地位能保證權力。給某人一個博士學位或者教授職位，他或她便保證能夠教書！然而我們大家都認識有些獲得博士學位和教授職位的人，他們簡直不懂教書。地位並不保證必有權力。世上滿有這樣的人，他們會儘量設法爭取地位，好叫他們有權去支配別人。那是屬於這世界的制度之權力。這種權力是基於人的授權，它的權力是駕馭他人的權力。

然而在信心的眼中，屬人制度上的地位，其本身實在是毫無權力的；他們對神的道以及屬靈權力的生命毫無所知。在使徒行傳中，我們一再看到，無能為力的官方人士與無官方職守者的權力之間的衝突。

每一個人對彼得、約翰和其他人士的權威都覺震驚，因為他們並無屬人的權威證件。他們沒有學位，沒有卓越的名銜，沒有屬人的授權。由於他們的能力(權力)來自神，與屬人的授權無關。因此他們的權威大膽地反抗那些掌權者的既得利益。由於門徒毋須由人授權，因此他們也便不能受控制。

在此我們看見無學問的常人，站在「大有權威之人」面前宣告說：「聽從你們，不聽從神，這在神面前合理不合理，你們自己酌量罷；我們所看見、所聽見的，不能不說」(徒四19～20)。我們在此看見「官方人士」沒有能力制止門徒醫治病人以及宣揚福音。門徒那無官方職守者的權力，一再與宗教和政府方面無能為力的官方人士衝突，而門徒方面一再得勝。他們所以得勝是因為他們是運用一種從上頭而來的權力。

屬人制度的權力與屬靈權力之間一個最幽默的對比，在保羅的事奉上出現。他曾趕出許多的鬼，一般的說，是實施一種權力的事奉。有些猶太的職業驅魔人看見保羅所作的，決意採用他的技術。於是在下一次的機會中，他們試行趕逐一個惡鬼說：「我奉保羅所傳的耶穌，勅令你們出來」(徒十九13)。然而，惡鬼不但不遵命，反而回答說：「耶穌我認識，保羅我也知道；你們卻是誰呢？」按照聖經，那位被鬼附的人「就跳在他們身上，勝了其中二人，制服他們，他們赤著身子受了傷，從那房子裏逃出去了」(徒十九15～16)。這是無官方職守之人的權力與無能為力的官方人士之間多麼鮮明的對比！

隱藏的預備

如果我們想從事權力的事奉，我們必須了解神促使祂的僕人所要經歷的隱藏的預備。當摩西殺了一個埃及人時，他以為，藉著使用屬人的權力，他能把世界的錯誤改正過來。他原以為是創造性的權力，但最後竟成為破壞性的權力。在摩西準備好去作權力的事奉之前，有一種隱藏的預備是不可缺少的。他必須進入曠野四十年去學習人的操縱和屬神的權力之間的分別。當摩西在燃燒的荊棘叢附近站在神面前時，他是一個不同的人。以前那種耀武揚威、不可一世的傲慢態度不見了。如今我們找到人類中最謙和的一位，他的信心是因惟獨信靠神的權力而來。

使徒保羅在他的事奉中也經歷過一種隱藏的預備。他在前往大馬色的路上有了戲劇性的悔改，後來藉著一個筐子從城牆上縋下去，逃脫了想要殺害他之人的手。他三年之久在亞拉伯的曠野裏面失了蹤，後來上耶路撒冷作短期探訪，然後便再逃往他的故鄉大數城去，有好幾年（加一15～18；徒九30，十一25～26）。從保羅悔改到他來到安提阿，開始他傳福音的事工，其間將近十三年。當我們在使徒行傳裏面看到保羅偉大的事工，我們必須謹記，在此之前，他曾經歷隱藏的預備。

今天，我們忘記了神這種隱藏工作的重要性。結果，我們隨便把人推上高位，將令人難以相信的權力交付他們，然後我們希奇他們為何竟然腐化。除非我們已經準備好，否則權力會把我們毀掉。在今天的教會中這不是小事了。由於我們對隱藏的預備之重要性大大無知，以致我們把無數的工作人員，在他們未曾準備好之前便推到引人注目的地位上。

我們大家都必須經歷這種隱藏的預備。用來被神教導的時間是最有價值的時間，這時間永不會浪費。在隱藏中我們學習用屬靈的眼光去看生命——看看甚麼是重要的，甚麼是很少影響的。神常把我們的優先次序調轉過來。我們一度認為重大和美妙的事，縮小為瑣屑和微不足道的事。獲得認可、成功、財富，以及自主，不再吸引我們。我們學會了放棄一切人為的權力的追求。我們一度認為不重要以及不足取的東西，成為真正重要的東西。我們開始珍惜仁慈和愛憐的簡單行動。微小及平凡的任務變成對我們有真實意義的任務。

小事上的事奉

在隱藏的經驗中我們學到，在小事上事奉是權力的事奉之先決條件。約帕的大比大是一位「廣行善事，多施賙濟」的婦女，她一生都為寡婦縫製裏衣和外衣（徒九36～42）。她是實行在小事上事奉的一位。巴拿巴與在掙扎中的信徒羣體分享他的財富，當別人對保羅心存疑慮時卻待他如朋友，並且忍耐地栽培馬可，就是保羅認為馬可不可靠時，他仍不放棄（徒四36～37，九27，十五36～41）。巴拿巴也是實行在小事上事奉的一位。

當人們問施洗約翰，他們要怎樣行去表明真實悔改時，他指示他們：「有兩件衣裳的就分給那沒有的；有食物的也當這樣行。」對稅吏則說：「除了例定的數目，不要多取。」對兵丁，他勸告：「不要以強暴待人，也不要訛詐人；自己有錢糧，就當知足」（路三10～14）。他教訓的要點十分瑣碎——所教訓的都是小事、簡單而平凡的事。施洗約翰呼召人在小事上事奉。

小事上的事奉也包含在我們所作最重要的事奉中。在某幾方面它比權力的事奉還更重要。權力的工夫間歇發生，然而小事的工夫，在我們每天生活的過程中一再發生。由於我們每天的任務不斷地給我們提供機會去實行小事上的事奉，因此藉著這種事工，使我們對神有最親密的認識。無疑的，這就是撒迦利亞先知勉勵我們不要藐視日常小事的理由之一(亞四10)。

在神國中，小事是真正的大事。在此我們真正面對順服和門徒身分的問題。在照像機的燈光以及記者招待會中不難作個標準門徒。然而在生活的小節上，在那些永遠不會有新聞價值，也不會使我們受人讚賞的服務場合，我們必須錘煉出順服的意義。在家庭、朋友、鄰居和同工的隱晦場合中我們要遇到神。

然而，這樣的對神的發現，這樣的與神親密的關聯，乃是權力的運用不能缺少的。小事上的事奉必須先於權力的事奉，也必須比權力的事奉更加重視。如果沒有這種觀點，我們便會看權力是「大件事」。我們不要看錯了，「大件事」的宗教與基督之道相敵。這種精神會導致最殘酷的過分行為。這是今天權力事奉的自由實施中最大的障礙。

當我們把權力看作「大件事」時，我們便想人注意我們所作的事。我們掛起我們的徽號，大力宣傳，以瘋狂的手法去顯示我們的重要性。我們不能忍受的一件事是，神這種偉大事工(也是我們的偉大事工)，作了以後無人注意到。

聖經告訴我們，神使用彼得使大比大從死裏復活以後，「彼得在約帕一個硝皮匠家裏住了多日」(徒九43)。請問，如果神剛剛使用我們叫某人從死裏復活，我們會作甚麼？我曉得，我們多數的人會這樣作：首先，我們會安排一次旅行演講，然後我們會寫一本書記述此事！然而彼得甘心不作任何事情，因為他沒有需要給任何人留下深刻的印象。權力不是「大件事」。

小事上的服役能拯救我們脫離對「大件事」的曲解。在它的管制下，權力採取它適當的地位，認清這不過是交付我們去作的事工之另一正常表現。權力變得相當自然——這是人們會期望在神子民中看到的——它的體驗和報告都帶著質樸和謙卑。如果小事成為一種愉快及經常的事奉，我們會發現神與我們相近，那時權力的運用將是祝福而不是咒詛。戴柯茜(Jean-Pierre de Caussade)寫著說：「在最小和最平凡的事上，又在最偉大的事上發現神，這便表明，他擁有一種罕有的、崇高的信心。」[註2]

屬靈權力的孤獨

舉凡實施屬靈權力的人必須準備承受孤獨。請注意我不是說寂寞，因為這樣的人會有許多人向他們大聲喊叫，以便引起他們注意。孤獨的意思是必須獨自決定，獨自行動，因為無人能夠分擔其重擔，甚至不能了解所牽涉的問題。滿有智慧的諮詢人、朋友，以及信徒羣體——這一切都有幫助，然而只能達到某種地步。多數的人都有良好的動機，可是他們就是不了解屬靈的權力。如果要求他們在他們既不了解也不欣賞的事情上幫助我們作決定，這不但不夠厚道，也並非明智之舉。我們孤獨前行——啊，不是完全孤獨，因為我們有主與我們同行，不過，就人的智慧而論，我們是孤獨的。

在福音書中最令人感動的主題之一是耶穌的孤獨。羣眾不能了解；甚至祂門徒的頭和心也極遲鈍。耶穌試行帶領三個門徒——彼得、雅各、約翰——進入權力的至聖所，然而他們很少能夠領會。在變像山上，他們完全不了解這次經驗的精義，只想到如何去豎立適當的紀念碑。最令人痛心的是在客西馬尼園，耶穌挑選出這三個人與祂一同儆醒禱告的情形。在那個聖潔的晚上，他們丟棄了他們的主，睡覺打盹，耶穌不得已，只好孤獨地與掌權者角力奮鬥。

我們也必須孤軍奮鬥。我們甚至不能靠賴我們的丈夫或妻子去了解我們心靈深處所發生的事。三百多年前奈勒 (James Nayler) 描述屬神的親密以及權力的孤獨時說：「我發覺它孤零零地被遺棄。我在那一點上與住在洞穴中以及世上荒涼之地的人有交通，這班人經過死亡獲得復活以及永久聖潔的生命。」[註3]孤獨是屬靈權力的代價。

權力的實踐

讚揚一種真正賜人生命的權力的事奉，以及看見聖經裏面令人驚詫不已的權力模式是一回事；在我們的生命中經歷到屬靈權力又是另一回事。真正重要的問題是，如何把這高超的言論帶進日常行動中。有些甚麼界域是需要事奉在其中實施的呢？

在描述第一個界域時，我想直截了當地說明。我們是與魔鬼、別西卜、阿波倫、空中掌權者作戰。像耶穌一樣，我們進入曠野，與邪靈的鬼魔相遇；如果我們不進入物質的曠野，我們也會進入心靈的曠野。我們不要以為，由於我們在耶穌基督裏已經有一種活的信仰的經驗，或者由於我們已作基督徒多年，或者由於我們是活躍的教會領袖，我們便已經打過這仗了。

我們需要神的保護才敢進入這信仰的黑夜。我們祈求基督強有力的光環繞我們，基督的血遮蓋我們，基督的十字架封緘我們。當我們進入心靈的曠野時，我們滿有信心的進去，知道神與我們同在，祂會保護我們。

然而，我們往曠野去，不是與神相會，乃是與魔鬼相遇。在曠野中，我們一切支持的體系以及分心的事物都給剝除淨盡，以致我們赤著身子，易受傷害，裏裏外外面對鬼魔。在曠野中，我們孤零零地正視貪婪和聲望的富有誘惑力的面孔。撒但用狂野的身分和影響力的幻想引誘我們。我們感受到這些幻想內在的拉扯，因為在我們心靈深處，我們實在想作最重要、最受尊敬、最有榮譽的人。我們幻想自己站在照相機面前，坐在法官的高位上，居於權位的最高峯。我們默默地想，「追根究底，這些東西豈不只是渴想達到最美好的地步嗎？」

然而，時候到了，我們會看透這騙局。我們用從上頭賜下來的力量大聲向那應許我們，只要我們拜一拜他，他便會把全世界賜給我們的説：「不！」我們把那古舊的權力手法——推、趕、爬、抓、踏——釘在十字架上。我們轉向權力的新生命——仁愛、喜樂、和平、忍耐，以及聖靈的一切果子。

另一個需要權力的事奉在其中實施的界域是我們的身體。我們有許多人把自己的屬靈氣質靈妙化了，以致當我們發覺，我們的身體在信仰的生活中也扮演一個必要的角色時，我們都深覺驚奇。用具有權威的語言，我們控制我們的身體。我們約束身體，叫它與靈性進入一種活動的和諧。我們把身體帶進神所賜的生命旋律中——進食、睡覺、作工、消遣。

無節制的激情好像寵壞了的孩子，必須加以約束，而不是加以放縱。性的慾望若逾越了神所啟示的旨意，則要用靈的權力加以控制。懶惰的癖性要加以約束，溫柔地但堅決地加以約束。工作狂的熱心也同樣要加以抑制。藉著禱告和信心，我們使食物成為我們的僕人而非我們的主人。藉著神的權力，我們堅決地拒絕晚上遲睡，託詞說我們的身體是難以克服的。我們運動，目的是保持健康以及靈性的警覺。

醫治的職事也是我們要實施在我們身體上的部分權威。耶穌醫病，祂也委任我們去醫病（可十六15～18）*。醫病也列入屬靈的恩賜中，而且所有迹象都表明，它仍是今天一種有效的事奉（林前十二38）。然而，在我們這個時代，這種美好的職事已被嚴重濫用。

比方，有些人把藉藥物去醫治與藉祈禱去醫治嚴格區分，認為兩者之間絕對分開。這是不幸的事，也是不必要之舉！神使用祂的醫生朋友，讓他們採用神所賜的知識和

---

*我曉得這段經文之真確性有爭論，不過它與耶穌在別處的言論相符，也與使徒行傳所記教會的經歷相一致。

才能，帶來健康和整全。神也使用一班懂得如何禱告的朋友，把祂賜生命的能力帶進受傷的人類中。當醫生、護士，以及其他醫療人員，學會把祈禱與他們的醫學技術聯在一起時，就能夠達成更大而美好的果效。

在醫治的職事中另一悲劇性的濫用是，當病人沒有治好時便傾向於把責備推到不同的角色身上。我們歸咎神，歸咎我們自己，歸咎病人。比方，人們時常會對病人說，病沒有治好是因為他(或她)身上有罪。這是最壞的輔導，對病人有極深的破壞性影響。病人最渴望的就是得到康復。當門徒企圖在那位生來眼瞎的人身上玩弄這罪咎的把戲時，耶穌很快便制止他們(約九1～3)。在多數的情況下，是誰犯了罪的問題，簡直文不對題；問題的要點是，要對病人有愛心的關懷。但願神興起多人，叫他們在醫治的職事上常存憐憫之心，也有豐富的常識！

至此，我想直接對一班身體脆弱，或者在其他方面失去能力的人說話。要溫和地對待自己——慢慢地定罪，快快地鼓勵。別忘記，屬靈的能力常常是溫柔的，正如它也常是戲劇性的一樣。要為你身體可能有的任何能為獻上感謝，集中注意去加強那方面的能為，過於為你身體的無能而哀歎惋惜。

為整全和健康禱告；在那過程中若有甚麼好處來臨，則高興快樂。如果你祈求得醫治，而所求的沒有來到，不要跌進自憐或自怨自艾中。如果你能作到，則繼續禱告，並且謹記，醫治從許多不同的道路來臨。盡可能對待你的身體像朋友一樣，不像敵人一樣。在復活的時候(如果不是在此之前的話），你終於會獲得一個的確是像朋友一樣的身體。

我們需要在其中實施屬靈權力的第三界域是教會。近數十年來，真正的能力已被根深蒂固的官僚作風，以及一種製造文士過於先知的教會人員訓練制度窒息了。為了要獲得較多的自由，有許多與教會並行的機構興起。然而這些機構很少有負責任的功能，最後通常由單獨一個人操縱一切，結果，一般的說，在教會裏面我們所具有的是怯懦，在與教會並行的機構中我們所具有的則是惟我獨尊的個人主義。

我們所需要的是在教會裏面有一種新的領袖的復興。我們需要這樣的教會：就是會呼召信徒中最優秀的男女去承擔牧職的教會。我們需要這樣的學院：就是會訓練牧者與神同行的神學院。我們需要這樣的牧師：就是會渴慕神，會尋求神的能力過於尋求他自己的地位的牧師。

我們迫切需要認識神的牧師領袖。他們的領導權既是滿有同情心的，又是強有力的。他們必須藉一個強有力的講台事奉來領導我們；他們也必須藉滿有同情心的屬靈方向來領導我們。當他們的領袖地位灌輸了聖靈的喜樂的能力時，實在是一種祝福。

還有許多別的界域是迫切需要權力的事奉的。然而我會把我的討論只限於另一界域。國家、政治的界域需要屬靈權力賜生命的事奉。所有信徒，不過，特別是在民主國家中的信徒，都要呼召國家，實施它從神而來的任務，就是要公平治理所有的人。當國家完成了這任務時，我們要稱許它；當國家在這任務上失敗時，我們要勇敢而冷靜地面對它。

當我說到國家時，我不單指國家的政府，雖然我把他們包括在內。所謂國家，我是指屬人機構的一切體系，就是我們賦予權力去代表以及服務整個團體的那些人。學校的校董會，有權管理的代理機關，各州的立法局，公共衞生組織，市議會，法院，以及其他許多組織都是國家的一部分。

藉著默想式的禱告，我們辨識國家的「使者」。默想和內在的禱告與社會良心的任何真正覺醒是有著密切的相聯。當我們獲得明見時，就好像舊日的貴格會信徒所說的，我們「向掌權者講說真理」。

當國家真誠地、一視同仁地為所有的人提供正義時，我們高興讚揚它、支持它。然而，如果國家在這事上失敗了，我們要用任何與以弗所書六章所說的武器相配合的方法，強有力地與它對抗。祈禱和禁食，哀悼和悲惜，都是我們為真理，就是正義的真理奮鬥所用的武器。強有力的抗議，非暴力的對抗，以及不合作的抵制行為也是我們可以採用的武器。當我們拒絕向它那屬鬼魔的歪曲政策讓步時，我們是為國家服務。地下鐵路工潮是十九世紀發生的抵制行為；護庇運動是二十世紀的抵制行為。在這兩次的事件中，信徒都與彼得約翰一同宣告：「我們必須順從神過於順從人」(徒五29)。*

---

*此為依原文直譯。中文和合本譯為：「順從神不順從人是應當的」。

然而，不合作的抵制行為必須在屬靈權力的境界內去實施。不能有強迫和報復的行為，因為它是從愛而不是從恨產生的。它躲避屬人的暴力武器，反而訴諸「愛的暴力」（"violence of love"）——對壓迫和不義堅決不妥協[註4]。其目的是使邪惡顯露出來，並且刺激人的社會良心。

我沒有忘記，從事信仰之戰的另一個方法，是在國家中作公務員，從裏面發揮基督徒信仰的影響力。那是一條可敬的道路，有許多人揀選它。但願走這條道路的人數日益增加。

然而，公務員的道路滿佈危險，而且絕不簡單，例如從金錢和性的試探而來的道德上的妥協之危險。國家，就其定義而論，就已賦予高壓的權力(意思是，它能**要求**順服)，而高壓的權力基本上與屬靈的權力相左。這並不意味著一個信徒不能在國家任職；但它確實指出，國家極可能有時會對公務員作出要求，是與基督徒的「愛的見證」相違的。那時，信徒必須決定，他們究竟忠於國家抑或忠於神。

為真理勇敢作證

在所有人中，屬靈人認識權力的危險。而濫用權力的試探俯拾即是。然而我們不能退縮。基督呼召我們從事權力的事奉。祂會賜我們同情心和謙卑去達成我們的使命。喬治．弗克斯寫著說：「讓萬國藉聲音或寫作聽見這道。不要放過任何地方，不要吝嗇舌頭和筆桿；總要順服神，忠勤工作，在地上為真理勇敢作證到底。」[註5]呼召我們的是基督；祂也會賜力量給我們。

第十二章

服事的誓願

> 基督徒是最自由的主人，為眾人之主，不受任何人束縛；基督徒又是最盡忠的僕人，為眾人之僕，受每一個人管轄。
>
> ——馬丁路德（Martin Luther）

權力對信徒而言是一個真正的似乎自相矛盾的東西。我們愛它又恨它。我們藐視其邪惡，又欣賞其好處。我們想不要它，然而我們曉得，它是人生整體的一部分。

我們對權力的好惡這兩種矛盾的感情，在服務的誓願中得到解決。耶穌拿起一個盆子和一條毛巾，祂這樣作，便重新界定權力的意義和功用。「我是你們的主，你們的夫子，尚且洗你們的腳，你們也當彼此洗腳。我給你們作了榜樣，叫你們照著我向你們所作的去作」（約十三14～15）。在基督永存的國度中，低是高，降卑是上升，軟弱是強壯，服役是權力。你是否誠意想要從事權力的事奉？你是否想作一個使人得福的領袖？你是否真誠想被神使用去醫治人的創傷？若然，那麼，學習作眾人的僕人。「若有人願意作首先的，他必作眾人末後的，作眾人的用人」（可九35）。權力的事奉藉著遞毛巾的服務去發揮功效。

服事的意思是對現代社會的權力遊戲說：「不！」我們駁斥下面的說法：「貪婪是可以的。……追求第一是可以的。……欲達目的而不擇手段是可以的。……富裕時常都是好的。」註1我們拒絕使用權力去駕馭和支配人。我們丟棄用來恐嚇別人的權力和聲望的所有標記。

服事的意思是對真正的權勢，就是為了大家的好處而甘受約束的權勢說：「是！」我們確認那釋放人、使人自由的權力。當權力用以服務真理時，我們便高興。當權力在順服基督之目的和道路時，我們便歡欣。

服事的意思是辨識權勢，進攻權勢，打敗權勢。當我們解除邪惡的武裝，把俘虜釋放時，我們是服務人。藉著禱告和眼淚，禁食和哀慟，我們從事神羔羊和平的戰爭，去抵擋一切與神和祂的道相反的事物。

服事的意思是順服。藉著順服神之道，我們明白神的心。藉著進入神的心，我們得到能力去幫助人。我們的內在完整無缺，這便意味著能夠有效地服事人。

服事的意思是同情。同情使我們與所有的人有接觸。「同情要求我們與軟弱的人同軟弱，與傷害的人同受傷害，與無能為力的人同樣無能。」註2同情賜我們服事他人的心。

服事的意思是作個「僕人領袖」註3。我們的管理作風，不但要把事情作得妥當，也要滿足人的需要。我們能夠把別人最優美的長處帶出來，因為我們尊重他們個人的身分。我們的領袖地位是從僕人身分湧流出來的；我們第一和主要的推動力是服事，而我們要去服事的慾望推動我們去領導幫助人。

在個人範圍內的服事誓願

在個人範圍內的服事誓願以順服神的道路開始，也以此結束。除非先把我們順服的事弄清楚了，否則我們對別人不會有用。因為我們會繼續不斷地把我們自己的議程，我們自己的意見，我們自己屬人的處理方法帶進那關係中。順服的生命保證那服事是從神的激發、過於從人的智巧湧流出來。「順服使僕人身分達於最深的幅度。」[註4]

撒母耳對掃羅所說的話確實對我們有先知遠見的能力：看哪！「聽命勝於獻祭」(撒上十五22)。神最大的要求不是要我們作英雄的事業，或者獻偉大的祭物，而是要我們順服。

客西馬尼園給我們留下在全部聖經中最密切和極痛苦的順服模式。當耶穌吐露出人類所知的最深刻的順服之禱告時，汗如血點從額上掉下來：「父阿，你若願意，就把這杯撤去；然而不要成就我的意思，只要成就你的意思」(路二十二42)。耶穌不是試行避免喝這個杯——祂的被釘十字架——祂只是試行確定這杯是神的旨意。具有絕對權威的，不是這杯，而是神的旨意。如果這杯不在神的計劃中，喝這杯則是不順服。這就是當耶穌最後清楚這杯是順服的道路時，為甚麼說：「起來！我們走罷。」的原因(太二十六46)。在每一點以及每一道路上，耶穌都是順服的僕人；祂不作別的，只是回應神的引導。

我希望你了解，耶穌的順服是從祂與父神親密的交通來的。順服的觀念很常在我們心中想起這樣的情形：就是階級組織的世界之冷漠上司頒佈毫無意義的命令，即使我們對這命令沒有共鳴，而且覺得毫無理由，然而仍需順服。

可是，耶穌的順服，結果也成了我們的順服，乃是完全不同性質的東西。那是從密切的交通湧流出來的順服；會呼叫「阿爸！父！」的順服。有一種內在的認識，知道神的道路不僅正確、而且是好的。藉著經驗我們曉得正確的好處，我們也便贊同神的旨意。那不是一個必須服從的命令，而是屬神的正面回答，我們樂意順從。

英文的**順服**（obedience）一字是從拉丁文一個字根而來，意思是「聆聽」。這字所包涵的好消息是，我們能夠與那無限的宇宙創造主親密同住，以致我們能聽見祂的聲音，服從祂的話。我們與這位真正的牧人有密切的關聯，這便使我們能夠聆聽，能夠順服。

這與服事的誓願有何關聯？服事若與順服分開，那麼它會墮落成屬靈的明星。缺乏順服的服事會說：「請看我多麼了不起，作這一切自我犧牲的事！請看我獲得何等多的美妙成就。」的確，非出於順服神的服事充滿了殉道者的精神，這種精神時常成為操縱他人的巧妙工具。我們開始藉我們的服事去操縱他人。當這事發生時，服事變為一種屬鬼魔的力量，而且實際上，這是不順服的行為。

然而，從順服湧流出來的服事，性質完全不同。當「我們發覺，我們順服的聆聽引領我們到我們受苦的鄰舍那裏時，我們能夠存愉快的心前往，深知愛把我們帶到那地方。」[註5] 虛榮、操縱、威逼都消逝了。我們能夠不再斤斤計較我們服事的結果，因為只要神悅納我們的事奉便已完全滿足。我們能夠完全呈獻給人，因為我們曉得我們生活在順服之中。

在家庭中的服事誓願

如果服事的誓願要在任何地方生效的話，它必須在家庭中生效。在家庭單位中，遞毛巾的事奉必須是相互的以及互惠的。在基督徒家庭中，權威和順服的行動，必須充滿尊敬和同情。

我們作父母的如何服事我們的兒女呢？我們藉著為他們提供滿有目的之領導去服事他們。兒童需要明智的忠告和具體的指引。他們需要愛心的改正。領導他們就是服事他們。

我們作父母的如何服事我們的兒女呢？我們藉著富有愛心的管教去服事他們。如果我們沒有給兒女清楚說明何為可以接納的行為，沒有給他們建立合理而清晰的行為界線，那麼我們便給他們嚴重的損害。早睡很重要，因為睡眠很重要。好的營養很重要，因為身體很重要。幫助家務很重要，因為認自己有價值以及覺得自己對家庭福利有所貢獻，這種感受很重要。管教不是一件小事；它乃是我們服事兒女的一種方法。

我們作父母的如何服事我們的兒女呢？我們藉著給他們一種日益增加的自我管理去服事他們。[註6]我們需要訓練我們的兒女漸漸獨立。如果我們把他們放在嚴格的規律下直到十八歲，然後便把他們推出門外，我們並非服事他們。從開始我們便要教導兒女如何去分辨好壞。我們與他們同行，經歷人生的決定，逐步給他們機會從他們自己的錯誤中學習成長。當他們逐漸加強的自我管理到達某一階段時——最遲到二十一歲——我們便完全放下父母的權威。我們樂意隨時提供意見和忠告，不過，只當他們要求時才這樣作。提供日漸增加的獨立氣氛是對兒女的一種服事。

我們作父母的如何服事我們的兒女呢？我們藉著隨時可以提供服事、以及敢於表示自己並非毫無弱點去服事他們。有一句老生常談：「要緊的不是時間的數量，乃是時間的質素」，這句話是錯誤的。質素之優劣在極大的程度上繫於數量的多寡。我們需要給兒女們足夠的時間；當我們與他們在一起時，我們必須毫無隱瞞。向一個孩子說：「我錯了，對不起。」不是軟弱的象徵，而是強者的標記。

我們作父母的如何服事我們的兒女呢？我們藉著尊重他們而服事他們。試觀察任何一個大羣人的聚會，看看小孩子們如何有系統地一步步被忽視。我們不詢問他們的意見，也不欣賞他們的意見。的確，散會以後，多數成年人都不記得在房間中的任何孩子的名字。然而我們強調要認識兒童。我們要聽聽他們說甚麼，並且重視他們的貢獻。我們對他們所關心的事不可輕視。小孩子失去了一頭小狗，青年男女失戀，都確實是關係重大的要事，而我們也應該這樣去處理。

我們作父母的如何服事我們的兒女呢？我們藉著把屬靈生命介紹給他們去為他們服事。如果我們能夠坦誠給兒女們分享我們信仰的歷程，會大大幫助我們的兒女體會到屬靈生命的真實。把聖經的信仰教導兒女是我們的本分；這是我們理當給我們兒女的一種不能缺少的服事。我們不能倚賴教會來為我們作這種教導的工作。

服事的責任是雙方面的。我們的兒女又怎樣服事我們呢？他們藉著順服去服事我們。他們所以順服，不但因為聖經說要順服，而且因為這樣作是好的。小孩子不能時常了解我們要求他們這樣作的理由，但我們可以向他們保證，我們的要求時常都是為了他們最大的益處。即使順服令他們痛苦，他們也要順服；當然我們很快便可以看出，這樣的順服若產生任何破壞性的結果，我們自然不能再要求他們這樣作。

我們的兒女怎樣服事我們呢？他們藉尊敬來服事我們。父母的身分應予尊重，即使有時身為父母的人可能令人大大失望，也當如此。父母的行事為人若顯示他們不配受尊敬，則會給兒女加上一副可怕的重擔；許多時候，這便是把他們絆倒的原因（太十八6）。

我們的兒女怎樣服事我們呢？他們藉委婉地拒絕去作明顯是破壞性的事來服事我們。我們作父母的確實需要獲得一切可能的幫助；我們也能從我們的兒女身上學習，假如我們還是「可受教」之人的話。當孩子們從事這種服事的職事時，他們可真冒險。我們必須時常用語言與行動向他們保證，我們對他們的愛、強過也深過暫時的不同見解。那是一種無條件的愛，這愛並不繫於他們作甚麼或不作甚麼。有一件比順服我們更重要的事是，他們要順服從上頭而來的聲音。

我們的兒女怎樣服事我們呢？他們藉著照顧我們的需要去服事我們，就是當倚賴的角色調換過來的時候。對每一個人，父母需要幫助的時候都會來到。年老的父母可能需要他們兒女經濟上的幫助，他們也需要兒女們情感上的支持。兒女把父母安置在老人院中並非錯誤之舉，但他們的責任不是到此為止。他們也需要付上他們的時間，要出現在父母跟前，要注意父母的需要，而最重要的是，要對父母有愛心。兒女有責任這樣去服事父母。在耶穌的時代，有人企圖引用宗教的託詞去逃避他們這樣去服事父母的責任（可七9～13）。當時，這事不可行，現在也如此。

我們對父母兒女之間的服事誓願所說過的一切話，也適用於夫婦之間及弟兄姊妹之間。在基督徒家庭中我們彼此服役，因為我們跟從那位採取奴僕形象的主耶穌（腓二7）。在現代社會中有一個地方迫切需要基督徒對神恩典的見證，這地方就是家庭。服事的誓願能夠幫助這種見證之實現。

在教會中的服事誓願

在基督徒的團契中有些人藉著領導去服事，有些人則藉著跟從去服事，而大家都藉著滿有愛心的關懷去服事。在信徒的團體中具有權柄的領導是很重要的。當我們見到領袖地位被人濫用時，很容易忘記這一點。當我們目擊人們運用手段去爭取地位，大聲嚷鬧去謀求身分，並且運用他們的權勢去奴役他人時，我們都想高舉雙手，試行把領導權完全廢棄。然而在教會生活中，一種幼稚的無政府主義，不會比壓迫性的獨裁更好。

耶穌認識領袖地位的需要，但祂也給予一種不平凡的倒裝解釋。「耶穌叫了他們來說：『你們知道外邦人有君王為主治理他們，有大臣操權管束他們；只是在你們中間不可這樣。你們中間誰願為大，就必作你們的用人，誰願為首，就必作你們的僕人；正如人子來，不是要受人的服事，乃是要服事人，並且要捨命，作多人的贖價』」(太二十25～28)。

所以，領袖地位乃是以僕人身分去服事。那些披起領袖斗篷的人，是為別人的緣故這樣作，而不是為了他們自己的緣故。他們所關懷的是，應付別人的需要，而不是加強自己的聲望。聖伯爾納 (Bernard of Clairvaux) 寫著說：「要學習這門功課：如果你想作先知的工作，你所需要的不是一根權杖，而是一把鋤頭。」註7

我們需要具有僕人之心的領袖。我們至誠懇求那位賜屬靈恩賜的主興起謙卑的男女，作使徒、先知、傳福音的、牧師和教師(弗四11)。我們需要他們，每一種都需要。他們的權柄來自神，而且給信徒的團體所認可及確定。他們是我們屬靈的導師，而我們尊重他們為基督的僕人。

屬靈的領袖如何去服事他們的子民呢？他們藉著學習禱告的方法去服事他們。人們迫切需要禱告的服事。婚姻破碎了。小孩子被毀滅。人們在黑暗的頹喪及困境中生活。如果我們學會禱告，我們能夠把情況改觀。如果我們真正愛人，我們會渴望能夠幫助他們，遠超過我們能力所能作到的，這便會引導我們去禱告。

讓我簡單地向一班居於屬靈領袖地位的牧師和其他人士直接說幾句話。信徒們期望你們帶來醫治的禱告之事奉。當你進入一家，看見人們因生活的哀愁而垂頭喪氣時，最自然的事是，你會以施行聖禮的形式，按手在他們身上，祈求神叫他們全然康復。你要盡力，以堅強的信心和全然的謙卑，又以最深的愛意和最大的膽量為他們按手禱告。如果你一天又一天，繼續不斷地，全然倚賴聖靈的心態去作這事，你會對結果感到驚奇。許多時候，會有重大的進步；有時其影響是那麼戲劇性，以致覺得宛如復活一般——在某方面來說，也確實是復活。如果有時看不見進展，也不必震驚，因為還另有多次已經產生了美好的果效。*

有一點要小心的是：我們必須用極其簡單和喜樂的心為他們禱告。我們不嘗試給他們作心理分析，或者把每一件事都計算和分析出來。我們甚至不試行改正他們的神學思想。我們只是邀請主進入他們的思想和心靈中，醫治他們的思想和心靈，恢復神原定的人格。

多年來有許多人為我禱告。我特別記起其中一位。經過三天禁食禱告以來，我覺得內心受引導要請這人前來為我禱告。他來了，不過，他沒有為我禱告，只是與我分享他自己的缺點，並且承認他的罪。我自己在想：「他作甚麼？有需要的是我；他是個屬靈偉人。」但我沒有開口。當他說完了，舉目看我，問我說：「現在你還要我為你禱告嗎？」他看透我的心。他曉得我把他變為一位屬靈的師傅。當他終於按手在我頭上，為我禱告時，那是我一生所有過的最深刻經驗之一！有一種極深刻的安穩和集中感覺，一種生命路向已經確定的感受進入我心。自那時起直到現

---

* 我約略計算過，在我為他們禱告過的人羣中，約有百分之二十，在情感和身體的健康上似乎沒有體驗到有何進展；另外的百分之二十體驗到些微進步；約有百分之五十體驗到重大的進步；約有百分之十則體驗到戲劇性的進展，或者獲得完全的醫治。

在，這種感受從未離開。我記得，那時我完全不曉得我內心隱祕的夢想和期望，然而那位朋友竟祈求主賜我「作家的手」。屬靈的領袖為人禱告時，便是為他們服事。

屬靈領袖如何去服事他們的子民呢？他們藉著照亮內在的小徑去服事他們。[註8]今天，人們對屬靈生命的內在性質深感興趣。不過，他們對這屬靈生命的內在性質究竟有甚麼意思，又如何與聖經信仰相關聯，則混淆不清。盧雲(Henri Nouwen)說，今天的屬靈領袖必須是「內在事件的發言人。」[註9]

屬靈領袖必須為信徒辨別諸靈。約翰忠告說：「總要試驗那些靈是出於神的不是」(約壹四1)。並非每一種超自然的經驗都是與亞伯拉罕、以撒、雅各的神相遇，我們最好學會其中的分別。今天有極多的蠢事，有極多有關聖事的胡言。屬靈領袖需要幫助他們的信徒分辨何為真牧人的聲音，何為惡者的聲者。

然而，還需更進一步，領袖為了服事人羣，必須身先士卒，跳進屬靈的深淵，並且向他們解釋那些經驗。如果藉著他們的脆弱而幫助我們了解，在基督裏與神一同隱藏的內在生命之一些危險與賞賜，那麼，我們這些比較膽小的人就會有信心走出來。

一位比較年長的婦女就為我作到這一點。她是一間大醫院的育嬰室主任，又是我所牧養教會的長老團主席。她負責夜班，很常在工作完畢以後，一早便到教會停一停。她勤於閱讀，常常接二連三的問我許多有關屬靈生命的問題，其中許多是我不能解答的。當然，我可以引用書本上的現成答案，可惜，我沒有能從生命而來的答案。更要緊的是，她會在醫院和教會中嘗試許多禱告的探險，而我們會詳細討論這一切究竟有甚麼意思。「在基督裏」的真義為何？禱告怎樣生效？靜默的禱告是甚麼？信心的禱告又是甚麼？命令的禱告是甚麼？祈禱怎樣改變別人？祈禱又怎樣改變我們自己？這些問題以及其他許多問題都向我們的信仰挑戰。

她會為醫院中情況危急的嬰孩禱告。她會把戴著手套的雙手放進早產嬰兒保育器中，抱著嬰兒，禱告，有時長達一小時，甚至超過一小時。嬰兒幾乎時時都活過來。

她在作甚麼呢？她是在我面前照亮小徑，並且勉勵我舉步踏進屬靈生命的實際中。我也這樣作了。我犯過許多錯誤。有時我會過於大膽，超越引導我的人。不過，我更常的是太膽小，需要受鼓勵走出來。在某一點上，互相澄清所發生的事，會幫助我們去分辨何為創造性的能力，何為破壞性的能力。她藉著照亮內在的小徑服事我。

屬靈領袖如何去服事他們的子民呢？他們藉著滿有同情心的領導去服事他們。人們不需要有人嚴格監督他們，並且用倨傲而帶有權柄的語氣去教導他們有關生命的意義。他們需要與他們站在一起的人，分享他們的興奮，他們的迷惘，他們的憂傷。人們需要愛他們的領袖。

一次我受雇為一位心理學家作工。他將滿有同情心的領袖之意義具體向我表明。他無疑是一位傑出的領袖。當情勢需要時他能夠十分堅強激烈。然而他的領導是從他的同情心去支取力量。我們全班輔導員都意識到他的愛心。

他的顧客也感受到他的仁慈和關懷。他的憐憫不是冷淡的憐憫；他的同情不是狹窄的同情，而是一種包涵一切的愛心。同工開會時，他有時會誦讀哥林多前書十三章愛的詩章，然後停頓搖頭，似乎給其中的話深深感動，不能自已。他喜歡對我們講論愛，以及他所說的，「藉著愛去改變的心理力量」。我們所有同工都看見那愛的力量。跟從他的領導並非重擔，而是一件高興的事，因為我們曉得他愛我們。

屬靈領袖如何去服事他們的子民呢？他們藉著盧雲所說的「沉思的批評家」[註10]去服事他們。我們處於一個破裂的、迷失了方向的時代中。從教會的胸懷中必須出現具有洞察力的先知，去幫助我們了解這個世界。(我不是指那班視線狹窄的「先知」。他們對每一項新近發生的事件都會饒舌，斷言這是預報末日將至的時兆，敵基督者就要來臨。)

盧雲這樣寫：「這種沉思的批評家把那操縱性的世界之虛幻面具除去，並且有勇氣將實在的情況顯明出來。」[註11]這樣的領袖是「沉思的」，因為必須有內在的沉默，才能洞悉目前這個邪惡的世代。這樣的領袖是「批評家」，因為必須指出邪惡的名目，並且把它與善良清楚劃分。

我所認識的一位沉思的批評家是一位十分忙碌、十分善良的教師。不僅因為他所展示的知識相當豐富；也不僅因為他的教導滿有智慧和明見，雖然這一切都極有幫助。最要緊的是，因為他能用同情和謙卑的心把這一切匯集在一起。我們常常坐在他的書房中，靠牆的書架上擺滿了書籍，平台型的鋼琴擺在一邊，我們就這樣談論世事——不但是世界大事，即連日常生活的簡單小事也包括在內。例如，我記得，有一次他問我：「你曾否注意到我們怎樣使我們的房子暖起來嗎？」他繼續下去，並不期待我作答。「以前我們確實有圍爐取暖的日子。如今人們可以整晚在同一間屋子中，彼此卻不見面。你是否覺察到，當我們使房子暖起來的辦法，如何嚴重影響我們的家庭生活！」像這樣偶然的評語，常常在我腦海中激發如潮的思想，需要幾年時間去咀嚼和消化。他一再幫助我用新的目光去看這個世界——他曾經是，現在還是一位沉思的批評家。

屬靈領袖如何去服事他們的信徒呢？他們藉著本身生活在權柄之下去服事他們。沒有甚麼比領袖不必向任何人負責更危險的了。我們大家都需要有人能夠笑我們驕傲自大，又督促我們進入新的順服形式。權力確實是一種太過危險的東西，是我們任何一位都不能單獨去面對的。如果我們注意今天教會中濫用權力的情形，我們很常會看見，在這情形背後有某一個人，這人自認在他(或她)與神之間有直接的渠道相通，因此毋須團體的忠告和改正。

修道院對權力問題的回應是順服的誓願，這並非偶然的。(甚至有證據顯明這是修士誓願的第一條)我們對修士的順服誓願可能覺得不太舒服，可是我們必須尋求方法，讓我們活在權威之下。活在權柄之下不一定表示有一種上司、下屬的關係。經常能夠採取一種互相負責的關係。牧師能會集一些彼此信任的牧師同道，共同組成一個核心團體，彼此分享靈程經驗。舊時的循道會「班會」制度，乃是提供互相支持、彼此負責的一種方法。這種方法可能是今天一種對我們有幫助的模式。

我有一位作牧師的朋友，他在多方面幫助了我，過於我能述說的。我請他教我禱告，我們便這樣開始相會。我們有過多次同在一起的美妙時間——談論、歡笑、禱告。那是一個美好的環境，在其中我們能遵照雅各的指示：「彼此認罪，互相代求，使你們可以得醫治」(雅五16)。在某一方面說，我們是互為屬靈指導員，雖然在當時我並未聽過這名詞。我們是活在權柄之下。

在教會中正如在家庭裏面一樣，服事的責任也是雙方面的。我們怎樣去服事我們屬靈的領袖呢？我們藉著高高興興的順服去服事他們。牧師和其他教會領袖都是羊羣的牧人；他們有責任幫助我們找到信實生活的途徑。他們對我們所說的忠告、改正和引導的話，要以最嚴肅的態度去處理。他們可能錯誤，因為他們也和我們一樣是可能犯錯誤的人。不過，有智慧的領袖會快快的聽、慢慢的說，因此當他們說話時我們需要聆聽。我們需要在他們的權柄之下。

我們怎樣去服事我們屬靈的領袖呢？我們藉著有建設性的批評去服事他們。高高興興的順服不是盲從。有時屬靈的領袖也需要我們出於關懷和愛心的改正。這也是一種服事。

在過去，當我旅行演講時，我有時會帶一位朋友同行，使我保持誠實。他對我認識很深，如果我的故事變得誇張，他有責任改正我。耶穌說，先知在本鄉無人尊敬，然而當我們在遠方時，我們有時得到太多的尊敬。我的同伴幫助我保持正確的觀點，免得因為有些用意善良之人過於熱心的稱讚而令我得意忘形。

普通常識應該指導我們如何作有建設性的批評去服事。這種服事要私下去作而且要有技巧。在批評時要配以愛心的支持。其目的時常都是要建造而非拆毀。

我們怎樣去服事我們屬靈的領袖呢？我們藉著禱告的職事去服事他們。有愛心、有喜樂的，為我們的領袖所作的禱告能有很大的果效。當我在教會中作牧師時，我會邀請信徒隨時前來，為我獻上「支援性的」禱告。如今我在一間大學執教，我也鼓勵學生這樣作。我不想人只當他們忿怒、或者心情沉重、有極大的需要時，才到我的辦公室來。我期望他們在事事順利，想要為我的生命作點事時前來。他們為我所作的服事是十分美妙的。當人們給那種愛心的支持所圍繞時，他們簡直不能覺得孤立無援。這些只不過是藉著禱告的職事去服事領袖的許多門路中的少數例子而已。

在世界中的服事誓願

在家庭和信徒團契的溫暖境界中講論服事是十分舒適和美好的，然而在那粗暴和混亂的商業和政治世界中又如何？在一個以競爭為根據的文化中作僕人可能不容易，不過，耶穌從未暗示過門徒的身分是毫不費力的。

我們在世界中怎樣去服事他人呢？我們藉著重視他們的意見去服事他們。我們藉著普通的禮貌行動去服事他們。我們藉著保護他們的名譽去服事他們。我們藉著簡單的仁慈行動去服事他們。我們藉著過正直的生活去服事他們。我們藉著誠實、真誠和可靠去服事他們。

這些似乎那麼簡單，以致我們可能認為它們並不重要。它們確是簡單，但它們並非不重要。只要我們回想那少數的、曾在我們生命中有過深刻影響的人，我們常常會發現，他們只不過是一些個別人士，曾為我們作過一些簡單的善舉。一位肯花時間聆聽我們傾訴的朋友，一位鼓勵過我們的老師，一位認識我們潛能的上司，以及愛我們的配偶，諸如此類——這些都是服事我們的人士。

我們在世界中怎樣服事他人呢？我們藉著準備好自己去領導，以及接納領導的機會——當有人提供這機會的時候——去服事他們。我們的世界渴望有同情心、願作僕人的領袖。且談一個履行使命的區域！只有那班居於大機構裏面，而且設法引導那些機構，為了公眾利益的緣故，而有較佳表現的人，才能在這世界上引發改變。比方，我可能站在機構組織的外面批評他們，盡我所能施以壓力，這樣，對本城的生活質素可能提供微小的貢獻，不過，只有市長本人才真正能給本城帶來影響。公司、大學，以及政府部門迫切需要熟練的領袖，他們能給這些機構提供他們個人的價值觀。美國一間最大的商品貿易公司(Sears)受了羅森武(Julius Rosenwald)的領導才幹重大影響。他給那間大機構帶來「不平凡的人情味和信託。」[註12]數以千計的其他機構也需要像羅森武那樣的領導人才。

然而這種領導人才必須是甘作**僕人**的領導人才。甘作僕人的領袖是在成為領袖以前是僕人，又在領袖任期結束後再作僕人的人。在《屬靈操練禮讚》(*Celebration of Discipline*)一書中，我曾討論過僕人的品格。在此我要強調，這種僕人身分是我們作人的核心。服事的誓願已經成為我們本性的一部分，以致服事是一件容易的事，不去服事倒是一件難事。每一行動都從那根基引發出來，包括領導的慾望本身在內。

我們在世界中怎樣服事他人呢？我們藉著給雇員提供「有意義的工作」，又給雇主履行「誠實的勞動」去服事他們。《**僕人領袖**》（*Servant Leadership*）一書的作者顧靈理（Robert Greenleaf），一生都在跨國電話和電報公司（AT&T）裏任經理職分。他建議，如今是適當的時候，要有一種新的商業倫理出現。他寫著說：「這種新的倫理，簡單而完全地說明是：**工作為人而存在正如人為工作而存在**。用別的說法是，商業的存在，固然是為人提供有意義的工作，照樣也是給顧客提供產品或服務。」[註13]有意義的工作是叫人在工作中感受到一種成就感。它又是在工作中叫人覺得，他們對社會的好處作了真正的貢獻。商場經理以及機構的董事，藉著幫助雇員獲得這種工作有意義的感受去服事他們。雇員則藉著提供誠實的工作，盡可能把工作作得最好，盡可能獲得最高度的產量去回報雇主。

我們在世界中怎樣服事他人呢？我們藉著堅決拒絕他們誤用我們，不容許他們虐待我們，去服事他們。容許人踐踏我們像踐踏門口擦去鞋底泥污的墊子一樣，這並非服事，而是屈從。這對我們自己和別人都不好。服事不應該與虛假的謙卑或者膽小如鼠的人格視為同一件事。相反的，服事與直率和勇敢的行動有極好的共鳴。

所以，如果別人企圖踐踏我們以及利用我們服事的精神，我們要奮起抗拒這種濫用。我們所關心的不是要維護「我們的權利」，因為我們已經把那些交付神。我們堅決督促他人尊重所有的人——包括我們自己——都是完完全全的人。問題可能有許多，也各不相同——低薪、沉重的工作量、缺少晉升的機會——但解決的方法時常都一樣：永不讓人把我們當作物件來處理。

孤獨的個人

在探討合法權力的性質以及偉大之本質的過程中，我們走了很長的道路。有時我們會想，權力是否過於危險，是否充滿了太多的腐敗，以致永遠不能把它帶來為基督服役。然而最後我們發覺，權力受控制去服事時，能夠在人類社會中成為極其美好的東西。

於是我們冒險。我們去領導，我們作父母，我們去服事——時常謹記，我們不是服事一些沒有名字，沒有面孔的人類，而是「孤獨的個人」*[1]。

有一個古老的故事*[2]。這故事說到一位年青的逃亡者，給一個小村莊的人收容，住了下來。然而，最後敵人的軍隊來到，要求他們說出這個青年躲在甚麼地方。當人們遲疑不決時，那些軍隊恐嚇說，如果村民不把他們所追捕的人交出來，那麼，他們會毀滅這村，並且在天亮時殺死每一個男、女和小孩。村民非常懼怕，便向他們所愛的牧師請教。

---

*1這是祈克果所塑造的短語。祈克果所著《清心是專注一件事》那本書，就是獻給「孤獨的個人」。

*2這故事有無數不同的說法。這裏所寫的是引自盧雲所著《負傷的治療者》一書。

牧師處於兩難之間，要不，便拋棄他的子民，要不，便出賣這年青人。於是牧師進入他的房間，開始閱讀聖經，希望在天亮前找到一個答案。他整夜讀經，最後，剛好在日出之前讀到了這節經文：「獨不想一個人替百姓死，免得通國滅亡，就是你們的益處」(約十一50)。

牧師戰戰兢兢地走到外面，告訴軍人到何處去找那青年人。當他們把這青年帶走，執行死刑時，村民開始慶祝歡宴，因為他們的性命得保，然而牧師沒有和他們一同慶祝。他進入自己的房間，心情異常沉重。晚上有一位天使向他顯現，問他說：「你作了甚麼事？」牧師慢慢地回答說：「我出賣了那位逃亡者」。天使說：「然而，你可曉得，你所出賣的逃亡者是彌賽亞？」牧師呻吟說：「不！不！不！我不曉得。我怎能曉得呢？」天使說：「如果你放下你的聖經，到那位逃亡者那裏去，凝視他的眼睛，你會曉得！」

服事的誓願最先和最要緊的，是起誓去凝視那位孤獨的個人的眼睛。也許，只是也許，那凝視會防止我們出賣榮耀的主。你看，服事其實不是圖表、程序，以及精心製作的戰略，去服務人類。不，服事的真義是：凝視那逃亡者的眼睛。

我們很容易看見敵人的軍隊圍繞著我們。他們的權力看來那麼銳不可擋，對我們認為珍貴的每一件東西都具威脅性。我們那麼凝神注意敵人，以致我們從來都看不見小孩眼中的受驚樣子，或者老人眼中茫然向遠處瞭望的眼神。事實上，我們完全看不見他們——我們所能看見的只是對我們的安全之威脅。我們所忽略的是對基督的凝視。

服事的誓願的意思是看見那孤獨的個人。這是基督之道。這是順服之路。而我發覺，不管這道路引導我們到何處，不管它把甚麼困難的決定推到我們身上，它仍是生命之道。

跋

依誓願生活

> 只有這樣你才是基督徒：對你在其中生活的社會繼續不斷地提出批判性的問題。……對現況一直不滿，時常說，還有一個新世界會來臨。
>
> ——盧雲（Henri Nouwen）

簡樸、貞忠和服事的誓願，是任何時候，所有基督徒都要持守的。它們對那些以順服的心去跟從那位順服的基督之人，是絕對的命令。它們是起點，我們從這起點去探索屬靈生命的深度，也從這起點去發現我們在世上的使命。

這些誓願督促我們去尋求一種較深的屬靈生命。我們不理睬現代文化的淺薄，而投入屬靈生命的深處，辦法是，藉著採用古典的各項屬靈操練，如默想、禱告、禁食、研究、簡樸、獨處、順服、服事、認罪、崇拜、引導和慶祝。[註1]我們在屬靈生命上互相幫助，向前移動，對有進步的人加以鼓勵，對跌倒的人加以安慰。

這些誓願呼召我們作有力的社會見證。我們站在與最有勢力的文化對抗的地步；這種文化所醉心的是貪婪、放縱和自私。我們批評現代社會空洞的價值，呼召它接納那快樂的基督門徒的身分。

這些誓願呼召我們去傳福音，並以福音事工為念。它們並非為我們自己而保存，叫我們退隱到我們隱遁的家中去享受的觀念；它們乃是要與所有承認基督為主為王的人共同自由分享的福祉。我們有責任去贏得地上萬國萬民，期望有一天，「一切在天上的、地上的、和地底下的，因耶穌的名，無不屈膝，無不口稱耶穌基督為主，使榮耀歸與父神」(腓二10～11)。

如今是神的靈要發動一個偉大的新運動的時候。這樣的運動在過去已經出現過。想想安多紐(Abba Anthony)以及曠野的教父們，聖伯爾納(Bernard of Clairvaux)，西篤會修士(Cistercians)，聖法蘭西斯(Francis of Assisi)，小行乞僧(Friars Minor)，馬丁路德和各改教師，喬治．弗克斯和早期的貴格會宣教士，約翰衛斯理以及循道會的聯區遊行佈道家。

這事以前發生過，它也**能夠**再次發生。這樣的運動必須是有規律的，以傳福音為念的，與社會有關的，而且毫無異議地屬基督的。它必須極端重視靈力的需要，這種靈力要支持信心的生命，並且以善勝惡。它必須把勇敢的行動與受苦的愛心聯在一起。

也許簡樸、貞忠和服事的誓願能夠形成這樣的運動之共同承諾。教會能為這種努力作先鋒，就是把這些誓願列入成為會友的最低要求。教會如果願意，便能提供一種環境，使信徒能夠活出這些誓願來。

但願一個新的迫切禱告的浪潮橫掃信徒的團體，激發他們懇求神，讓聖靈的這種運動早日出現。但願按照使徒模式的大有能力的僕人領袖興起，領導我們進入新的信實大道中。又願我們樂意作這運動的先鋒，在我們這個時代中邁向基督。

附註：

引言：基督徒看錢、性與權勢

註1：（1380—1471），德國奧古斯丁派修道士，靈修名著《效法基督》的作者，十九歲入修院後終身為修士。

註2：James O'Reilly, *Lay and Religious States of Life: Their Distinction and Complementarity* (Chicago: Franciscan Herald Press, 1976), p.22.

註3：（1821—1881），俄國著名文學小說家，善寫人性的病態矛盾、自由及信仰的真諦，被譽為與托爾斯泰、屠格涅夫並稱為帝俄時代俄國文學三大支柱，重要著作有《窮人》，《死屋手記》，《白癡》，《罪與罰》，《少年》及《卡拉馬助夫兄弟們》。

註4：Fyodor Dostoevsky, *The Idiot*, trans. Constance Garnett (London: Heinemann, 1913), p.569.

註5："Letter to Apollon Maikov, January 12, 1868" 引自Konstantin Mochulsky, *Dostoevsky: His Life and Work*, trans. Michael A. Minihan (Princeton. N. J.: Princeton University Press, 1967), p.344.

註6：Brother Ugolino di Monte Santa Maria, *The Little Flowers of Saint Francis*, trans. Raphael Brown (London: Hodder and Stoughton, 1985).

註7：同上。

註8：Leland Ryken, "Puritan Work Ethic: The Dignity of Life's Labors", *Christianity Today*, 19 Oct. 1979, p.15.

註9：（1663—1728），美國清教徒牧師，著有《新英格蘭神治政體史》，其父祖俱為清教徒領袖。

註10：Leland Ryken，見前書p.16.

註11：同上，p.18.

註12：（1227—1274），天主教經院哲學派巨擘，道明會修士，名著為《神學總論》，博大精深，至今依然成為天主教神學基石。

註13：盧雲著，袁達志譯：《羅馬城的小丑戲》。香港：基道出版社，一九九〇年十一月初版。

註14：主後第八世紀，居於曠野之隱修士，專幫助殘廢者，痲瘋者及行乞者。

註15：Brother Ugolino, *Little Flowers*, p.274.

註16：(1588—1649)，美國麻省總督，清教徒領袖，終生致力推動建立神權政體於美國。

註17：Massachusetts Historical Society *Proceedings*, vol.21, p.123, 引自Edmund S. Morgan, *The Puritan Family: Religion and Domestic Relations in Seventeenth-Century New England*, rev. ed. (New York: Harper & Row, 1966), p.64.

註18：同上，pp.62~63.

註19：Francis J. Bremer, *The Puritan Experiment* (New York: St. Martin's Press, 1976), pp.177~178.

註20：(1608—1674)，英國安立甘派忠實清教徒，偉大盲眼詩人之一，名著有《失樂園》，擁護良心為主及個人自由。

註21：Francis J. Bremer，見前書p.177.

註22：(1182—1226)，天主教方濟會創立者，本為富家子弟，青年時服兵役，眼見世間疾苦，遂立志拋下一切，宣揚愛的福音，四處賙濟窮人。

註23：(1194—1253)，意大利著名修女，創立聖加拉神貧會，以聖方濟會為本。

註24：Brother Ugolino, *Little Flowers*, p.75.

註25：Leonardo Boff, *God's Witnesses in the Heart of the World* (Chicago, Los Angeles, Manila: Claret Center for Researches in Spirituality, 1981), p.149, 引自Francis J. Moloney, *A Life of Promise: Poverty, Chastity, Obedience* (Wilmington, Del.: Michael Glazier, Inc., 1984), p.152.

註26：Thomas Hooker, *The Cambridge Platform*, Chap. 4. Par. 3, 引自Herbert Wallace Schneider, *The Puritan Mind* (New York: Henry Holt, 1930), p.19.

註27：Dostoevsky, *The Idiot*, p.156.

註28：一九七八年十一月十八日，在南美洲小國圭亞那的鍾斯鎮，發生了一件由傑姆鍾斯牧師(James Warren Jones)所領導的震驚世界的慘劇——九百十二人集體自殺。鍾斯牧師初在美國加州紅木谷創立了「人民廟堂」(People's Temple)，後來連同一千二百個信徒，集體移民到南美洲的圭亞那，在那裏聲稱要建立一個天國社會。

第一章：金錢的黑暗面

註1：(1915—1968)，近代天主教著名苦修會修士，詩人，多產作家，著作針對修士生活、戰爭、社會公義與及東方宗教對話，對現代靈修學甚有貢獻。

註2：引自 Edward W. Bauman, *Where Your Treasure Is* (Arlington, Va.: Bauman Bible Telecasts, 1980), p.74.

註3：引自 Bernard Gavzer, "What People Earn", *Parade Magazine*, 10 June 1984, p.4.

註4：(1912—1994)，法國著名基督教神學家，主張神學應下達人生每一個層面，尤其注重政治、經濟、社會結構與教會的關係。

註5：Jacques Ellul, *Money & Power* (Downers Grove, III.: Inter-Varsity Press, 1984), pp. 166～168.

註6：引自 Elizabeth O'Connor, *Letters to Scattered Pilgrims* (San Francisco: Harper & Row, 1979), p.8.

第二章：金錢的光明面

註1：引自 Bauman, *Where Your Treasure Is*, p.73.

註2：同上，p.113.

註3：同上，pp.89~90.

註4：引自 Dallas Willard, "The Disciple's Solidarity with the Poor", 1984 (非出版性文章)，p.15.

註5：(1805—1898)，英國慈善家，弟兄會會友，一生致力推動發展孤兒院工作，被冠為孤兒院之父，力倡信心奉獻，中年起注重聖經研究並支持宣教工作。

第三章：不義瑪門，用於天國

註1：Ellul, *Money & Power*, p.94.

註2：同上，pp.109～116.

註3：引自 Don McClanen, *Ministry of Money Newsletter* (Germantown, Md.: Nov. 1983), p.4.

註4：（主前480—550），被譽為「西方修道主義之父」，創立第一所修道會於意大利，初期主張避世修行，後期則主張慈善服務，深入社會。

註5：John Woolman, *The Journal of John Woolman and a Plea for the Poor* (Secaucus, N. J.: The Citadel Press, 1972), p.41.

第四章：簡樸生活的誓願

註1：（1651—1715），法國天主教神父，堪伯萊大主教，著作家，神祕主義者，與蓋恩夫人同時代，曾極力擁護她免受判定為異端。

註2：John Calvin, *The Institutes of the Christian Religion*, Book II, trans. John Allen (Philadelphia: Presbyterian Board of Publication, 1813)，中譯本見約翰加爾文著，徐慶譽及謝秉德合譯：《基督教要義》下冊，東南亞神學協會出版，一九五七年初版，第八章。

註3：Ellul, *Money & Power*, pp.110~111.

註4：美國「城市宣教」的前衛先鋒。

註5：O'Connor, *Letters to Scattered Pilgrims*, p.7.

註6：Ron Sider, *Rich Christians in an Age of Hunger: A Biblical Study* (London: Hodder and Stoughton, 1978), pp.175~178.

註7：（1686—1761），英國安立甘會牧師，屬「英國神祕派」，因不肯向喬治一世起誓效忠，而被劍橋大學取消榮譽教席，著有《呼召過聖潔生活》（已有中譯本，台灣橄欖出版社，一九八六年初版），約翰衛斯理頗受其影響。

註8：William Law, *A Serious Call to a Devout and Holy Life* (Oxford: Mowbray & Co. Ltd, 1981), p.60，中譯本見勞威廉著，幸貞德譯：《呼召過聖潔生活》。台北：橄欖出版社，一九八六年初版。

註9：從事投資的讀者，如果希望知道怎樣去作成公義的投資，可參考 "*The Other Side*"雜誌，一九八四年第七期。

註10：（1875—1965），德國著名新約學者，在神學、音樂、醫學、宣教上大有貢獻，一生傳道非洲，竭力挽救西方文明的破產而聞名於世，有現代聖法蘭西斯之美譽，一九五二年獲諾貝爾和平獎。

註11：引自 Malcolm MacGregor, *Training Your Children to Handle Money* (Minneapolis: Bethany Fellowship, 1980), p.111.

註12：(1567—1622)，由一六〇二年起任瑞士日內瓦主教，其中一位主力反對馬丁路德的改革之天主教領導者，曾放棄高職而任教廷低微職位。

註13：引自 Goldian VandenBroeck 編 *Less Is More: The Art of Voluntary Poverty*(New York: Harper & Row, 1978), pp.172 & 223.

第五章：性與靈性

註1：Lewis B. Smedes, *Sex For Christians* (Grand Rapids, Mich.: Eerdmans, 1976), p. 47.

註2：David Allan Hubbard, "Love and Marriage," *The Covenant Companion*, 1 Jan. 1969, p. 2.

註3：同上, p. 4.

註4：Saint Augustine, *The City of God*, vol. II of *The Nicene and Post-Nicene Fathers*, 1st series (Buffalo: The Christian Literature, 1887), bk. 14, chap. 18，中譯本見聖奧古斯丁著，吳宗文神父譯：《上帝的城》下冊。台灣：商務印刷，一九七一年版。

註5：Derrick Bailey, *Sexual Relations in Christian Thought* (New York: Harper & Brothers, 1959), p. 59.

註6：引自 Letha Dawson Scanzoni, *Sexuality* (Philadelphia: Westminster Press, 1984), p. 46.

註7：Jeremy Taylor, *The Rule and Exercise of Holy Living and Dying*, rev. ed., vol. III of *The Whole Works of the Right Rev. Jeremy Taylor*, ed. Charles Page Eden (London: Longman, Green, Longman & Robert, 1862), p. 63.

註8：Edward S. Morgan, "The Puritans and Sex," *The New England Quarterly*, Dec. 1942, p. 607.

註9：Smedes, *Sex for Christians*, p. 49.

註10：C. S. Lewis, *Mere Christianity* (London: Fontana Books, 1970)，中譯本見魯益師著：《基督教信仰正解》。香港：基督教文藝出版社，一九七四年十一月版。

註11：Frederick Buechner, *Godric* (London: Chatto and Windus Ltd, 1981), p. 153.

註12： Smedes, *Sex for Christians*, p. 56.

註13： E. Mansell Pattison and Myrna Loy Pattison, "'Ex-Gays': Religiously Mediated Change in Homosexuals," *American Journal of Psychiatry*, vol. 167, no. 12 (Dec. 1980), p. 1553.

第六章：性愛與獨身

註1： Donald Goergen, *The Sexual Celibate* (London: S.P.C.K., 1976), p. 181.

註2： Smedes, *Sex for Christians*, p. 128.

註3： Derrick Sherwin Bailey, *The Mystery of Love & Marriage* (New York: Harper, 1952), p. 53.

註4： Smedes, *Sex for Christians*, p. 130.

註5： Bailey, *Mystery of Love & Marriage*, pp. 53~54.

註6： Smedes, *Sex for Christians*, p. 210.

註7： McCary, James, *Human Sexuality*, 3rd ed. (New York: D. Van Nostrand, 1978), p. 150.

註8： "Autoeroticism," in *The Encyclopedia of Sexual Behavior*, ed. A. Ellis and Aborbanel, vol. I (New York: Hawthorne Books, 1961), p. 204.

註9： Smedes, *Sex for Christians*, p. 246.

註10： This diagram was first suggested to me by Walter Trobisch, though I have modified it somewhat. His discussion is found in *I Married You* (New York: Harper & Row, 1971), pp. 77~83.

註11： Richard J. Foster, *Freedom of Simplicity* (London: Triangle, 1981), p. 137.

註12： Heini Arnold, *In the Image of God: Marriage & Celibacy in Christian Life* (Rifton, N. Y.: Plough Publishing House, 1976), p. 161.

第七章：性與婚姻

註1： Arthur Cushman McGiffert, *Martin Luther: The Man and His Work* (New York: Century, 1910), p. 287.

註2： See Helmut Thielicke, *The Ethics of Sex*, trans. John V. Doberstein (Cambridge: J. Clarke & Co., 1964), pp. 79~144.

註3： Lewis, *Mere Christianity.*

註4： 引自J. Allan Peterson, *The Myth of the Greener Grass* (Wheaton, Ill.: Tyndale House, 1983), p. 175.

註5： Charles R. Swindoll, *Strike the Original Match: Rekindling & Preserving Your Marriage Fire* (Eastbourne: Kingsway Publications Ltd, 1983), p. 136.

第八章：貞忠的誓願

註1： Ashley Montagu, *Touching: The Human Significance of the Skin*, 2nd ed. (New York: Harper & Row, 1978), p. 166.

註2： Scanzoni, *Sexuality*, pp. 60~62.

註3： Thielicke, *The Ethics of Sex*, p. 90.

註4： Charlie Shedd, *Letters to Karen* (New York: Avon Books, 1978), pp. 61~69.

註5： Elizabeth Achtemeier, *The Committed Marriage* (Philadelphia: Westminster Press, 1976), p. 86.

註6： Moloney, *A Life of Promise: Poverty, Chastity, Obedience*, p. 118.

註7： C. S. Lewis, *The Four Loves* (London: Fontana Books, 1963), p. 140.

註8： Smedes, *Sex for Christians*, p. 169.

註9： Lewis, *Mere Christianity*, p. 102.

註10： James B. Nelson, *Embodiment: An Approach to Sexuality and Christian Theology* (London: S.P.C.K., 1979), pp. 211~235.

註11： 同上，p. 213.

註12： 同上，p. 217.

註13： 同上，p. 219.

註14： 同上，pp. 220~221.

註15： 同上，p. 222.

第九章：破壞性的權力

註1： (1827—1945)，荷蘭文化歷史家，以《中世紀衰落史》一書蜚聲國際。

註2： 下面的象喻是從羅柏士（Arthur Roberts）一首詩改編而成。該詩名："The Age of Metal," in *Listen to the Lord*（Newberg, Ore.: Barclay Press, 1974）, pp.61~63.

註3： （1898—1986），瑞士著名心理學家，聞名於以神學整合心理學而創建一套西方「整全的醫療」（Holistic Medicine），帶動西方醫學界重新正視全人治療。一生大部分時間居於故鄉瑞士日內瓦。中譯作有杜保羅著，胡簪雲譯：《角色與真我》。香港：基督教文藝出版社，一九六四年初版。

註4： Paul Tournier, *The Violence Within*, trans. Edwin Hudson（London: S.C.M. Press, 1978）, p.128.

註5： J. R. R. Tolkien, *The Silmarillion*（London: Allen and Unwin, 1977）, p.8.

註6： Cheryl Forbes, *The Religion of Power*（Grand Rapids, Mich.: Zondervan, 1983）, p.85.

註7： Walter Wink, *Naming The Powers: The Language of Power in the New Testament*, vol. 1（Philadelphia: Fortress Press, 1984）, p.5.

註8： 參考Roselle Chartock and Jack Spencer, eds., *The Holocaust Years: Society on Trial*（New York: Bantam Books, 1978）, pp.132~136.

註9： Brother Ugolino, *The Little Flowers*, pp. 44~45.

註10： John Woolman, *The Journal and Essays of John Woolman*（New York: Macmillan, 1922）, p.167.

註11： 引自 Thomas E. Drake, "Cadwalader Morgan—Antislavery Quaker of the Welsh Tract," *Friends Intelligencer*, vol. 98, no. 36（1941）, p.200.

註12： 引自 Paul Tournier, *The Violence Within*, p.119.

註13： 引自 Jacques Ellul, *The Technological Society*（New York: Alfred A. Knopf, 1970）, p.xi.

註14： 引自 Walter Wink, *Naming the Powers*, p.130.

註15： 同上，p.86.

註16： James Nayler, *The Lamb's War*（1658）, in Hugh Barbour and Arthur Roberts, *Early Quaker Writings*（Grand Rapids, Mich.: Eerdmans, 1973）, pp.106~107.

註17： C. S. Lewis, *The Screwtape Letters*（London: Fount Paperbacks, 1982）, p.17.

註18： George Fox, *The Journal of George Fox*, Rev. John L. Nickalls（Cambridge: Cambridge University Press, 1952）, p.19.

第十章：創造性的權力

麥嘉丹是我以前一位學生。本章標題後的警句，取自她在「屬靈生命的先驅」那門功課的期考試卷。

註1： 見 Dietrich Bonhoeffer, *The Cost of Discipleship*, trans. R. H. Fuller (London: S.C.M. Press, 1964), p.7，中譯本見潘霍華著，鄧肇明、古樂人譯：《追隨基督》。香港：道聲出版社，一九八六年四月四版。

註2： 同上，p.35.

註3： M. Scott Peck, *The Road Less Traveled* (New York: Simon & Schuster, 1978), p.286.

註4： 參 Moloney, *A Life of Promise: Poverty, Chastity, Obedience*, p.128.

註5： 參看 Aleksander I. Solzhenitsyn, *The Gulag Archipelago,* tran. Thomas P. Whitney (New York: Harper & Row, 1973), 以及 Cheryl Forbes, *The Religion of Power*. p.35.

註6： Jürgen Moltmann, *The Power of the Powerless*, trans. Margaret Kohl (San Francisco: Harper & Row 1983).

註7： Martin Hengel, *Christ and Power*, trans. Everett R. Kalin (Belfast: Christian Journals, 1977), p.81.

註8： Robert H. Schuller, *Self Esteem: The New Reformation* (Waco, Tex.: Word Books, 1982), p.15.

註9： Jean-Pierre de Caussade, *The Sacrament of the Present Moment*, trans. Kitty Muggeridge (London: Fount Paperbacks, 1981), p.22.

註10： James Dobson, *The Strong Willed Child* (Wheaton, Ill.: Tyndale House, 1978), p76.

註11： 引自 Myron Rush, *Management: A Biblical Approach* (Wheaton, Ill.: Victor Books, 1983), p.13，中譯本見魯施著，洪瑞浩譯：《管理學——聖經的觀點與方法》。台北：橄欖基金出版社，一九八三年出版。

第十一章：權力的事奉

註1： (1624—1691)，英國人，公誼會創立人，年方二十三歲即四處走訪傳道人求問信德，一生攻擊教內外諸般邪惡，而多次入獄。

註2： Jean-Pierre de Caussade, *The Sacrament of the Present Moment*, p.64.

註3： *Christian Faith and Practice in the Experience of the Society of Friends*, London Yearly Meeting of the Religious Society of Friends, ed.（Richmond, Ind.: Friends United Press, 1973）, No.25.

註4： Jacques Ellul, *Violence: Reflections from a Christian Perspective*（Oxford: Mowbray & Co. Ltd, 1978）, p.166.

註5： 引自 George Fox, *The Journal of George Fox*, p.263.

第十二章：服事的誓願

註1： Michael Korda, *Success!*（New York: Random House, 1977）, p.4.

註2： Donald P. McNeill, Douglas A. Morrison, and Henri J. M. Nouwen, *Compassion: A Reflection on the Christian Life*（Garden City, N.Y.: Image Books, 1982）, p.4.

註3： *Servant Leadership: A Journey into the Nature of Legitimate Power and Greatness*, by Robert K. Greenleaf（New York: Paulist Press, 1977）.

註4： McNeill, Morrison and Nouwen, *Compassion*, p.35.

註5： 同上，p.40.

註6： Charlie Sheed, *Promises to Peter*（Waco, Tex.: Word Books, 1970）, pp.17~59.

註7： 引自 Richard J. Foster, *Celebration of Discipline*（London: Hodder & Stoughton, 1981）, p.110，中譯本見傅士德著，周天和譯：《屬靈操練禮讚》。香港：學生福音團契出版，一九八二年四月初版。

註8： Henri Nouwen, *The Wounded Healer*（Garden City, N.Y.: Image Books, 1979）, pp.25~47，中譯本見盧雲著，張小鳴譯：《負傷的治療者》。香港：基道出版社，一九九八年六月初版。

註9： 同上，p.36.

註10： 同上，p.43~46.

註11： 同上，p.45.

註12： Greenleaf, *Servant Leadership*, p.139.

註13： 同上，p.142.

跋：依誓願生活

註1： 看傅士德著：《屬靈操練禮讚》。

閱讀指引

前言

關於這閱讀指引

這「閱讀指引」是為提供資料給讀者進深研討《基督徒看錢、性與權勢》一書而寫的。我絕對肯定它的用處，但我仍要強調它只不過是輔助工具，不能取代研讀原書。「閱讀指引」內每章都以五段精簡雋言作為開始，讓讀者親自品嘗我們一向慣於使用的作品的寶貴處。數百年以來，不少忠心的信徒領袖曾就他們當時代的問題寫下深思的作品。相信每一段選讀作品都能激發獲益良多的討論。

「每日經文選讀」讓讀者從聖經角度去默想每章主題。讀者會發覺尚有許多其他經文可被選入其中，而亦可就其中有興趣的主題再作深入研經。

「研討問題」旨在引發思想和討論，許多在《基督徒看錢、性與權勢》中提出的論題都極為重要，但也是難於處理的。若那些論題沒有引起激烈的爭辯，我才感驚奇 (也感關切)，相反，若它們有助增進辯論，就已發揮它們的功能了。

「創意研習作業」的目的，乃是鼓勵讀者從討論主題進深到實踐主題。「頭腦上」的信仰並不足夠，我們必須學習從「頭腦上」轉移到「心靈上」。由小組成員一同實踐這些「創意研習作業」是最理想的，但它們亦可供讀者個人學習。若我所提議的習作未符合讀者的需要，讀者可自由建立自己的一套。

我要略帶一提有關每部分後列的書目，我決意以一個宏闊的範疇的書目，擴闊讀者的見識。因此，這些書表達了不同的觀點，有些甚至是與基督教立場對立的。故此，我已為這些書作了評論性註腳。無論怎樣，我只尋求作個既忠誠亦良善的人。在千萬人中，基督徒最能夠與不同立場的人相交，因為我們確知真理是愈辯愈明的。

基督徒看錢、性與權勢

我們雖活在俗世中，但讓我們以基督徒的觀點看錢、性與權勢。

雋言

抑制慾念

一個人若渴望得到任何超越界限的東西，將必自困其中。驕傲與貪念永不止息，惟心靈貧窮與謙卑者活在平安的豐盛中。

——金碧士

每個男女的天職

聖經中的貧窮、貞潔與順服是每一位男女的天職，而且，我曾指示過，它們是通往真正人性的路徑。確乎如此，我們透過這種生活方式，追隨那貧窮、貞潔與順服的拿撒勒人耶穌的腳蹤，走往人類心靈最深處最終的嚮往——復活。

——麥朗尼(Francis Moloney)

憤怒、金錢與性

近年間，一些來自「救主教會」人士曾以不同的小組形式，探討和實踐如何富創意地運用內心經歷中三大範疇──憤怒、金錢與性。他們問：作為基督徒，我們該如何處理這些既感性又常具破壞性的範疇，將它們轉化為積極而有生機，使成為治療中的愛、新釋放和創意能量？……重依昔日對貧窮、貞潔與順服的修院式誓願，是真正賦予生命、釋放我們的生活方式。

──麥根倫（Donald D. McClanen）

一個真正超然的自我否定

聖靈教導我們苦修行與犧牲之分別，指示我們作為基督徒，苦修行並不足夠。「苦修行」是系統化地滿足於抑制自我本性。「犧牲」卻比之更進一步：它將我們本性與一切機能呈獻給神。一個真正超然的自我否定，必須是渴慕將我們對自我所否定的獻給神。

──梅頓

一個虔誠的生命

追求虔誠生命中的真愛與操練，使我們從世俗的潮流中分別出來，與「瑪門文化」對立。我們要成為「科技狂」的逃兵，與它的權勢斷絕關係，棄絕它的錯誤價值。禱告就是最深沉和正面的棄權。

──列殊（Kenneth Leech）

每日經文選讀

星期日　不聖潔的三一體(約壹二15～17)

星期一　金錢的破壞性潛能(提前六6～10)

星期二　金錢的建設性潛能(徒四32～37)

星期三　性的破壞性潛能(加五19～21)

星期四　性的建設性潛能(創二3～25)

星期五　權勢的破壞性潛能(徒八9～24)

星期六　權勢的建設性潛能(徒一6～8)

研討問題

1. 在錢、性、權勢這些問題上，今天教會有否給予足夠的教導？有何歷史性因素導致這情況？
2. 從歷史角度來看，金錢、性和權勢三者的相互關係顯而易見，你有否在你生活圈子中，例如：事業、學校或其他地方察覺到這現象？
3. 在一個電視清談節目中[其中有《金錢》雜誌總編輯洛布(Marshall Loeb)及著名心理學家布拉斯博士(Dr. Joyce Brothers)]曾提及性是六十及七十年代的問題，金錢是八十年代的問題，而權勢是九十年代的問題。你認為如何？
4. 我曾提及：「從過去的歷史，我們發現每次靈性大復興，必會在金錢、性及權勢等問題上，出現了強大而明確的回應。」你認為如何？這觀點對今天教會有何提示？
5. 金錢、性與權勢這三個問題的社會意義常涉及到「事業」、「婚姻」及「政權」。試就每個範疇策定三個具體行動，以幫助你自己或小組在此三方面的生活上更順服基督。

6. 在自甘貧窮、貞潔及順服三個修道士式誓願中，你認為哪個最有屬靈的防衛能力？哪個又最少？
7. 古時的修道士「放棄擁有財產的權利，以求學習與世俗隔絕；他們選擇獨身來學習倒空自己；他們棄絕一切權力以學習服事」，今天，對於沒有依從這些誓願過活的我們，有否其他方法可使我們學習到與世俗隔絕，倒空自己，服事別人？
8. 在清教徒所強調的「勤勞、忠誠和遵行命令」中，你喜歡哪一樣？不喜歡哪一樣？
9. 修道士和清教徒們曾就他們的文化對錢、性和權勢這問題作出回應，除了他們，其他羣體曾否對這問題作出回應？他們又作出了甚麼貢獻？
10. 面對今天教會和世界的光景，你認為我們是否需要提出一個新的呼聲，以持守基督徒的誓願？在你教會中，這概念與實際情況有多大分別？

創意研習作業

作業一

「神啊，求祢為我做清潔的心，使我裏面重新有正直的靈。」(詩五十一10)

請大聲誦讀詩篇五十一篇(這是大衛與拔示巴同寢後之懺悔詩篇)。

現在內心安靜地想像一個迴廊，內有三道門分別通往你生命中三個房間。這些門上分別寫著「金錢」、「性」和「權勢」。你邀請耶穌基督進入每一個房間，讓祂的慈愛提醒你在何事上需要悔罪。你要一一向主坦然認罪，因你確知祂早已預備一一的接納和寬恕。

不要匆忙進行，相反，每一項都要平穩安靜地處理。若以小組形式進行，請安排十五至二十分鐘完全安靜的時間。最後高聲念出約翰壹書一章9節強而有力的語句：「我們若認自己的罪，神是信實的，是公義的，必要赦免我們的罪，洗淨我們一切的不義。」

作業二

「你們當向聖所舉手，稱頌耶和華。」(詩一三四2)

請大聲誦讀詩篇一百三十四篇，小組可同聲念出。

現在舉起你的手稱頌耶和華，感謝祂！讚美祂！為祂的美善而歡欣！記著，祂造了天和地，凡祂所造的盡都美好。

為「金錢」感謝祂，稱頌祂：

——金錢可供應食物、衣服和安居之所

——金錢使貧窮和有需要的人得福

——金錢可在地上擴展神的國

為「性」感謝祂，稱頌祂：

——為著你忠貞的另一半

——為著那溫柔而親密的關係

——為著那叫我們更認識自我的性別

為「權勢」感謝祂，稱頌祂：

——權勢可使人從憂暗世界的支配與操縱中轉回

——以權勢去愛和服事

——以權勢去治療和幫助別人

不論小組或個人，請以歌聲結束：

全地歡呼主名威嚴，天使屈膝敬拜；

以莊嚴王冠，擁戴萬主之主，

以莊嚴王冠，擁戴萬主之主！

一般背景書目

這部分書目乃按以下各範圍分列於後：

——委身的先賢

——修院式誓願

——清教徒思想

——當代問題探討

委身的先賢

Arnold, Eberhard, ed. *The Early Christians: A Sourcebook on the Witness of the Early Church,* Grand Rapids, Mich.: Baker Book House, 1979.(是一般讀者不易接觸到的一本上佳文集，文章主要來自初期教父，涉及範圍廣泛，其中有談及金錢與權勢。)

Augustine. *The Confessions of Saint Augustine.* London: Hodder & Stoughton, 1983.(中譯本：奧古斯丁著，《懺悔錄》，光啟出版社。一位古今極具影響力的信徒經典自傳，整部《懺悔錄》對錢、性和權勢等問題有深切的思想。)

Bonhoeffer, Dietrich. *The Cost of Discipleship. London:* S. C. M. Press, 1964.(中譯本：潘霍華著，《追隨基督》，道聲出版社。今天信徒實不容忽視此書，它的影響力很巨大，例如，它為我們提出了「廉價恩典」這問題。其中一章：「無顧慮生活的單純性」的價值已堪比全書。然而，我們需閱讀全書，因為它提供了基礎，使我們對錢、性和權勢等問題作出認真的回應。)

Brother Ugolino di Monte Santa Maria. *The Little Flowers of St. Francis.* Trans. by E. M. Blaiklock and A. C. Keys, London: Hodder & Stoughton, 1985,(早期聖方濟修會的有趣故事集，這些故事在錢、性和權力的問題上提供了不少灼見。)

Colliander, Tito. *Way of the Ascetics.* Trans. by Katharine Fene. Oxford: Mowbray, 1983.(這是一本為現代讀者介紹東方基督教屬靈傳統的好書。它以溫暖的關切和一般見識去輔導屬靈生命的成長，其中有特別篇章談及錢和權力的問題。)

Woolman, John. *The Journal of John Woolman and A Plan for the Poor.* Secaucus, N. J.: Citadel Press, 1972.(在眾多經典的屬靈札記中，也許這是最切合時代的，因為它面對的是當代的問題。整本札記對權力和金錢的問題作出了重大的回應。此書可讀性頗高。)

修院式誓願

Athanasius. *The Life of Antony and the Letter to Marcellinus.* Trans. by Robert C. Gregg. London: S. P. C. K., 1980.(中譯本：《聖安東尼傳》，恩奇出版。這部關於安東尼之自傳，於第四世紀面世時已迅即被譽為經典之作。它不但享譽於地中海東部的希臘語基督徒中，甚至遠及在高盧和意大利的拉丁語基督徒。一位現代學者認為到了公元四世紀時，安東尼已經是「過去的英雄」，這個「即時」的貶語(「即時」是用古時的標準，不是用當代的標準)，主要是與作者另一部著作*Vita Antonii*有關。安東尼無疑是修道主義之父，這個由他同時代的欣賞者執筆的迷人故事，對於了解修道士如何回應「金錢、性、權勢問題」提供了無價的幫助。)

Fry, Timothy, ed. *The Rule of St. Benedict.* Collegeville, Minn.: Liturgical Press, 1981.(一部有關聖本篤修會的優秀歷史，內有聖本篤規律的新譯本及增訂註釋。)

Holmes, Urban T. III *Spirituality for Ministry.* San Francisco: Harper & Row, 1982.(本書嘗試超越修道士的觀點，在當代人生活範圍內，反省貧窮、貞潔和順服等觀念。此書雖讀來繁重而費力，但卻是值得的。)

Moloney, Francis J. *Free to Love: Poverty, Chastity, Obedience.* London: Darton, Longman & Todd, 1981.(是近代對貧窮、貞潔和順服的修士式誓願的新探討。)

O'Reilly, James. *Lay and Religious States of Life: Their Distinction and Complementarity.* Chicago: Franciscan Herald Press, 1976.(從天主教觀點看貧窮、貞潔和順服;特別強調要把俗世和宗教生活劃清界線。)

Williams, H. A. *Poverty, Chastity & Obedience: The True Virtues.* London: Mitchell Beazley, 1975.(曾於劍橋大學內發表的四個演説,探討有關修院式誓願在今天生活上的價值。)

Workman, Herbert B. *The Evolution of the Monastic Ideal.* London: Charles H. Kelly, 1913.(本書為有興趣者提供了修院式誓願的歷史背景資料,這是對此問題既尊重又富感性的處理方法。)

清教徒思想

Baxter, Richard. *Chapters from: "A Christian Directory."* Edited by Jeanette Tawney. London: G. Bell & Sons, 1925.(特別在研討錢和權勢的題目上,它是其中一本最好的清教徒思想著作。其中包括的章目有:〈對富有者的指引〉、〈對貧窮者的指引〉、〈僕人對主人的職責〉等。)

Bremer, Francis J. *The Puritan Experiment.* New York: St. Martin's Press, 1976.(有關清教徒在新英倫努力建立「基督化社會」的寶貴背景資料。尤有幫助的是有關清教徒教會和國家教義的篇章。)

Foster, Stephen. *Their Solitary Way.* New Haven, Conn.: Yale University Press, 1971.(此書研究清教徒思想,並特別著重有關財富與政權方面的論題,有助於更平衡地了解清教徒思想。)

Frost, J. William. *The Quaker Family in Colonial America.* New York: St. Martin's Press, 1973.(研究有關「貴格會」如何在美國殖民時代討論性與婚姻等問題,十分有趣。例如,它細察

了許多早期「貴格會」冊子和書信，都是有談及如何選擇配偶的。我把它列入清教徒思想書目之一，是因為「貴格會」也可被視為清教徒運動的左翼。)

Haller, William. *The Rise of Puritanism.* New York: Harper & Brothers, 1957.(有關重要的基督教運動的寶貴背景資料。)

Hambrick-Stowe, Charles E. *The Practice of Piety.* Chapel Hill, N. C.: University of North Carolina Press, 1982.(它有助於研究清教徒生活方式，特別強調清教徒委身及默想的性情。)

Knappen, M. M. *Tudor Puritanism: A Chapter in the History of Idealism.* Chicago: University of Chicago Press, 1939.(英國清教派的重要背景資料。其中有兩章分別名為〈清教徒教條中的權勢〉及〈順服的生命〉。)

Miller, Perry, *The New England Mind.* 2 vols. Cambridge, Mass.: Harvard University Press, 1954.(由最重要的清教徒領袖之一所寫，其中包括極佳的三章論及：「恩典之約」、「具體可見的或教會之約」，以及「社會之約」。)

Miller, Perry, and Thomas H. Johnson, eds. *The Puritans: A Sourcebook of Their Writings* . 2 vols., rev. New York: Harper & Row, 1963.(藉研究此兩冊作品，可以獲取清教徒本身的初步資料，後頁的書目資料和索引為進一步研究提供豐富資源。)

Morgan, Edmund S. *The Puritan Family: Religion & Domestic Relations in Seventeenth-Century New England.* London: Greenwood Press, 1980.(此書對認識清教徒家庭結構很有幫助，值得閱讀。它表達了清教徒對健康、美滿的家庭生活的重視。)

—"The Puritans and Sex." T*he New England Quarterly.* Dec. 1942, pp.591~607.(由最重要的清教派權威之一所寫。這書推翻了一般人認為清教徒對性持不健康的禁慾主義的觀點。)

—*Visible Saints: The History of a Puritan Idea.* New York: New York University Press, 1963.(是研究清教徒教會論的重要資料，特別強調純潔教會和具體可見的盟約部分。)

Rutman, Darrett B. *American Puritanism: Faith and Practice.* W. W. Norton, 1980.(對於那些對清教徒歷史認識不多的人，這是一本好的背景資料冊，它概述了清教徒在新世界的歷史。)

Ryken, Leland. "Puritan Work Ethic: The Dignity of Life's Labors." *Christianity Today*, 19 Oct., pp. 15~18.(一篇精簡、有建設性的文章，主要論及清教徒對工作的立場。)

Schneider, Herbert Wallace. *The Puritan Mind.* New York: Henny Holt, 1930.(其中一章〈神聖共和國〉澄清了清教徒國家教義中世俗的觀念。)

Silverman, Kenneth. *The Life and Times of Cotton Mather.* New York: Harper & Row, 1984.(為這位偉大的美國清教徒而寫的傳記中，它也許是近代寫得最好的一本。)

Simpson, Alan. *Puritanism in Old and New England.* Chicago: University of Chicago Press, 1955.(一本精簡、扼要地論述清教徒對具體可見的契約概念的小冊。)

Waller, George M., ed. *Puritanism in Early America.* 2d ed. Lexington, Mass: D. C. Heath, 1973.(內有數章作品討論清教徒對權勢的觀點，內容極佳。)

Watkins, Owen C. *The Puritan Experience.* London: Rontledge, 1972.(這書透過研究清教徒的靈程自傳來了解他們的生活，十分有趣；最特別的是它嘗試展示「貴格會」對形成「清教徒運動」的貢獻。)

Wertenbaker, Thomas Jefferson. *The Puritan Oligarchy.* New York: Scribner's, 1947.(它提供歷史背景以闡述清教徒如何以遵行國家命令來應付權力問題。)

當代問題探討

Dostoevsky, Fyodor. *The Idiot.* Trans. by D. Magarshack. London: Penguin, 1970.(在這部偉大的小說中，杜氏把他的基督化人物邁殊根王子(Prince Myshkin)投進一個著了「錢、性、

權力」的「惡魔」的社會裏。在整本小說裏，他以「美麗的靈魂」的姿態出現，去處理金錢、性和權力的問題。）

Ellul, Jacques. *The Ethics of Freedom.* Trans. and ed. by Geoffrey W. Bromiley. Grand Rapids, Mich.: Eerdmans, 1976.（一本有關道德的重要論著，由一位一流的基督徒作者所寫，其中部分內容有「自由與權勢」、「在家庭、工作、性、錢中的自由」等題目。）

Fawcett, Edmund, and Tony Thomas. *The American Condition.* New York: Harper & Row, 1982.（此書分析當代美國文化，其中有篇章論及美國的經濟、家庭和政府，是從社會角度去看錢、性和權力問題。）

Kraybill, Donald B. *The Upside-Down Kingdom.* Scottsdale, Penn.: Herald Press, 1978（此書有助透視神的國度，尤其好的是有關錢和權勢問題的篇章，可讀性很高。）

Naisbitt, John. *Megatrends: The New Directions Transforming Our Lives.* London: Futura, 1984.（幫助我們析透當代文化的動態。）

Nouwen, Henri, J. M. *The Wounded Healer.* Garden City, N.Y.: Image Books, 1979.（中譯本：盧雲著，《負傷的治療者》，基道出版社。對人類內心普遍的「無能感」的洞識，有助我們了解為何許多人不擇手段的要攫取種種東西，如錢、性和權力等。）

Smedes, Lewis B. *Mere Morality: What God Expects from Ordinary People.* Tring: Lion Publishing, 1983.（中譯本：史密特斯著，《祇是道德》，華神出版社。由於此書闡釋十誡，故必然會談及錢、性和權力等問題。）

第一章

金錢的黑暗面

聖經告訴我們貪財是萬惡之根，若是這樣，我們應怎樣回應金錢的黑暗面？

雋言

無休止的貪慾

試想一下，侵蝕我們心靈、永無休止的貪慾，為我們生活帶來怎樣的困苦。我們陷入巨大的債務中，就身兼兩至三份工作來維持生計；我們經常無必要地舉家搬遷，以尋求更有體面的家居。我們捕捉又掠奪，從不感滿足。最可怕的是，我們浮華的房車、奪目的運動衣飾、後園的泳池都使我們更不關心公民權、城內的窮困、印度的飢民。

——傅士德

真正公義的標準

在我心內已有更新的確定，主基督——恩慈地運行在人心裏，帶領人離開對金錢的渴慕，活在謙虛、卑微中，以致他們能清楚自己的路向，重新校正真正公義的標準。這不但打破抑壓在心裏金錢的羈絆、更知道每當外來的苦楚臨到時，主是他們的力量和支持。

——武爾曼(John Woolman)

神工作的對敵

瑪門的工作正是神工作的對敵，因著這對敵的關係，我們就了解為何耶穌要求我們在瑪門與神之間作出取捨。祂並不只談及任何其他勢力或「神明」，祂是針對與神的工作相違，在此世上建立「不義國度」的那惡魔。

——埃羅

人類的非理性

「金錢」似乎為人類帶來無理性，它汲取最深層的人性，發動如貪婪、嫉妒、愛和安全感等情感。一個人若期望以獲取足夠金錢來達致理想的生活水平，是屬於現實範疇內的行為，但積蓄鉅財的慾念卻是無理性的。當一個人的財富積聚已超越了某一個程度時，再多的金錢也不能使他增加生活的豐饒或多添一分喜悅。然而，成為千萬富翁乃是大部分美國人普遍的夢想。

——高柏加及劉逸思（Herb Goldberg and Robert T. Lewis）

聖經的生活方式

按照聖經的生活方式，是不能以財富作為目標的，主耶穌及大部分的聖經作者都輕視財富。在這世代中，財富是那些有權有勢欺壓貧窮者所擁有的，他們利用貧者所付的代價以積聚更多的財富……同時，財富具有高度誘惑性，常引誘其擁有者與這世代妥協以期保存它（或增加它）。從最好處來看，財富仍是富爭論的；從最壞處來看，財富是既咒詛人而又受咒詛的，因為它使人與那服在神審判下的世界聯合。

——戴維斯(Peter H. Davids)

每日經文選讀

星期日　有「禍」的人(路六24～26)

星期一　富有的少年官(太十九16～22)

星期二　愚笨的農夫(路十二15～21)

星期三　一個驚人的宣教(太八18～22)

星期四　針的眼(太十九23～26)

星期五　財寶與心(太六19～21)

星期六　賊窩(可十一15～19)

研討問題

1. 金錢是耶穌第二個最常論及的主題(天國是第一個)，你認為原因何在？
2. 你認為我有否誇大耶穌所強調的金錢黑暗面？或說得不夠？
3. 你在甚麼情況下看出人對金錢的曲解，誤認為這是被神祝福的一個徵兆？這些教導為何有不足之處？他們所根據的「真理的核心」是甚麼？
4. 我們經常領受的「管家職分」教導，其實是對金錢有錯誤見解，因其忽略了金錢所具有的魔力。你所領受的有關管家職分的教導有否帶出這點？你會否傾向於同意我在此的說法，或是你心持異議？
5. 對你來說，金錢是一股「權力」是否一個新的觀點？

6. 你認為耶穌對金錢極端嚴厲的批評，是用作誇張式教導，或是對真理直接的傳述？
7. 你有否感到難於接受你的財富？
8. 回想你孩童時期有關金錢的記憶中，有沒有為你的人生帶來正面的影響？又有哪些對你有負面的影響？
9. 父母如何影響你對金錢的看法？他們有沒有經常與你談及金錢的黑暗面？
10. 你可否找到一個能帶領你面對金錢問題困擾的人？

創意研習作業

作業一

「你們要先求祂的國，和祂的義，這些東西都要加給你們了。」(太六33)

開始時請閱讀馬太福音六章19至34節。然後，在你家中的隱密處，寫一篇三頁的自傳，把你的人生分開三個部分：孩童、少年、成年時期。

思想金錢對於你作為一個孩童時的影響。你有哪些對金錢的一般態度是繼承了父母？你覺得自己是富有或是貧窮？你有甚麼快樂和痛苦的回憶是與金錢有關的？

思想金錢對於你作為一個青少年時的影響。最初賺錢的經驗是怎樣的？對於你第一次作的重大購物——如汽車，你的感受如何？在你青少年時期中，金錢是否佔著一個重要的位置？有否因著缺乏金錢而出現過尷尬的情況？你有否被教導該如何節儉、儲蓄或投資？

思想你作為一個成年人金錢在你生命中的角色。你是一個「寧可小心一點也不願招致損失」的人，還是一個認為「不入虎穴，焉得虎子」的人？你對金錢的態度怎樣影響你使用金錢？你會否樂於施予金錢？你需要一個價值多少的「財富墊子」才會感到安全？

若可以的話，請與別人分享你的自傳。最理想的是，對方亦已經過上述步驟並願意與你分享他或她的自傳。若對方是你的配偶，那就最好不過了。倘若沒有任何人物作為你的分享對象，那將你的故事呈獻給主吧，祂必以極大的憐憫聆聽。請以禱告結束你的分享。

作業二

「貪財是萬惡之根。」(提前六10)

若可以的話，以不超過十人組成一個小組。當你們準備開始的時候，先讓每一位在寧靜、禱告的氣氛中坐著，並請其中一位大聲朗讀提摩太前書六章9至10節三次，每次朗讀之後均靜默片刻。

然後，毋須說話，放置一張「禱告椅」於小組中間，當每位成員輪流坐在椅上時，由其他組員圍繞著他或她，用愛心為他或她禱告。可按手禱告，並特別為在金錢的黑暗面上的失敗祈求。最理想是被代禱者不用開聲禱告，這樣便不會使任何小組成員感到有壓迫感，要說出難以啟齒的事。求主使金錢的魔力順服於基督，使貪婪被戰勝，使妄想被征服，使憂慮被打敗。

每一位組員都必須有機會坐在禱告椅上，我們每一個都需要禱告的恩典，因我們實在缺乏。若有情感湧現時，容讓它們被自由地傾訴出來，這小組必須繼續在旁溫柔地幫助、鼓勵、耐性地等待分享任何的眼淚與歡笑。

當禱告結束時就可散開，不需再有進一步的分享，這是其中一樣不屬於「盟約的聚會」的東西，耶穌的教訓並沒有教導人將此種經驗應用。

若你不能與人組成小組，可與主耶穌一同分享這經驗。讓主為你代禱，因祂確實與你同在。

第二章

金錢的光明面

金錢在美好的事上有巨大的力量。讓我們思想一些它可以服務於基督及其國度的方法。

雋言

以金錢作為愛的工具

在現代的世界中，我們可以有兩種使用金錢的方法，使之成為愛的工具。第一種就是當「鄰舍」有需要時，使用金錢幫助他們，以致我們能進入他們生命中，建立更深的人際關係。第二種使用金錢的方法是捐錢予一些服務人羣的團體。不過，無論我們在經濟上援助個別有急需的人，還是捐獻予慈善團體，最終結果可能都是相同的。即使金錢像罪惡的源頭般邪惡，但也可以成為有力的生命工具。

——鮑曼(Edward W. Bauman)

財產……是神的恩賜

若人以擁有的財產為神的恩賜，將它們用以服事那位賜給人類救恩的神，並知道他擁有這些財富是為弟兄的緣故多於為自己的益處。他便能超然面對他的財富，而不成為這些東西的奴隸，……因此，面對財富的豐厚或寡少，他能同樣欣然地接受。

——亞歷山太的革利免(Clement of Alexandria)

價值標準

在世界上金錢是價值的標準……然而，不獨是在這世界的國度，甚至在天國裏也是這樣，一個人要以他的金錢來衡量他，不過，是在不同的原則下被衡量。這世界問：他擁有「甚麼」？主耶穌卻問：他「怎樣」去使用它？世界重視賺取金錢；主耶穌重視施予金錢。但即使一個人施予金錢，世界仍問：他施予「甚麼」？主耶穌卻問：他「怎樣」施予？世界重視金錢和數量；主耶穌重視人本身及他的動機。

——慕安德烈（Andrew Murray）

枯井

正當我與克里斯蒂這家人談話時，一位長鬍子的英俊回教徒從人羣中站出來對村長講了一些事。有人告訴我，這位回教徒是一個井的主人，這個井在新克里，是少數仍然流出水的其中一個，但它幾乎已乾涸，需要再掘深一些。其中一個基督徒告訴我，這位回教徒縱然苦難將至，仍繼續讓回教徒及基督徒同樣地分享他的井水。

當我告訴他這口井將會是村內最先的工程計劃之一，並且我們會親自協助其中時，他立時中止了他的滔滔談話。他只是張口站著，不發一言，以熱淚盈眶來傾訴他的心聲。他沒有拭去淚水，只是站在那裏，不斷啜泣，抓緊我的手不放。

——穆利暇（Stanley Mooneyham）

自相矛盾的現實

金錢與人類的處境是一模一樣的。它像我們一樣，存在於兩個世界裏——一個是敵對神的罪惡世界；一個是順服神恩典的世界。人類內在的處境和狀況，完全是一個自相矛盾的現實。離開了神，金錢會發動一股違背神的力量，因此，人不能既事奉神又事奉瑪門。當金錢服在神的國度下，它就成了順服、感恩、愛和喜樂的媒介——這媒介能幫助人以被造者身分自居，謙卑地存活在創造者面前。除非我們能認識這震撼性、強力的二元性功能，否則我們決不能以正確的態度面對金錢。

——萬而（Robert P. Meye）

每日經文選讀

星期日　亞伯拉罕的經歷（創十二1～3，十三1～2）

星期一　約伯的經歷（伯一1～3，四十二10～17）

星期二　所羅門的經歷（王上三10～13，十1～7）

星期三　一同喜樂（申十六15；瑪三10）

星期四　富有的婦女與窮寡婦（路八2～3；可十二41～44）

星期五　約瑟與尼哥底母（太二十七57～60；約十九38～40）

星期六　豐盛的撒種（林後九6～12）

研討問題

1. 你認為新約與舊約對有關金錢的教導是否有衝突？
2. 你認為約伯記是教導我們神會獎賞正直人，還是教導我們正義是一樣不依賴財富而存在的東西？

3. 所羅門王能否成為基督徒管家的好榜樣？
4. 你認為保羅在哥林多後書八至九章對施予的教導（是為鼓勵教會捐獻給耶路撒冷信徒而寫的）可以被普遍性應用，還是只可作地方性應用？若你的答案是前者，你會如何就現今社會情況解釋保羅所關心的問題：「乃要均平」（林後八14）？
5. 我曾提及神的預備是「慈愛的神所賜的厚恩」，但很多時候，我們卻努力工作，苦心經營去換取自己的成果。若是這樣，我所述的預備是神的恩賜，是否只是一派無聊的宗教術語，還是蘊含著一點意思？在你的經驗裏，有否體會過神豐富的預備？這經驗有否加深了你與神之間的關係？
6. 聖經中所強調「神擁有財產的絕對主權」該如何影響到我們對自己財產的管理？
7. 當你在奉獻時改變了所提出的問題，不問「應該奉獻多少錢給神？」而是問：「我們該從神的銀錢中留下多少給自己？」這對你的奉獻觀念有何影響？
8. 你對於萬寧治醫生的病人所說：「當我想到要將一部分的錢分給別人的時候，我便感到很害怕。」有沒有認同的地方？若你不能認同這句話，那你對金錢的反應與他有何不同？
9. 試想出兩個生命中神藉金錢來教導你信靠功課的經驗。
10. 試思想個人及教會團體有何具體方法去培養感恩的心。

創意研習作業

作業一

「地和其中所充滿的，世界和住在其間的，都屬耶和華。」(詩二十四1)

利用一些三乘五英寸的卡紙，寫出五種金錢能豐富你或別人生命的方法，每一張卡寫上一項，不用害怕強調金錢的積極性。然後把卡收集好，洗牌，派發給小組組員，請不同的成員輪流讀出他們卡紙上所寫的字。讀的時候，一同討論每一個經驗如何使人更親近神。

當每個人都分享過後，請人朗讀詩篇二十四篇，特別注意「敬拜神」與「認識這世界是屬主」兩者間的連繫。最後，再朗讀詩篇一次，這次用對應的方式誦讀，請一半的小組成員讀問題，另一半作回應。

作業二

「你用這銀子，隨心所欲……你和你的家屬，在耶和華你神的面前，吃喝快樂。」(申十四26)

計劃舉行一個喜樂的感恩會，可讀申命記十四章22至27節作為預備。根據這段經文，我們是肯定可以將十分一的金錢用於這聚會上，因此，請以釋放的心去行。購買一些你認為是特別具有歡樂慶典意義的東西，使感恩和頌讚成為這聚會的重要部分。禁止一切空洞的宗教言辭，它們在這等感恩會上毫無作用，不過也許你會希望泡製一次聖潔的歡呼，在神的美好裏歌唱、歡笑、跳舞和喜樂！

第三章

不義瑪門，用於天國

耶穌教導我們如何使用瑪門而不是事奉它。

雋言

積財就是偶像崇拜

地上的財物是供使用，而不是供收藏的。神在曠野每日把嗎哪供給以色列人，他們不用為飲食憂慮。若以色列人把部分嗎哪貯藏起來，留至翌日，嗎哪必定變壞，這是確實的事。同樣，門徒每日必有從神那裏得來的一份賜受，若只把其貯藏起來，成永久的產業，則不但損毀神賜的恩典，更糟蹋了自己，因已把心靈專注於積財上，堵塞了與神的交通。我們的財寶在哪裏，我們的信任、我們的安穩、我們的慰藉，甚至我們的神也在那裏。積財就是偶像崇拜。

——潘霍華

管理錢財的職分

有些人是特被呼召去管理和運用錢財的。施予是個重要而正確的屬靈恩賜，是要使錢財用得恰當、有益。耶穌告訴我們：「要藉著那不義的錢財，結交朋友」(路十六9)。意思是說：為天國而使用物質的財寶，這在我們中間是個迫切需要的職分。

簡樸的美德常使我們過樸素的生活，卻不一定要我們減少入息。神選上一些人，加增他們財富，是要他們善用財富，造福別人。

——傅士德

儲蓄和施予

千萬不要使支出多於收入……要定出「盡所能儲蓄」和「盡所能施予」的條例是不可能的。這樣看來，我們定要每時每刻讓那聖者來引導。

——衛斯理

預算是經計劃的支出

預算是經計劃的支出！那不是聽來容易嗎？

當你明白預算的用途，並按步驟計算，把家庭入息作最佳的運用，你將發現預算是容易作的。一個家庭若了解金錢的使用，其發揮的作用將更大。

——傅希(George Fooshee, Jr)

一個極之誇耀財富的方式

保險在我們生活中所佔的地位——我們為何和怎樣參與其中——都值得我們評估，尤其當我們以基督教立場看世代的經濟學。對一些被接納的假設，我表示疑惑……我看保險可能是當今社會一種極之誇耀財富的方式。

——沃特(Virgil Vogt)

每日經文選讀

星期日　不要事奉瑪門（太六24）

星期一　學習使用瑪門（路十六1～9）

星期二　廢棄瑪門之王位（徒十九18～20）

星期三　神所選擇的禁食（賽五十八6～9）

星期四　均平的問題（林後八13～15）

星期五　禧年式慷慨（利二十五8～17）

星期六　禧年式慷慨（路十九1～10）

研討問題

1. 閱讀馬太福音六章20節及路加福音十六章9節，討論這兩段經文之間的矛盾。對於這矛盾，我曾作過嘗試去解決，你認為如何？
2. 耶穌說：「今世之子，在世事之上，較比光明之子更加聰明。」在金錢上，我們從「今世之子」身上有甚麼學習？
3. 對你來說，「不義的瑪門」是否一個新的觀點？這教訓可能會引起甚麼誤解？它又如何能幫助我們？
4. 你已找到甚麼途徑可以「積儹財寶在天上」？還有沒有其他想作的事？
5. 如果是神，而不是金錢左右你的決定，你會如何決定是否需要購買一部家庭電腦？
6. 是否「使用金錢而不去事奉金錢」兩者真正存在著矛盾？或只是在文字上的差別？
7. 我提供了七個幫助我們駕馭瑪門的步驟，哪一個步驟對你有特別的幫助？你能否想出其他步驟？

8. 你怎樣抗拒金錢的神聖形像？
9. 你對我所提出的基督徒認識自己在事業上所扮演的角色的六個原則有何回應？你認為可再增添一些嗎？
10. 公會對勞資關係有幫助還是有妨礙？你能否想出更好的方法保障雇員的利益？

創意研習作業

作業一

「我又告訴你們，要藉著那不義的錢財，結交朋友，到了錢財無用的時候，他們可以接你們到永存的帳幕裏去。」(路十六9)

高聲朗讀耶穌在路加福音十六章1至13節的不義管家的比喻。縱然管家有許多不當的行為，耶穌卻特別指出他有一件事做得對——他拿取金錢用於非牟利用途上。假如現在你的小組獲得一百萬港元，請你們用任何方法將之用於最有利神的國度的事上，讓你們的「智囊團」商討一下，如何能最有效運用這筆金錢。不要忘記你們的資源很有限，你們會否利用已有的金錢去賺取更多，以致能運用更多資金來進行更偉大的計劃？你們會否將這筆金錢全數捐出，若會，你們會捐贈予幾個不同機構，還是只捐給某一個機構？

若你們這組有足夠成員，可再分成幾個小組來進行上述商討。大家在最後一部分再聚集一起，各小組可分享他們的計劃，然後嘗試評價哪一組的用錢計劃最佳。

作業二

「所以你們或吃或喝，無論作甚麼，都要為榮耀神而行。」(林前十31)

請閱讀雅各書四章13至16節，思想這段經文如何應用在商業社會裏。這部分的焦點是認同活在商業世界裏的人。

試想想一些個別的例子，他們在你的城市裏獨自或與人合資經營生意，也許你可以將他們的名字列出。現在，學習為這些商界朋友懇切地代禱。

首先，請求主幫助你進入他們的世界：感受他們每天勞碌工作的壓迫和緊張；感受那些不斷要求他們在道德上妥協的誘惑；了解競爭的力量；感受決策的壓力。先為他們個別的需要、創傷、希望和抱負祈禱。然後為他們的家庭祈禱，求神祝福他們的家庭，保守他們與家人有美好的關係，並且得到家庭的支持。最後，為他們個別在每天的商業工作和決策事情上祈禱，求神賜予力量、智慧，使他們能夠靈巧像蛇、純良像鴿子。

然後，約在下星期內，拜訪你曾為他代禱的其中一位朋友的工作地點。毋須談及有關你禱告的經歷，除非認為很適合。通常他們會帶你參觀工廠或寫字樓，嘗試認識他或她每天工作的環境。當你們一起分享時，在心裏為這位朋友及其工作代禱。這次探訪，無疑有助你知道如何更有效地為這位被召在商業世界中發光的朋友代禱。

第四章

簡樸生活的誓願

簡樸就是自由與喜樂的生活。

雋言

不要憂慮！

不要憂慮！地上的財富蒙蔽我們的心眼，欺騙了我們，使我們以它為保障，以為這樣，就可以脫離憂慮，得享自由。其實，地上的財富很多時正是一切憂慮的源頭。若心靈專注其上，所得的報酬便是難以承受、叫人憂慮的擔子。憂慮製造其自己的寶物，就是生出更多的憂慮。當我們尋求地上的財寶作為保障的時候，我們正企圖以憂慮逐出憂慮，結果完全跟我們的期望相違。把我們繫於財富的束縛，都是證明其本身是令人憂慮的。

——潘霍華

簡樸是靈魂的正直

簡樸是指靈魂的正直，去除一切無用的自我反省，離棄一切自我行為的無用舉動。簡樸有別於誠懇，誠懇是較簡樸為低的德性，很多人有誠懇，卻沒有簡樸。對於不贊成是真實的事物，他們緘口不言，他們只想表現正面——他們是怎樣；卻不想表現負面——他們不是怎樣。他們常自省，檢查自己的思想、行為，回想一切所做的，卻害怕言行過多。這些人是誠懇的，卻不是簡樸的。

——芬乃倫

十個規範原則

首先，購物以其用途，不以其聲譽為原則……

其二，拒絕一切會使你沉溺的事物……

其三，養成施予的習慣……

其四，拒絕被那些操縱現代機械設備的人利用作為宣傳的工具……

其五，學習欣賞事物，而不佔有事物……

其六，培養對受造物有更深的讚賞……

其七，以正確的懷疑態度看一切「先買，後付款」的謀略……

其八，順服耶穌對有關坦白、誠實的教訓……

其九，凡一切會令人生出壓迫他人慾望的，都當拒絕……

其十，避開一切能擾亂你主要目標的事……

——傅士德

一無所有的祝福

我曾經說過，亞伯拉罕一無所有……他在地上一無所缺，但他卻「一無所有」。這是個屬靈的奧祕，這是心靈上一個美妙的神學課程，惟獨在學習捨己的學校裏才能學到。許多系統神學的書都忽略這點，但有智慧的人會明白這個道理。

——陶恕

擁有愈少，得著愈多

在地上生活，不是要盡所能去消耗運用一切，卻只是關乎一些非常簡單的事，這些事可用很簡單的話表達：

你要人怎樣待你，你也要怎樣待人；

愛鄰舍，如同愛自己；

察驗一切事情，持定美好的事物。

——舒馬赫(E. F. Schumacher)

每日經文選讀

星期日　心裏的眼睛(太六22～24)

星期一　不要憂慮(路十二22～34)

星期二　先求祂的國(太六25～33)

星期三　不要偏心待人(雅二1～9)

星期四　先獻上自己(林後八1～7)

星期五　施予的恩賜(羅十二8)

星期六　心靈的滿足(腓四10～13)

研討問題

1. 簡樸生活的誓願與修道士對貧窮的誓願有何不同？
2. 用你自己的文字完成這句子：「簡樸是……」
3. 在施予的七個原則中，哪些是你已預備去行，哪些是你仍作保留？
4. 在學習合比例的奉獻中，你有些甚麼經驗？
5. 你有否感到「有理由支持」的奉獻及「隨意」的奉獻兩者之間的矛盾？

6. 有否見過「施予」被利用為弄權的工具，藉此控制別人？你的教會會如何避免這種情況出現？
7. 你曾否立下遺囑，表明你對神國度的關懷？若沒有，你會否立即立一份遺囑呢？
8. 你有甚麼有效的方法教導兒童有關金錢的問題？如何幫助他們明白金錢的黑暗面？
9. 試列出五項內在態度和五項實踐行動，以助你在自己的生活範疇內依簡樸的誓願生活。
10. 作為耶穌基督的門徒，你是否已預備立誓過簡樸的生活？

創意研習作業

作業一

「內中也沒有一個缺乏的。」(徒四34)

閱讀使徒行傳四章32至37節。這段經文述說了在初期教會，信徒慷慨分享和關懷的故事。我們所能說的，就是他們不是被神命令或告之他們所作是對的，才去作出施予；我們所見的是，一羣被聖靈釋放的人在學習愛鄰舍的功課。巴拿巴成了這種愛心施予的生命質素的典範。

今天，你能作些甚麼「巴拿巴式」的愛心行動？換句話說，你會以甚麼行動來反映如同巴拿巴昔日在他的環境中賣田產那種關懷的心靈？也許你可列出兩至三項。若你在小組中，可將你所列出的各項與組員分享，想想有沒有其中一項是你打算在本週內實行的。

作業二

「應當一無掛慮。」(腓四6)

這習作最好是與一羣彼此相愛和同心的團友一起實踐，但若你是單獨一人，也不必擔心，我將在稍後提供個別指示。

先聚集一班願意委身於依誓過簡樸生活的弟兄姊妹，也許你們可在教堂的聖殿內進行聚會。起初半小時，依從保羅的勸戒，「用詩章、頌詞、靈歌……心被恩感歌頌神。」(西三16下) 自然地、敬虔地一起敬拜主，沉醉於神的愛中，嘗試微聲頌讚禱告，讓聖靈引導，將讚美主之聲達於天上。

當你們感到神的愛把你們召聚和溶化在一起時，一同在神面前靜默沉思，等候主，不要急於打破沉默。

當每一位小組成員已個別地預備好，他或她就可到祭壇前跪下，其他成員在旁圍圈，按手在其頭上，將他或她委身於簡樸生活的誓願奉獻給神。祈求神的能力通過你達到那被奉獻的人身上，好使他或她能夠忠誠地活在簡樸中。容讓每一位願意如此被獻上的人，個別地在神面前在足夠的時間和機會。

若你在此奉獻上找不到其他肢體與你聯合，你可以獨自進行。跪下邀請主耶穌基督為你對簡樸生活所起的誓願而代求，不要感到孤單，因為祂確與你同在。讓主的話豐豐富富的存在你心裏，也讓祂為你的禱告達致完全的果效。不用匆忙，當你感應到禱告完成時，感謝祂，只是感謝祂！

有關金錢書目

這部分書目乃按以下各範圍分列於後：

——委身的先賢

——政治、心理學與經濟學理論

——聖經、神學與倫理學研究

——簡樸與生活態度

——金錢與公平

——金錢的管理與其他實踐事項

委身的先賢

Law, William. *A Serious Call to a Devout and Holy Life—The Spirit of Love.* London: Everyman's Library, Dent.(中譯本：勞威廉著，《呼召過聖潔生活》，台灣橄欖出版社。一部有關屬靈生命的經典著作。特別在第六章內談及金錢的運用時，勞這樣描述：「有智慧又屬靈的運用資產和財富，是我們偉大的任務和福分。」)

Perkins, William. *Treatise of Conscience.* Cambridge, 1606. *The American Experience.* No. 482, Amsterdam: Theatrvm Orbis Terrarvm Ltd., 1972. (一部古舊的著作，內裏包括章目如：〈人如何憑著良知善用富足〉、〈人可怎樣憑著良知追求富足〉、〈人可否自願地施予一切只靠救濟金而活〉等精闢見解。)

Tozer, A. W. *The Pursuit of God.* Bromley: Send the Light Trust, 1978.(中譯本：陶恕著，《渴慕神》，宣道出版社。一部極佳的小書，內有偉大的一章名為：〈一無所有的祝福〉，單這十頁篇章已使這部書可讀性甚高。文中主要討論亞伯拉罕獻以撒的經驗，這次奉獻使他成為一個「絕對順服、一無所有」的人。)

政治、心理學與經濟學理論

Becker, Ernest. *Escape From Evil.* New York: Free Press, 1975.（書內有一篇重要文章名為〈金錢：新宇宙內不死的意識形態〉，內中作者嘗試讓我們看到現代人如何將金錢取代了不同宗教內不死的觀念，使它成為新的不死者。）

Bornemann, Ernest, ed. *The Psychoanalysis of Money.* New York: Urizen Books, 1976.（這書集合了一些探討有關金錢的心理學和本質的重要著作，並為之提供了尖銳的評論。從弗洛伊德到布朗寧（Norman Brown），每位在這方面有重要著作的作者，它都有包含其中，書內並有超過一百本有關金錢的心理學理論的書目。波恩曼把這所有的文字集合一起，也許是要讓我們了解金錢不單是一個被動的交易媒介，它具有真實的力量。）

Boulding, Kenneth E. *The Economy of Love and Fear.* Belmont, Calif.: Wadsworth, 1973.（這部具煽動性的小書，是從其中一位世界尊崇的經濟學家的角度，以新的眼光去探討經濟學。它嘗試塑造出一個所謂的「施予的經濟學」。）

Brown, Norman O. *Life Against Death: The Psychoanalytical Meaning of History.* Middletown, Conn.: Wesleyan University Press, 1959.（書內有極重要的一章名為〈醜惡的金錢〉，它集合了有關金錢為力量的神聖理論的基本見解。）

Goldberg, Harb, and Robert T. Lewis. *Money Madness.* New York: William Morrow, 1978.（這書嘗試「解開我們眾人心內對金錢有不同形式的狂熱的結。」它針對著一些自毀的行為，以及金錢佔據著我們心靈的不同方式，例如：因缺乏安全感而儲錢；對使用金錢有罪咎感，即使是用於必需品上；利用金錢來獲取優越感等。）

Knight, James A. *For the Love of Money.* New York：J. B. Lippincott, 1968.（作者是一位牧師，亦是一位精神病學者，他同時以兩者的角度來看金錢這題目。他嘗試藉觀察兒童、青少年及成年人來了解我們對金錢的反應。其中特別有趣的一章是〈施予的解剖〉。）

Menninger, Karl. *Whatever Became of Sin?* New York: Hawthorne Books, 1973.（從許多方面來看，這都是一部重要的書，我將它包括在這書目內，是因為內中有「嫉妒、貪婪、貪心和豐饒等罪」這部分。）

Ruskin, John. *Unto This Last.* London: Everyman's Library, Dent 1968.（這本古舊的書包括了四篇有趣的文章，其中所討論的是作者所稱的「政治經濟體系的最首要原則」。其中有一章名為〈財富的命脈〉，包含了許多動人的句子，例如：金錢最主要的價值和德性乃在於它擁有操縱人類的權力。）

Schumacher, E. F. *The Age of Plenty: A Christian View.* Edinburgh: Saint Andrew Press, 1974.（由《微小就是美麗》一書的作者所寫的一本很有意思的小冊子，作者嘗試處理一些滲入了基督徒價值觀的經濟學問題。）

Smith, Adam. *An Inquiry Into the Nature and Causes of the Wealth of Nations.* London: Everyman's Library, Dent, 1977.（此書對美國資本主義有重要之影響，雖然近代因有凱因斯派經濟學的興起而削弱了其影響力，但它對了解近代資本主義的精神仍然十分重要。）

Weber, Max. *The Protestant Ethic and the Spirit of Captalism.* Trans. by Talcott Parsons. London: Hutchinson, 1982.（一部具影響力的書，它嘗試探索加爾文主義與資本主義精神興起的關係。）

聖經、神學與倫理學研究

Bauman, Edward W. *Where Your Treasure Is.* Arlington, Va.: Bauman Bible Telecasts, 1980.（對金錢及屬靈生命的眾多方面作出了重要的反省。）

Beckmann, David M. *Where Faith & Economics Meet: A Christian Critique.* Minneapolis: Augsburg, 1981.（一位基督徒牧者，並且是一間世界銀行的經濟學者，為我們提供了對消費者心理問題的良好討論。）

Carlson, Martin E. *Why People Give.* New York: National Council of Churches Press for Stewardship & Benevolence, 1968.（這書對

施予的研究是結合了動機心理學及基督徒倫理觀的洞見。作者嘗試分辨如何才是及不是基督徒的奉獻。)

Ellul, Jacques. *Money & Power.* Trans. by LaVonne Neff. Downers Grove, Ill.: Inter-Varsity Press, 1984.(此書主要是認真處理金錢的問題，權勢的問題只是放在次要位置。本書雖於多年前寫成，但在最近才被翻譯成英文。埃羅所寫的是每個人都必須聽從的。)

Hengel, Martin. *Property and Riches in the Early Church.* Philadelphia: Fortress Press, 1974.(在學術上研究基督教對財產與富足問題的立場，範圍從基督時代至大約公元第四世紀。對舊約的觀點，亦有精簡的討論。對尼西亞前教父，也作出了極大關注。)

Hollis, Allen. *The Bible and Money.* New York: Hawthorn Books, 1976.(作者嘗試在書中鍊製一個金錢的神學理論。他的主要負擔是幫助我們知道，究竟聖經如何說及金錢。他以數章談及利未記、申命記及列王紀上下各卷對有關金錢的教導；詩篇、箴言對金錢的教導；耶穌對金錢的教導，以及其他新約作者對金錢的教導。此外，他又在他的研究中抽出四個重要的聖經主題：人類必須節制對金錢的渴求本性、金錢的脆弱性、金錢的腐財性和金錢的建設性。)

Mullin, Redmond. *The Wealth of Christians.* Exeter: Paternoster Press, 1983.(在現代基督教對金錢的各種思潮上，有深入的思考。它所整理、排列的，都是實際的問題，例如市場學、慈善家、慈善機構，籌款等，並提出了不少建議。)

Piper, Otto. A. *The Christian Meaning of Money.* Englewood Cliffs, N. J.: Prentice-Hall, 1965.(作者嘗試幫助我們以神學和倫理觀點去思想金錢的問題。他在倫理的範疇內，以聖經的觀點去探討金錢的性質，並思想金錢在個人與大眾生命上的角色。)

Taylor, Richard K. *Economics and the Gospel.* Philadelphia: United Church Press, 1973.(在基督教的倫理學範疇內，對經濟的均平作出了有力的分析。)

Vogt, Virgil, *Treasure in Heaven: The Biblical Teaching about Money, Finances, and Possessions.* Ann. Arbor, Mich.: Servant Books. 1982.(一部甚具意義、可讀性甚高的著作，作者為美國伊利諾州艾凡斯頓市的一個名 Reba Place Fellowship 的基督徒團契領袖。)

簡樸與生活態度

Cooper, John C. *Finding a Simple Life.* Philadelphia: United Church Press, 1974.(為簡樸在近代社會的確實異象打好基礎。)

Eller, Vernard. *The Simple Life.* Grand Rapids, Mich: Eerdmans, 1973.(透過從福音書的記載和齊克果的著作角度，幫助我們思想內在的簡樸。)

Fager, Charles E. "The Quaker Testimony of Simplicity." *Quaker Religious Thought*(Summer 1972), pp.2~30.(透過觀察一羣對簡樸這問題有深入思想的人，有助我們評價基督徒的問題。)

Foster, Richard J. *Freedom of Simplicity.* London: Triangle, 1981.(中譯本：傅士德著，《簡樸生活真諦》，學生福音團契出版。這書嘗試將簡樸放在整個基督徒委身的生活範圍之一，並對內在與外在的簡樸作不同程度的強調。)

Gish, Arthur G. *Beyond the Rat Race.* Scottdale, Penn.: Herald Press 1973.(作者對物質主義展開了毫不留情的攻擊，並有力地呼召我們達致外在的簡樸，相信必能對我們整個人有重大的影響。)

O'Connor, Elizabeth. *Letters to Scattered Pilgrims.* San Francisco: Harper & Row, 1979.(正如她的早期作品：*Call to Commitment*，及 *Journey Inward, Journey Outward*，作者繼續在此書內將華盛頓「救主教會」的經驗和洞見按年列出。內有極佳的兩章談及金錢的問題，和描述他們撰寫金錢自述的過程。)

Sider, Ronald J. *Rich Christians in an Age of Hunger: A Biblical Study.* London: Hodder & Stoughton, 1978.（一個對近代社會的公平問題極有價值、按照聖經及實際的研究，必須要讀。）

—,ed. *Living More Simply: Biblical Principles & Practical Models.* London: Hodder & Stoughton, 1980.（集合了一些美國簡樸生活模式研討會 [U.S. Consultation on Simple Lifestyle] 的論文，頗具思考性和幫助。）

VandenBroeck Goldian, ed. *Less is More: The Art of Voluntary Poverty.* New York: Harper & Row, 1978.（這書輯入了多個世紀以來，許多信徒與近乎非信徒對金錢問題的重要說話。）

Ziegler, Edward K. *Simple Living.* Elgin, Ill.: Brethren Press, 1974.（從「弟兄會」[Church of the Brethren] 的角度去透視簡樸。）

金錢與公平

Galilea, Segundo. *Following Jesus.* Trans. by Helen Phillips. Maryknoll, N.Y.: Orbis Books, 1984.（從南美洲的角度，對基督教的門徒觀作了有建設性的討論。其中包括有意思的一章名為〈在貧窮中跟隨基督〉。）

Mooneyham, W. Stanley. *What Do You Say to a Hungry World ?* Waco, Tex.: Word Books, 1975.（作者為前國際世界宣明會主席。這是一部真正有助我們敏感於人類貧苦悲劇的書，它結合了有關第三世界國家需要的重要資料和感人的人類故事。我鄭重推薦它。）

Sider, Ronald J., ed. *Cry Justice: The Bible on Hunger and Poverty.* New York: Paulist Press; Downers Grove, Ill.: Inter-Varsity Press, 1980.（以主題式去匯集經文，內容環繞著公平、饑荒和貧窮。）

Simon, Arthur. *Bread for the World.* New York: Paulist Press; Grand Rapids, Mich.: Eerdmans, 1984.（此書作者為世界糧食會行政主管，它對世界饑荒作了極具幫助和有實際價值的討論。）

金錢的管理與其他實踐事項

Fooshee, George, and Marjean Fooshee. *You Can Beat the Money Squeeze.* Old Tappen, N.J: Fleming H Revell, 1980; and Fooshee, George, Jr. *You Can Be Financially Free.* Old Tappan, N.J.: Fleming H. Revell 1976.(這兩本書極具實際價值，因為作為一所代理收賬公司的主席，他每天眼見不少人因為過分揮霍，自墮陷阱。他對整系列金錢管理的問題提出了不少真正精闢的意見，例如財政預算、循環性經費賬目、儲蓄、分期付款、付稅、遺囑、抵押及其他更多的主題。)

Loeb, Marshall. *Marshall Loeb's Money Guide.* Boston: Little, Brown, 1983.(一本簡單精確地教導我們如何實踐的普通常識書籍，當中涉及了許多各類的主題，從養老金到遺囑都有。作者為《金錢》雜誌的總編輯。)

VanGaspel, Venita. *The Power of Money Dynamics.* Reston, Va.: Reston Publishing, 1983.(此書是在財政管理這範圍內的經典之作。作者同時也寫了三本有關財務問題的極暢銷書籍：《金錢的動力》、《新金錢的動力》及《一九八〇年代金錢的動力》。本書涉及了很大範圍的主題：股票市場、不動產、稅債和稅券、人壽保險、退休及其他。若你有感被神呼召去認真處理金錢的問題，它必有助你學習得靈巧像蛇。)

Weinstein, Grace W. *Children & Money.* New York: Charterhouse, 1975.(這書靈敏地引導作為父母者，如何去幫助孩童學習負起責任處理金錢。它處理了許多實際的問題，例如津貼、家務與支付工資、支票戶口、年青人信用卡等等。作者亦著有一本公共事務小冊子 [No.593] 名為《教導兒童有關金錢的問題》，它也精簡地涉獵了以上範圍的主題。)

— *The Lifetime Book of Money Management.* New York: NAL Books, 1983.(一部全面地討論金錢管理問題的書。它幾乎涉及每一個可想及的主題：財政預算、支票戶口、儲蓄戶口、投資策略、付稅保障、購買樓宇或房車、人壽及醫療保險、房產計劃及其他。這是我所發現的惟一一本有詳盡篇章談及處理你孩子學業上的財政問題的書。整部書是上佳之作。)

第五章
性與靈性

我們都是有性慾的個體，而我們的性慾是會影響我們靈性的健康。

雋言

性愛的美善

年長的基督徒老師曾說，倘若人不是犯罪墮落，今時不像樣的兩性間相愛之歡愉，將會更崇高……沒有宗教像基督教般那麼尊崇婚姻……幾乎世上一切極偉大的情詩都是基督徒的作品。若有人說性本身是壞東西，那麼基督徒應立刻否定他的說法。

——魯益師

三個正統的模範

有關我們性方面的生活，有三個正統的模範……

(一) 每一個人的性傾向都被溶入他整個人格裏，使其渴求人的價值，以致成為一個完整的人。

(二) 每一個人的性傾向是渴求並藉以向另一人表達深入的個人關係。

(三) 每一個人的性傾向是帶領他與異性有一個委身、愛的結合。

——史密特斯

保羅偉大的貢獻

保羅的確對基督徒的性觀念作出了偉大、積極的貢獻，這貢獻在於他把婚姻中的性交合提升至一地步，寓之為「極大的奧祕」，象徵基督和教會的結合。兩性的交合不獨是生理的歡愉，也包含心靈上一個不尋常的領悟，一個獨特的方式，是人藉以表達一個關係全人的委身和自我的剖白。

——尼爾遜(James B. Nelson)

一個現代的錯謬

結束時我想提醒你要防避現世一個廣傳的錯謬……今天許多團體、廣告和庸俗的心理學都嘗試說服人接受肉體可成「道」的思想，藉放縱地追尋肉體和快樂而去傳宗接代。肉體是永不能成「道」的，若隨這錯謬而行，是自我否定的行徑，引來地獄的懲罰。肉體永不能成「道」，但「道」卻成了肉身，認識這點，便是認識真我。我們要保守自己的貞潔。

——韋立時(H.A. Williams)

一體

雖然藉性交合(生殖器官的連結)，二人成為「一體」，但這過程亦同時關係全人，影響人格的至深處。這是整個男人和整個女人的結合。

——貝力(Derrick Sherwin Bailey)

每日經文選讀

星期日　男與女(創一26～27)

星期一　赤身露體，並不羞恥(創二20～25)

星期二　性交的「知識」(創四1、17、25)

星期三　吻的頌讚(歌一2～4)

星期四　美的頌讚(歌七1～9)

星期五　愛的忠貞(歌八6～7)

星期六　性的扭曲(羅一24～32)

研討問題

1. 你認為我們被造為男性、女性，與我們是照著神的形像被造，兩者有何關連？你的答案對兩性之聯合有何提示？
2. 今天是否可能有「赤身露體，並不羞恥」的情景？
3. 巴特曾談及人對性的態度是在縱慾和禁慾兩個乖謬的極端中擺來擺去。試就這兩種極端舉一些例子，並探討教會如何能幫助我們阻止性慾朝不正當的方向發展。
4. 雅歌對兩性事情有坦明的刻劃，你認為應否從聖經中剔除這卷書？請為你的意見辯護。
5. 在馬太福音五章28節中，耶穌說及看見婦女「動淫念」的問題。你會如何定義「淫念」？
6. 你如何解釋耶穌提出有關剜出叫人跌倒的眼和砍下叫人跌倒的手的教訓(太五29～30)？
7. 二人如何能成為「一體」而不損他們的獨特性？
8. 甚麼原因使教會在歷史中，不能持定聖經對性積極而肯定的態度？

9. 若你們是小組裏的成員，試討論「色情」這富爭論性的問題。甚麼是「色情」？它是否只是一個個人問題？應否有這方面的社會管制？

10. 下列數段經文常被認為是討論同性戀問題的，細閱這些經文，然後嘗試回答以下問題。

利十八23，二十13

羅一26～27

林前六6～10

提前一9～10

(1) 透過比較不同聖經譯本或閱讀其他讀經輔本，看看這幾段經文如何處理同性戀問題。

(2) 這些教訓是否普遍性——給所有不同時代的人——又或它們是短暫而屬地域性？

(3) 這些經文是否只是處理淫亂的同性戀問題，而不牽涉強調永久承諾的同性戀？

(4) 現代對同性戀問題的科學研究，能否助我們詳細思想這些經文？

創意研習作業

作業一

「當時夫妻二人，赤身露體，並不羞恥。」(創二25)

請以默禱開始，讓神教導你有關身體的美善，一同參與誦讀以下的啟應禱文。

主領人：萬物的創造主，我們感謝祢！

祢的創造是百般的美善，

感謝祢創造我們的肉體，
感謝祢，我們的肉體是美好的。
感謝祢創造了性，
感謝祢，因性是美好的。

會　眾：主，為著我們的性慾，我們感謝祢！

主領人：主啊！為著兩性的親密關係，我們讚美祢！
為著手牽手的欣喜；
為著親吻和愛撫的興奮；
為著愛人的歡愉；
為著兩性相戀的溫馨。

會　眾：主，為著我們的性慾，我們讚美祢！

主領人：寬恕我們，主啊！求祢寬恕我們！
為著我們輕視祢美好的創造；
為著我們對情慾的羞恥感；
為著不能珍愛我們的肉體；
為著在性與靈之間所築的牆。

會　眾：主，請求祢寬恕我們、醫治我們，以致我們能在祢的愛中跳舞、唱歌及狂歡。阿們。

作業二

「求祢用牛膝草潔淨我，我就乾淨，求祢洗滌我，我就比雪更白。」(詩五十一7)

在這部分，去默想不同歪曲了的性觀念。開始之前，先求神幫助你明白祂如何使性保持純潔，然後漸漸看到性被扭曲。請注意起初性是何等漂亮的東西，而現在它又變成何等古怪的東西。

嘗試敏感於神在歪曲了的性觀念上的傷痛和難過，也許祂會讓你分擔其中部分的傷痛。

最後，求神醫治人類在性這事情上的創傷。求祂使人類、機構，以致整個文化能遠離歪曲的性觀念，並回復性的健全完美境界。

第六章

性愛與獨身

教會實在可以幫助獨身信徒誠實及正直地面對他們在性慾上的掙扎。

雋言

心與靈至深的合一

每一個人都可以不結婚而獲得心與靈至深的結合……除了婚姻之外，在教會裏有另一種呼召。人若能深切的接受獨身這回事，便能獲致更崇高的呼召。那些為耶穌放棄一切，甚至婚姻這個大恩賜的人，是有極大的應許為他們存留。耶穌特別親近他們，在祂降臨之日，必與他們更為貼近。

——亞奴

神的幫助

事實上，我們可以確定，完全的貞潔——如完全的慈善一般——不能單靠人力達到，你必須求神幫助。當你這樣求問神，也許很久你仍不覺有神的幫助，或只是少許，這不是問題。每次跌倒後，靠神的恩起來，再嘗試。很多時，神最先幫助我們面對的，不是貞潔本身這問題，而是不斷再嘗試的能力。

——魯益師

神聖的倒空

獨身者活出他們倒空而聖潔的生命。他們不結婚，不嘗試為自己建立家庭或財富，不去運用所有的影響力，也不讓許多可記念的事情和人物佔據他們的生命。他們願意藉此倒空的生命，承認神是人一切思想行為的源頭。特別當有人不結婚，放棄人間最親密的愛情時，他正表明獨身乃是人際間有限關係的一個活的表記，也表明一個沒有人能侵犯的內在聖所。

——盧雲

重視貞節

當人濫交，隨便結識異性，放棄聖潔的性愛時，他便同時放棄了一些賴以過美好生活的東西。生命會變得枯燥乏味、單調和全然厭煩，因為貞操和純潔不再被保存和重視。欲想到處狂找滿足，結果只落得一無所尋。

——艾依俐(Elisabeth Elliot)

渴求親密的相交

獨身的人常渴望與人有親密的相交，期待特別的日子和傳統可記念的快樂活動，這些都只局限於一般人所認為浪漫的愛情。我們何不擴闊心胸，超越對性愛的渴求，不再受其困擾？我們可以不被囿於傳統的觀念，認為浪漫的愛情故事是生命的一切，或是若缺乏它便喪失一切。我們可以與人建立良好的友伴關係，並有愉快的時光，享受與人心靈相交的奇妙關係。

——司利雅(Letha Dawson Scanzoni)

每日經文選讀

星期日　愛的忍耐(歌二7，三5，八4)

星期一　愛的抑制(歌八8～10)

星期二　對淫念的處理(太五27～28)

星期三　耶穌對獨身的教訓(太十九12)

星期四　保羅對獨身的教訓(林前七8～9、25～28、32～35)

星期五　美善的禮讚(腓四8)

星期六　培養非肉體的性愛(弗四31～32)

研討問題

1. 除了我們所提出的方法外，你能否建議多些獨身者對性的表達方法？
2. 我愚笨地指出「聖經的教訓很明顯是禁止獨身者進行性愛」，我說得對嗎？若是，你認為聖經如此禁止是對的嗎？
3. 基督教禁止獨身者進行性交，其理由遠超過一些實際的問題，如懷孕或性病等。這理由是甚麼？
4. 性幻想可否是正面而積極的？若是，那你如何把它們與破壞性的性幻想區分？
5. 你認為聖經為甚麼沒有討論手淫的問題？
6. 你認為基督徒對手淫這問題應採取甚麼態度？為甚麼？
7. 你認為教會為操練「控制激情」而訂立一些特別的指引是否恰當？
8. 你認為人類可否有不企圖引致性交合的愛撫經驗？

9. 你是否認識一些蒙神呼召過獨身生活的人？獨身這觀念會否令你感到不安？
10. 教會能怎樣幫助那些沒有特別呼召而又深切盼望著婚姻生活的獨身者？

創意研習作業

作業一

「只是我告訴你們，凡看見婦女就動淫念的，這人心裏已經與她犯姦淫了。」(太五28)

要討論性幻想這問題並非容易，因此要重視每個人都有不便分享，並予以保留的需要。也許你們可以先討論在何時觀看或幻想時會轉變為慾念。看看你們可否在這方面訂立一些指引。然後，請一些人分享性幻想如何成為他們生活中的祝福或咒詛。又有甚麼曾幫助你處理這方面的問題？記著，已婚者並不免疫於這問題。事實上，通常已婚者處理問題比獨身者更感困難。

容讓小組的氣氛自然地決定如何繼續進行。讚美主、認罪、祈禱、感謝祂。

作業二

「凡事都可行，但不都有益處。凡事都可行，但不都造就人。無論何人，不要求自己的益處，乃要求別人的益處。」(林前十23～24)

在這個活動中，我們會思想一個基督徒對於彼此認識以致相愛的應有態度。請討論我在本書內文第一一六至一一七頁所提供的圖表。

我們如何能彼此幫助，使互相委身的程度，能配合同等的肉體親密程度？在婚姻盟約前，是否有不同程度的委身？你能否使委身的進程平衡於親密的進程？這原則對於在戀愛中的人是否太古板及理想化？有沒有其他方法可以幫助彼此經歷健全的親密相交而又能將危險程度減至最低？

第七章

性與婚姻

婚姻引導我們全然進入「二人成為一體」的奇異奧祕中。

雋言

啊，親愛的主

啊，親愛的主，婚姻不是自然而有的事，乃是神的恩賜。那是最甜美、最親密，是的，並且是最純潔的生命……當我躺在士馬嘉頓 (Schmalkalden) 的病牀上，生命危急時，我是何等想念我至親的人……現在我靠神的恩復原，比從前更珍愛我的太太和孩子。這份天生的愛和渴求，是任何人都可感受到的，因為丈夫和妻子的連結契合是一件重大的事。

——馬丁路德

遊戲與歡笑

我們毋須對有關「愛情之神」(Venus) 的事太嚴肅，事實上，若不違背人性，我們大可不必太嚴肅。世上每一種語言和文學都充滿對性的戲言，這並非無理的。許多笑話或許沉悶、叫人厭惡，且幾乎全是陳舊，但我們定要堅認這些語言和文學具體表現了對「愛情之神」的態度。長遠而言，比起過分的莊重嚴肅，能危害基督徒生命的只是一點兒那麼小。我們斷不可試圖在肉身中找尋絕對的完美。在愛裏禁止嬉笑，你可能會引進一個冒充的「愛情之神」。

——魯益師

基督也是婚姻的主

耶穌並不貶低身體本能的需要，但他斥責肉體中潛在的不信。祂不但不廢掉婚姻，更把其建於穩固的基礎上，憑信使之成聖。門徒定意跟隨基督，門徒自己的婚姻也一併歸於基督。基督徒的婚姻標誌著自律和捨己，基督也是婚姻的主。

——潘霍華

寬恕的愛

當我得到伴侶的寬恕時，我確為自己所做的事感到難過。因著他的愛顧，我感激不已。悔改和感激使我發誓不再傷害他。在愛裏的寬恕和恩典使我們能說：「我很難過，我不會再如此做。」我們的關係復原，嫌隙也被忘記了。我們再有機會開始更深入、更親密的關係，這關係因著寬恕之愛的力量，勝過磨擦，並得以加強。

——雅娣美亞(Elizabeth Achtemeier)

在性愛方面的神聖溫柔

讓我們來看性愛神聖溫柔的一面。它的創造是為了愛……當二人完全成為一體、一靈，與神聯合，在祂裏面時，性愛這範疇也變得極之溫柔和奇妙，二人就在最親密和難以言喻的情形下合而為一。這是榮耀神的……這樣的婚姻是有助彰顯神的形像。

——亞奴

每日經文選讀

星期日　愛的激情(歌三1～4)

星期一　洞房夜(歌四12～五1)

星期二　夫婦的權利(林前七3～5)

星期三　婚姻的禮讚(約二1～11)

星期四　不信的伴侶(林前七12～16)

星期五　基督徒管家的規則(弗五21～六9；西三18～四1)

星期六　摩西的休妻制度(申二十四1～4；太十九7～9)

研討問題

1. 試解釋我所提出依從耶穌教訓的婚姻基礎。你對此同意與否？能否找到其他經文可以支持這個立場？有沒有其他經文是與之相反的？
2. 把婚姻看為盟約為何如此重要？
3. 浪漫的愛對婚姻有何重要？若你已婚——浪漫的愛曾對你的婚姻有何貢獻？
4. 你認為有哪些婚姻中的性活動是明顯地不適宜基督徒的？為甚麼？
5. 在眾多提供性技巧的書中，你有沒有發現甚麼長處和短處？
6. 離婚能否是一個順服主的行動？若是，則拒絕離婚便是不順服主了。你認為如何？

7. 耶穌論及離婚的教訓時，要處理甚麼文化處境？
8. 你認為在甚麼情況下（若有）才可以離婚？有何聖經根據或原則支持你這立場？
9. 若二人離婚是發生在未信主之前，自然而言，這是否意味著再婚是可接納的？
10. 你怎樣詮釋耶穌所說的：「人若娶這被休的婦人，也是犯姦淫了」（太五32）？

創意研習作業

作業一

「第三日，在加利利的迦拿有娶親的筵席，耶穌的母親在那裏。耶穌和祂的門徒也被請去赴席。」（約二1～2）

開始時，請組內每對夫婦分享他們的戀愛史：如何認識、如何彼此吸引著、何時知道大家已相愛等。需預備充足的時間去分享每對夫婦的獨特經歷。

接著，請組內其他成員分享他們對每對夫婦一至兩處最欣賞的地方。每對夫婦都擁有獨特的個性，這裏是一個好機會讓他們肯定神在他們婚姻上所建立可愛而具創意的事。最後，為每段婚姻個別獻上禱告：奉主的名祝福每段婚姻，祈求主醫治在婚姻中的受傷者，保護那些維繫得不錯的婚姻，好使他們的婚姻能進展得更好。

作業二

「與哀哭的人要同哭。」（羅十二15）

這個小小的經驗是為那些已在婚姻中受傷害的人而設

的，尤其是為那些承受破裂婚姻之苦的人。這裏不容許任何譴責和審判的氣氛，這是醫治心靈創傷的時間。

若組內有成員希望有求醫治的禱告，就請其他成員圍繞著他們，在禱告中輕輕把他們領進父神的慈愛和關懷中。重要的不是許多的、高聲的言詞，重要的是出於愛的言詞。被代禱者不需在這裏有參與，而代禱小組亦不需知道誰幹了甚麼，或是誰人做錯、為何犯錯等，他們只需專注他們的心力在一個事實上：在他們中間有人正受傷，並需要愛和代禱。

若有充足的時間和精神，你們也許可以出於愛心地為其他想起的人代求，我建議可依以下方式進行。大家一同安靜地坐下，每當想及一個名字時便大聲說出來，然後全組人為這人默禱，讓他／她被神的愛和關懷環繞著。除了那人的名字，所有字句也不用說出。這樣有助大家操練避免說閒言以及窺探一些應予以保留的細節。

第八章

貞忠的誓願

貞忠表示我們要接納神為我們所設計的，那美好並複雜的性需要。

雋言

基督徒是貞潔的人

基督徒是貞潔的人，他沒有保留的把身體獻於主，事奉祂的教會……我們與那位執行和榮耀的主聯合，得以脫離肉身的不潔。在這個聯合裏，我們肉體不羈的情慾每日死去。基督徒操練貞忠和自制，把身體獻於主，建立主的身體——教會。在婚姻方面，他也是一樣，使之成為基督身體的一部分。

——潘霍華

以真誠許諾

在愛中，也因為在愛中，所作的承諾——在有生之年對所愛的忠實——使人即使不在愛中仍向對方忠實。一個承諾定是有關我能做到的，並有所行動：沒有人能應允一直維持某種感覺，這正如一個人答應他永不會鬧頭痛或常感肚餓一樣。

——魯益師

完全繳械

最後，也是最重要的，愛要求完全繳械……當軍人坐下進食時，他必放下武器，進食表示平安和休息。當他躺下睡覺，心靈更較平時放鬆。餐桌和牀是相交親密之處，也是愛在軟弱中顯露自己的地方。在愛中，男人和女人除掉一切防避，互相擁抱。他們裸露的身軀只是象徵著完全的無能和脆弱而已。

——盧雲

分享的忠貞

於我們來説，忠貞較在性方面的絕對忠實有更大的涵意。最美善的關係，是有彼此分享的忠貞。我們矢誓要一同跑我們的心路，除去虛假和一切表面的行為。彼此坦誠相待。

——薛查理、瑪莎

成熟的愛

真愛是要負責的——向他／她負責，也在神前彼此負責……愛是在婚姻締約中，才真正顯露和成熟，也惟獨在此才找到恆久和忠實。真愛不能也不會止息。因此，你得小心説那句偉大的話：「我愛你」。

——杜華德

每日經文選讀

星期日　神聖盟愛的範例（林前十三）

星期一　神原本的心意（太十九1～6；可十2～12）

星期二　二人成為一體（林前六15～20）

星期三　貞忠之約（瑪二13～16）

星期四　基督與教會之奧祕（弗五28～33）

星期五　大衛的不忠（撒下十一2～十二15）

星期六　大衛的懺悔（詩五十一）

研討問題

1. 在這章開始時，我提出一段短小的啟應文，宣告了七個貞忠的意義。請對小組讀出這七項聲明，並在你們中間討論。
2. 在忠於「呼召」，特別是婚姻的「呼召」這意念上，對清教徒和其他基督徒團體來説，是異常重要的。為何當代基督徒難於體認這意念？你認為是否大部分基督徒，都是有感被神呼召去過婚姻生活呢？
3. 為何這麼多夫婦都難以一起禱告？
4. 單身者在性的感受上，能否毋須性行為而有真正的滿足？
5. 你認為對親密友誼的渴求，是否在我們照著神的形像被造時就已擁有？
6. 有沒有甚麼聖經根據，是支持一夫多妻制或是一夫一妻制的？
7. 你認為要求尚在尋求自我發現的年青人，去對婚姻作出一生一世的委身，是否公平？
8. 是否真能把一個嚴重的婚姻危機帶進基督徒團體裏，尋求出路和指引？

9. 你認為聖經對有關基督徒管家的權威與順服等問題有何教導？
10. 你的教會有何實際方法去幫助在性需要上得不到釋放的人？

創意研習作業

作業一

「愛是永不止息的。」(林前十三8)

聚會開始時，先請其中一位組員慢慢地、投入地誦讀哥林多前書十三章，讓小組有機會默想愛的特性。

然後，讓組內每位單身者及每對夫婦組成一個合一的團體，你以手臂圍繞著他們，並以基督的平安祝福他們。也許你可以神聖盟愛的其中一個特徵作為禮物贈給他們，例如說：「蘭絲，我希望使你倍添忍耐的愛；米加和茱安，我們想給你們能忍受一切的新力量。」最後唱《奇異恩典》結束。

作業二

「又要彼此相顧，激發愛心，勉勵行善。」(來十24)

作為一個小組，大家可一起思想討論教會能如何幫助信徒依貞忠的誓願而活，並將建議寫在一張大卡紙上。可否舉辦一些為有需要的獨身者而設的訓練課程？有否方法去重建教會生活模式，以增強家庭的維繫？對於在性需要上得不到釋放的人，教會可如何幫助他們？甚麼資源對教會有幫助——書籍、影片、錄音帶、「回復希望」計劃等等？

盡快提出意見，毋須衡量它們的可行性或被接納程度。把許多意見寫下之後，再回頭思想其中兩至三項意見是組內特別關心的。不要倉卒作決定，但要預算你們所列出的其中一項或多項工作，可能會由你們去承擔。

有關性的書目

這部分書目乃按以下幾個範圍排列：

——神學與性

——性與貞潔

——當代的性問題

——同性戀

——離婚與再婚

——獨身生活

——婚姻

神學與性

Bailey, Derrick Sherwin. *The Mystery of Love and Marriage: A Study of the Theology of Sexual Relation*. New York: Harper & Brothers, 1952.(這也許是討論有關「二人成為一體」神學惟一最重要的書籍。貝力嘗試在討論「二人成為一體」這觀念時，連帶一些重要的問題如性行為、離婚、復合及再婚等等一同討論。這書的學術性和可讀性頗高，也是一個受讀者歡迎的組合。你也可留意另一本貝力的作品：*Common Sense About Sexual Ethics.*〔Macmillan, 1962〕.)

Barth, Karl. *Church Dogmatics: A Selection* . Edinburgh: T&T. Clark, 1975.(對許多讀者來說，巴特*Dogmatics*一書，是無可抵擋的。本書收集了一些*Dogmatics*內的文章，這些文章提供了研讀這重要神學論題的入門資料。我將此書列於這裏，也因為其中兩章〈神聖盟愛及性慾〉、〈男人與女人〉，是巴特對婚姻與性生活這些倫理問題的基礎。)

Derrick, Christopher. *Sex and Sacredness.* San Francisco: Ignatius Press, 1982.(書中流露的，是一股不容否定的天主教信仰力量，把靈與慾兩世界結合在一起。作者寫道：「天主教信仰是一件肉體化，甚至是屬肉體的東西：我曾聽聞有人形容它，為所有大宗教之中最著重性需要的一個。」〔p.73〕對於特別喜歡研究天主教問題的人，相信會很感興趣。)

Donnelly, Dody H. *Radical Love: An Approach to Sexual Spirituality.* Minneapolis: Winston Press, 1984(此書的重要工作，是用屬靈的語言去詮釋激進的女權運動。它代表著一個結合屬靈與性慾的趨勢，但這個結合較少根據聖經的啟示。)

Gundry, Patricia. *Woman Be Free!* Grand Rapids, Mich.: Zondervan, 1977.(這部清新的小書嘗試為女性尋求全面的人性，對這方面的聖經資料處理得很好。)

Hollis, Harry, Jr. *Thank God for Sex: A Christian Model for Sexual Understanding and Behavior.* Nashville: Broadman Press, 1975.(一部閱讀性很高的基督徒性的禮讚。它從當代的社會、教會的角色，並神學上的洞見等範圍，認真地討論性的問題，是一部適合普遍信徒的高水準之作。)

Jewett, Paul K. *Man as Male and Female.* Grand Rapids, Mich.: Eerdmans, 1975.(一部嚴肅地討論性的神學作品。作者和巴特一樣，將兩性關係建基在「照著神的形像」的真理上。同時，人們常認為新約經文中存在著男女關係上的階級觀念，為此，他提出了有力的驗證。)

Lewis, C.S. *The Four Loves.* London: Fontana, 1963.(魯益師也許是二十世紀一位最偉大的基督教作家，我們應該感謝他，因為他在書中巧妙地把注意力轉向愛的問題。他探討了傳統上四種對愛的表達—storge〔好感〕，philia〔友誼〕，eros〔浪漫的愛〕及agape〔神聖的愛〕。)

Nelson, James B. *Embodiment: An Approach to Sexuality and Christian Theology.* London: S.P.C.K., 1979.（這書以嚴肅的態度去嘗試製鍊一個基督教的「性愛神學」。作者以一個具體化的大前提開始：嘗試幫助我們了解靈與慾並存的意思。許多人會認為此書內容太艱深，結論太激進，但它仍是一部重要而有深度的研究作品。）

Nouwen, Henri J.M. *Intimacy: Essays in Pastoral Psychology.* San Francisco: Harper & Row, 1969.（這部細膩的作品中，有名為〈親密與性愛〉的動人篇章。作者透過這章，幫助我們明白權力與性愛問題的相互關係，同時指向愛的可能性這出路。此書對我們非常有裨益。）

Piper, Otto A. *The Biblical View of Sex and Marriage.* New York: Scribner's, 1960.（以基督徒角度看性與婚姻的書中，這肯定是其中一本最重要的。此書雖寫於一九六○年，但大部分內容在今天仍值得一讀。）

— *The Christian Interpretation of Sex.* New York: Scribner's, 1941.（其中一本最早期以嚴肅的聖經角度處理性問題的書。這書沒有教導我們如何把性溶入人性裏，它主要討論性愛本身的神聖目的。）

Sapp, Stephen. *Sexuality, the Bible, and Science.* Philadelphia: Fortress Press, 1977.（作者尋求把基督教對性愛的神學觀念及現代生物學、社會科學上的洞見放在一起，他發現心思與物質之間、肉體與靈魂之間是沒有鴻溝的。）

Small, Dwight Hervery. *Christian: Celebrate Your Sexuality.* Old Tappan, N.J.: Fleming H. Revell, 1974.（一部頗嚴肅及可讀性高的性愛神學書籍。作者帶出了一些神學家在這方面的洞見，如巴特、布倫納〔Emil Brunner〕、帖力克〔Helmut Thielicke〕及潘霍華。）

Smedes, Lewis B. *Sex for Christians.* Grand Rapids, Mich.: Eerdmans, 1976.（史密特斯一向都有好作品，這書卻是他超水準之作。在我認識幫助信徒思想性問題的書中，這是最好的一本。是必讀的書。）

Thielicke, Helmut. *The Ethics of Sex.* Cambridge: Cambridge University Press, 1964.（也許只有帖力克的作品，才能有如此強橫氣勢；也許只有德國神學家能如此愚鈍。此書內容包羅萬有，其中有古老的問題如一夫多妻制，以及現代的問題如人工受孕。書中充滿了細緻及有價值的思想，值得我們刻苦努力去研讀。）

Trible, Phyllis. *God and the Rhetoric of Sexuality.* Philadelphia: Fortress Press, 1978.（一部頗學術性去討論性愛的聖經神學著作，它特別專注研究創世記首數章，以及雅歌和路得記。作者詳細地詮釋希伯來文，幫助我們洞悉神的女性意象。）

性與貞潔

Elliot, Elisabeth. *Passion and Purity.* London: Hodder & Stoughton, 1986.（為 *Through Gates of Splendor* 和 *Shadow of the Almighty* 的作者。本書清楚呼喚獨身者以屬靈操練控制激情，全書以作者與伊利諾〔Jim Elliot〕的溫馨愛情故事為背景。）

Lutzer, Erwin W. *Living with Your Passions: A Christian's Guide to Sexual Purity.* Wheaton, Ill.: Victor Books, 1983.（一本討論性慾的簡單小書，書中內容涉及性幻想、姦淫、情慾、同性戀和手淫等主題。許多輔導員在更正偏差的行為上；常忽略了解個別處境的複雜性，此書能幫助他們認識這點。本書亦有助鼓勵信徒在性這事上貞潔。）

Trobisch, Walter, comp. *I Loved a Girl: A Private Correspondence Between Two Young Africans and Their Pastor.* New York: Harper & Row, 1965.（中譯本為《我愛上了一個女孩》，道聲出版社。兩個年輕的非洲人，與他們的牧師之間連串的書信往來，內容有使人得益的輔導。）

White, John. *Eros Defiled.* Leicester: Inter-Varsity Press, 1978.（中譯本為《禁果》，校園出版社。韋約翰醫生是一位精神病醫生，他曾透過他的作品，幫助基督教圈子正視精神病及基督教的問題。此書以憐憫的眼光去看偏差了的性行為。）

White, Mel. *Lust: The Other Side of Love.* Old Tappan, N.J.: Fleming H. Revell, 1978.（這書幫助我們如何處理性夢想、幻想及其他在基督教信仰範圍內的問題。）

Wilson, Earl D. *Sexual Sanity: Breaking Free from Uncontrolled Habits.* Downers Grove, Ill.: Inter-Varsity Press, 1984.（一部細小但極佳的書。作者在這裏主要處理的問題，是對沉迷於性愛的控制——在這個凡事任意罔為的社會裏，這是必須要強調的。這書架構平衡、文筆好、筆觸敏銳。其中討論同性戀問題的一章，是尤其寫得好的。）

當代的性問題

Brecher, Edward M. *Love, Sex, and Aging: A Consumers Union Report.* Boston: Little, Brown, 1984.（一部研究美國五十歲以上者的性觀念及性活動的書，它嘗試打破認為老年人是孤獨、不快樂及在性事上不活躍的偏見。書中未有流露基督徒的觀點，但基督徒會對它的研究非常讚賞。）

Fortune, Marie Marshall. *Sexual Violence: The Unmentionable Sin.* New York: Pilgrim Press, 1983（這書從牧者的角度，去看一個未被公認卻已廣泛蔓延的問題。作者論說：「我們在教會中，未聽聞有關性暴力的事，是因為我們從未說出來。」她建議了一些方法，讓牧者對此問題表示開放，以致能成為一位真正幫助和醫治的輔助者。）

Greer, Germaine. *Sex & Destiny: The Politics of Human Fertility.* London: Secker & Warburg Ltd., 1984.（Greer是一位重要的女作者，你不可不認識她的作品。她的第一本書：*The Female Eunuch*面世後，便立刻把她推上國際的文壇上。*Sex and Destiny*是她最新的作品，也是她重要之作。這書主要討論我們對性、生產及兒童的態度是被政治所支配、被經濟所引導的。她的論點是：西方國家迫使第三世界國家實施人口控制，是出於維護其政治與經濟霸主地位的慾望。）

Keen, Sam. *The Passionate Life: Stages of Loving.* San Francisco: Harper & Row, 1983.（描述五個達至成長的過程：「孩童」、「反叛」、「成人」、「犯法」、「成熟愛人」。這書雖不是以基督教立場去寫，卻是一本很有幫助的研究書籍。）

Ladas, Alice Kahn, Beverly Whipple, and John D. Perry. *The G Spot: And Other Recent Discoveries About Human Sexuality.* New York: Holt, Rinehart and Winston, 1982.（研究人類性愛問題的書籍，歷來是包羅萬有的。這書在此一提，因為它是最近期的一本。四十年代我們有Kinsey的*Sexual Behavior in the Human Male*；五十年代我們有他的*Sexual Behavior in the Human Female*；六十年代出現了Masters and Johnson的*Human Sexual Response*；七十年代有*The Hite Report*；此書緊接著傳統。它討論的是有關所謂G點（Grafenberg spot）——女性陰戶之前的部位的新研究。在此部位的適當刺激可以帶來女性生理及心理上的性高潮，是有別於一般的性高潮。這研究的結果，相對於許多女性所感受的——可謂兩種不同的性高潮。）

Mace, David R. *The Christian Response to the Sexual Revolution.* Nashville: Abingdon Press, 1970.（這小書不單是一個回應，它更嘗試將基督徒，從這世紀數個主要文化轉變中的性道德觀念中釋放出來。作者驗證舊約聖經的世界及初期教會，將基督徒對性的態度分開了事實與神話。他告訴我們在過去多個世紀以來，人們對性的一些基本謬誤觀念，怎樣變成了被接受的基督教教導。末後部分是四十本有關主題的註解書目，相當有用。此外，你也需留意作者已著有超過二十本關於性、婚姻和家庭的書籍，例如有：*Getting Ready for Marriage, Sexual Difficulties in Marriage*，及*Love and Anger in Marriage.*）

Russell, Diana E. H. *Rape in Marriage.* New York: Macmillan, 1982.（一個重要題目的重要研究。人們對這題目的無知十分普遍，以致最近於一九七九年一位加州議員竟會問：「假若你不能強姦你的太太，你能強姦誰？」若基督徒要在爭取婦女全面人性上走在前面，這類論題是必要處理的。）

Sarrel, Lorna J., and Philip M. Sarrel. *Sexual Turning Points: The Seven Stages of Adult Sexuality*. New York: Macmillan, 1984. (作者研究了「七個成人的性愛階段」，但只是作了報導而沒有加以價值判斷。因此，你需預備面對眾多不同的非基督徒觀念。這些階段包括：性愛的展開、建立〔破壞〕承諾、婚姻、懷孕、養育、離婚及再婚〔中年及老年〕。)

Scanzoni, Letha. *Sexuality*. Philadelphia: Westminster Press, 1984. (一本鼓勵基督徒女性去肯定他們性別的有益小書。)

同性戀

Atkinson, David. *Homosexuals in the Christian Fellowship*. Grand Rapids, Mich.: Eerdmans, 1979. (這本書總結了對同性戀問題的三個主要立場，然後帶出一個根植於基督教創造論的聖經角度去看這問題。)

Davidson, Alex. *The Returns of Love*. Leicester: Inter-Varsity Press, 1970. (此書由連串書信組成，這些信乃由作者使用筆名，寫給他的一位朋友。作者是一位深切委身給主的基督徒，卻正在他那深植並不可抵抗的同性戀慾望之中掙扎。他認為同性戀活動是違背了神的律法，只想尋求自我釋放。整本書帶給我們對同性戀的憤怒、孤寂，甚至是從教會來的抗拒性經驗。)

Field, David. *The Homosexual Way — A Christian Option?* Leicester: Inter-Varsity Press, 1979. (一本只有五十頁的簡略小冊子，但內中短小的篇幅卻包含著非常有用的資料。)

Karlen, Arno. *Sexuality and Homosexuality*. New York: W. W. Norton, 1971. (它對今天來說也許有點過時，但這書是社會學對同性戀的巨大著作。它正尋求一個思想的背景，究竟是一個重要的性解放觀念步進我們的文化裏，還是我們正在科學對性的研究上，期待一個重要的解放？作者的結論是後者。因此，他嘗試去表達說，往昔的同性戀問題，與我們今天所見的並無顯著分別。)

Lovelace, Richard F. *Homosexuality and the Church.* Old Tappan, N. J.: Fleming H. Revell, 1978.(在討論同性戀問題上，它是一本駁理精通而有用的書。作者的結論，是聖經不贊成同性戀行為，故同性戀者不能被按立事奉神。這書雖立場堅定，但卻滿有憐憫。)

McNeill, John J. *The Church and the Homosexual.* Kansas City: Sheed Andrews and McMeel, 1976.(此書對同性戀的處理方式，猶如羅馬天主教會的方式。它從聖經資料及教會傳統著手，最後結論的立場，是接納同性戀。)

Payne, Leanne. *The Healing of the Homosexual.* Westchester: Crossway Books, 1984.(這部纖巧共四十六頁的小書，重要而有用，因為它表達了同性戀傾向可轉變的重大希望。全書提出「記憶的治療」這方法，透過治療的禱告，使人得釋放。)

Scanzoni, Letha, and Virginia Ramey Mollenkott. *Is the Homosexual My Neighbor?: Another Christian View.* London: S. C. M. Press, 1978.(此書的結論是，聖經反對同性戀的情慾，但不反對帶著承諾的同性戀愛情。這書影響著許多信徒。對於作者的論點，我們不容掉以輕心，因為他們確曾嚴謹地研究聖經。每一個人都必須關注，教會在同性戀問題上，要有更多的憐憫和明確的立場。)

Scroggs, Robin. *The New Testament and Homosexuality.* Philadelphia: Fortress Press, 1983.(在這書中，作者尋求新約聖經按照希臘羅馬文化，對同性戀問題的教導，例如，保羅在他的書信中，要處理的是甚麼文化上的論題。作者的結論也許會使你震驚。這是一本學術性及可讀性甚高的書。)

Williams, Don. *The Bond That Breaks: Will Homosexuality Split the Church?* Los Angeles: BIM, 1978.(此書背景來自聯合長老會的「同性戀問題隊工報告」，作者為此隊工的其中一員，他的意見有別於隊工其他大部分成員。而此書是嘗試表達一個更保守的觀點。)

Woods, Richard. *Another Kind of Love.* Chicago: Thomas More Press, 1977.(一位天主教作者，嘗試去製作一個同性戀者的靈性。

作者毫不歉咎地相信同性戀對基督徒來說，是一個可接納的生活方式。同時，他嘗試去處理這個同性戀承諾，帶來的種種實際和教牧上的問題。最未令人滿意的，是他對同性戀問題的聖經資料處理。書中其中一章〈同性戀者的靈性〉〔"Gay Spirituality"〕較為有用，雖然很多人〔包括我〕會認為兩者難以協調。）

離婚與再婚

Kysar, Myrna, and Robert Kysar. *The Asundered: Biblical Teachings on Divorce and Remarriage.* Atlanta, Ga.: John Knox Press, 1978.（一部經過深思的著作，討論聖經對離婚與再婚的教導。書中包含所有有關這主題的聖經資料，特別集中在摩西、耶穌及保羅的教訓。最後結束篇章，嘗試把聖經中的亮光，應用到本地信徒團體所面對的實際問題。）

Laney, J. Carl. *The Divorce Myth.* Minneapolis: Bethany House, 1981.（這書以一堅定立場，反對離婚與再婚。特別有趣的是，作者對馬太福音內那「除外的子句」的詮釋，並以此堅持他認為「不能離婚」的立場。這書同時有其他與作者持相似意見的作品書目。）

Mackin, Theodore. *Divorce and Remarriage: Marriage in the Catholic Church.* New York: Paulist Press, 1984.（這是羅馬天主教會對離婚／再婚問題的真正具體歷史書。開始時，它通過聖經的見證，帶出猶太背景對此主題的看法，然後再推到今天的觀點。書中處理了許多有關此主題上的重要天主教人物和事件，甚至其中有一部分是關於基督教改革者的。）

Olsen, V. Norskov. *The New Testament Logia on Divorce.* Tübingen: J.C.B. Mohr, 1971.（這書研究基督教改革者，對有關離婚的新約經文的詮釋，相當有趣味。為了得到最原始的資料，作者探討了一些人物如伊拉斯姆〔Erasmus〕、馬丁路德〔Luther〕、慈運理〔Zwingli〕、加爾文〔Calvin〕、丁道爾〔Tyndale〕、密爾頓〔Milton〕及其他。）

獨身生活

Collins, Gary, ed. *It's O.K. to Be Single.* Waco, Tex.: Word Publishing, 1976.（這是一本極有裨益的文集，收集了「聯合國討論家庭問題會議」上的文章。今天，獨身者與教會之關係，是其中一個真正重要的論題，因此，任何有益的資源都是歡迎的。）

Goergen, Donald. *The Sexual Celibate.* London: S.P.C.K., 1976.（這是一本真正的好書，它直接針對修道院傳統中獨身者的性需要問題。作者老練地結合了神學與現代心理學的觀點，並以坦白的態度處理一些少被討論的主題，如友誼與親昵、性幻想與手淫、同性戀等。這書對修道者及修道院傳統有興趣的人，尤有幫助。）

Huddleston, Mary Anne, ed. *Celibate Loving: Encounter in Three Dimensions.* New York: Paulist Press, 1984.（這部文選是獨身者的見證，特別為那些在天主教有意起誓過獨身生活的人而寫的。它主要處理心理、靈性及社會上三個層面，其中有戴蘊諾〔John Davanaugh〕及盧雲的作品。）

Nouwen, Henri J.M. *Clowning in Rome: Reflections on Solitude, Celibacy, Prayer, and Contemplation.* Garden City, N.Y.: Image Books, 1979.（中譯本：盧雲著，《羅馬城的小丑戲》，基道出版社。在這本非常有價值的書中，有一篇章名為〈獨身與聖潔〉〔"Celibacy and the Holy"〕，對信徒很有幫助。）

Swindoll Luci. *Wide My World, Narrow My Bed.* Portland, Oreg.: Multnomah Press, 1982.（這書是一首令人享受的頌辭，它讚美獨身生活是一個美好而豐富的選擇。）

婚姻

Achtemeier, Elizabeth. *The Committed Marriage.* Philadelphia: Westminster Press, 1976.（這是特為那些預備進入忠貞的誓願的人而寫的惟一最好書籍，正如我曾描述的。作者認為基督徒的婚姻，就好像作門徒的形式，她成功地處理了貞忠、離婚、女性角色及更多的問題。這是必讀的婚姻書籍。）

Arnold, Heini. *In the Image of God: Marriage and Chastity in Christian Life.* Rifton, N.Y.: Plough Publishing House, 1977.（由Bruderhof Community其中一位領袖主講的連串講座，這些講座是為他們團契中，即將舉行的數個婚禮而預備的。內容並不特別深奧，但卻強烈控訴社會上對性的沉迷，同時亦呼喚出一個更理智、均衡的性觀點。）

Bird, Joseph W., and Louis F. Bird. *The Freedom of Sexual Love.* Garden City, N.Y.: Doubleday, 1967.（這書是為幫助天主教徒在婚姻生活上，建立一個健全的基督徒性觀念而寫的。因此，它的視野有限；但在它的範圍之下都是很有幫助的。如所料，它以一個傳統的天主教觀點去看人口控制問題。）

Dennehy, Raymond. *Christian Married Love.* San Francisco: Ignatius Press, 1981.（五篇有關基督徒婚姻中的戀愛文章──從馬格里奇〔Malcolm Muggeridge〕到博而〔Louis Bouyer〕，其中三篇直接處理了人類的生育問題〔Humanae Vitae〕。雖然就某個意義而言，這是特別的天主教論題，但基督教實在也需要深思馬格里奇的論點，他認為若摒棄了生育便會「如夜隨日般，無可避免地引致墮胎，然後是安樂死等問題。」〔p.27〕）

Howell, John C. *Equality and Submission in Marriage.* Nashville: Broadman Press, 1979.（這小書其中一個最有用的地方，是對有關主題的經文有縝密的討論。同樣帶來幫助的，是它裏面小心細微的註腳，為嚴謹的學生提供許多寶貴的資料。雖然作者對主權與順服這問題有明確的立場，但他仍鼓勵每對夫婦保持他們各自的風格，就是既適合他們又能榮耀基督的風格。）

LaHaye, Tim, and Beverly LaHaye. *The Act of Marriage: The Beauty of Sexual Love.* Grand Rapids, Mich.: Zondervan, 1976.（這書非常簡單，有時也有錯誤。不過，它是一本你不能不留意的書，因為這書十分受歡迎。）

McGinnis, Alan Loy. *The Romance Factor.* New York: Harper & Row, 1982.(一夫一妻制的戀愛與婚姻具有巨大的潛力，這書就是一個強力的明證。內容寫得很好，很有深度，它繼承了作者早期一本受歡迎作品*The Friendship Factor*的傳統。)

Penner, Clifford, and Joyce Penner. *The Gift of Sex: A Christian Guide to Sexual Fulfillment.* Waco, Tex.: Word, 1981.(這是其中一本以不容辯解的基督徒觀點，去討論人類性愛的最佳書籍。雖然在屬靈上及情感上的性愛討論已是十分好，但其最大的貢獻是對生理層面上的性，有極佳的討論。能認識如此一本好書——沒有像坊間眾多性書籍的愚昧。又能提供成熟而坦誠的引導——真是令人欣喜。是本必讀的好書。)

Petersen, J. Allan. *The Myth of Greener Grass.* Wheaton, Ill.: Tyndale House, 1983.(一本深思而值得一讀的書，它正面地處理婚姻中不貞的問題。在粉碎許多對性不忠的神話之同時，它提供了有用的一章，討論如何使用「你婚姻中的事情去證明」〔"Affair-Proof Your Marriage"〕。是值得推薦的好書。)

Shedd, Charlie, and Martha Shedd. *Celebration in the Bedroom.* Waco, Tex.: Word, 1979.(薛查理牧師是另一位你必須認識的作者。他於一九六五年開始出版他的著作：《致嘉蘭書》〔*Letters to Karen*〕，是他教導他的女兒如何維繫婚姻中的戀愛書信；《致偉立書》〔*Letters to Phillip*〕是他嘗試同樣教導他兒子的書信；《對彼得之承諾》〔*Promises to Peter*〕是他對教養孩童的輔導心得；在《鸛鳥之死》〔*The Stork Is Dead*〕中，他要求基督徒認真處理如節育、手淫等問題。在基督徒討論性、婚姻及家庭問題的作者中，他實在是一位先鋒。本書當然是作者以基督教立場幫助我們肯定性需要的力作。不要被他的幽默風格所騙——在背後實在隱藏著縝密的思想。)

Swindoll, Charles R. *Strike the Original Match.* Portland, Oreg.: Multnomah Press, 1980.(這書有助我們建立更穩固的婚姻。司楄道的作品流露著牧者的心腸，他的寬大器量，對信

徒的接納和影響力，值得我們敬佩。他也寫了三本有關性的小冊子：《色情》〔Sen-suality〕、《獨身》〔Singleness〕及《離婚》〔Divorce〕。）

Trobisch, Walter. *I Married You.* London: Inter-Varsity Press, 1972.（對婚姻很有幫助的勸導，內容曾在一個週末的課堂中發表。）

Wheat, Ed. and Gaye Wheat. *Intended for Pleasure.* London: Scripture Union, 1979.（一部易於閱讀，有關婚姻中性事的參考書，內容乃依據聖經教訓的架構來表達。其中包括有多類的主題，例如早洩、性冷感、性無能、性親密、懷孕中的性行為等等。）

第九章

破壞性的權力

權力從神的國度中割裂出來，沒有甚麼比它更具破壞性。

雋言

權力的提升

有權力的人常難以忍受別人對其權力的反抗，他們會變得更有能力去粉碎所有反抗，也變得愈有能力……這不單對個人和商業團體是真實的，對整個人類也一樣真實。技術發達也引致權力提升，並冷酷地級級提升，這是多個世紀以來人不斷關注的問題。這整個令人心寒的事實會否引致大災難的結局？這是不斷在增加的思想家所問的問題。

——杜保羅

具體形成的權力

權力可在一些具體形式下呈現出來，顯現於一些組織或機構裏。我們不能想這只是場屬靈爭戰，國家的權力具體表現於政府、警隊、軍人……我們被召加入這場屬靈的爭戰，是關乎人的真實情況——不公平、迫害、極權主義、以金錢勢力來統治國家、高舉性愛和科學等等。

——埃羅

辨別諸靈

在哥林多前書十三章8至10節，保羅列舉聖靈賜予教會各樣的恩賜，其中他舉出有人蒙「辨別諸靈」的恩賜。在教會，這個辨別更為明顯，那些靈是屬於並向神的；那些靈是屬於並向那惡者的。當中特別要辨別一些權力，這些權力在特殊的時間和地方，是能藉著其影響力去控制人的心靈和行為。

——伯克科(Hendrik Berkhof)

科技誡命

技術從科學而生。當今科技昌明，是造成黑暗權勢的來源。與此結連的，是知識和金錢的權勢。技術是知識結出來的果子，引發經濟的權勢，形成現代世界的最高權力。畢路依 (Rene Gillouin) 這樣寫道：「現時惟一有效且普世遵循的絕對命令，是科技誡命：當把發明的事物運用出來，在一切之上創造權力，並一點不介意這權力與你的用處……彷彿權力是那崇高的價值標準。」

——杜保羅

征服君權

耶穌基督征服了世上的君權，帶動了世界基本的改變……邪靈日益瘋狂，這不是偶然的事，乃因耶穌已粉碎他的權勢，這個神作為的實現激起恐慌。

——希勒(Heinrich Schlier)

每日經文選讀

星期日　基督乃一切權力之創造主（西一15～20）

星期一　沒有智慧的掌權者（林前二6～8）

星期二　世上的小學（西二20～23）

星期三　空中掌權者之首領（弗二1～2）

星期四　基督戰勝一切掌權者（西二8～15）

星期五　基督遠超過一切權勢（弗一19～23）

星期六　我們與眾權勢的爭戰（弗六12～18）

研討問題

1. 試以你自己的文字去形容破壞性的能力。
2. 西門所犯的是甚麼罪？這罪在今天如何存在？
3. 為何在驕傲與破壞性的權力間，常有密切的關聯？
4. 若神創造了一切掌權者，為何他們會背叛創造主？究竟是人類墮落影響他們，還是在人類墮落之前，這些掌權者已經先墮落了？
5. 原則與權力不單能影響個人，也影響機構，以及整個社會架構，你對此點有何看法？你能否想出一些聖經例子，去證明有些機構確實如此？
6. 教會被賦予辨識掌權者的任務，在你的教會內，有何方法可鼓勵這使命？
7. 你對「科技也是掌權者」這見解有何看法？
8. 你會列舉甚麼為現今的掌權者？
9. 聖經告訴我們基督已戰勝、擊敗掌權者。你如何在你的經歷中體驗這事實？有哪些情況是尚未成功的？

10. 當使用以弗所書六章所述的武器去與真實世界中的極權主義、反對勢力爭戰時，你認為這些武器是強力的，還是軟弱的？

創意研習作業

作業一

「你們若是與基督同死，脱離了世上的小學，為甚麼仍像在世俗中活著，服從那不可拿、不可嘗、不可摸等類的規條呢？」(西二20～21)

保羅曾對加拉太信徒如此勸勉：「基督釋放了我們，叫我們得以自由，所以要站立得穩，不要再被奴僕的軛挾制。」(加五1) 大家一同討論教會如何為了達致純全的道德，而壓制了我們在基督裏因福音而得的自由。為甚麼「律法主義」成為了教會裏的一個問題？「律法主義」有否可取之處？

現在，試討論怎樣才能同時維持福音的自由，以及純全的道德。在你們所提出的建議中，有否存著危機？屬靈生命中包含著冒險，若我們了解所冒的險，我們便能裝備好自己去面對它們。

若你們是一個小組，請特別留心每位組員的感受。有些可能會選擇律法主義，因為它較為「安全」。他們需要愛和支持，並認識神沒有給予我們「膽怯的心」，神賜給我們的，「乃是剛強、仁愛、謹守的心」(提後一7)。另一些也許沉醉在福音裏的自由，並將之變為「放縱情慾的機會」(加五13)。我們須以尊重、憐憫去接納任何的懺悔和認罪。最後以禱告結束這部分。

作業二

「要穿戴神所賜的全副軍裝，就能抵擋魔鬼的詭計。」(弗六11)

使徒保羅以第一世紀背景的羅馬軍兵來形容我們屬靈的武器，你們的任務卻是以二十一世紀的商業世界為背景，做同一件事。細心思想保羅所列的各項——真理、公義、平安、信心、救恩和聖靈(神的道)，並禱告。但記著保羅所列的還未盡，因此你也可加添一些你認為對現今的屬靈爭戰重要的武器。

完成後，大家再聚在一起禱告，好讓大家在屬靈爭戰上齊心努力。

第十章
創造性的權力

在基督救贖之愛下，權力變得富創造性並賜予人生命。

雋言

耶穌與權勢

當我想到耶穌的行徑，便曉得可於權力中發現解決「強悍之力」的問題之答案：那善性的悍力，能隨時服事別人、保護弱小、醫治殘疾、釋放那被轄制的，與不公義的權勢鬥爭。但那不正當的悍力是為個人利益，為自己積儲權力，這是因崇拜權勢而引致的悍力。

——杜保羅

禱告為對抗權力的工作

禱告的呼召，不是邀請我們退回至所熟悉的敬虔裏，乃是向我們提出挑戰：把禱告徹底當成為「那不可少的只有一件」(路十42)的事情。在我們禱告有關核子的危機時，我們發現一個從未見過的禱告領域，這領域在與空中的權勢對峙時便呈現無遺。

——盧雲

自律

耶穌吩咐我們愛敵人，我們的靈是願意的，但肉體卻是軟弱。因此我們必須每日以最嚴厲的方法訓練自己，只有這樣，肉體的生命才學曉這個痛苦的事實：肉體的生命本身無權可言。在此，每日的禱告是個極大的幫助，每日默想神的話和每樣克制己身的苦行，也是同樣必須的。

——潘霍華

以權力粉碎權力

有一種權力……是耶穌所贊許的，這種權力是祂應許賜予門徒的。耶穌給予祂的跟隨者一種屬靈能力，能勝過邪惡的權勢，能堅拒試探，並能服事祂——一種權力粉碎另一種權力。這種得勝權力並無涉及個人利益，乃是從神而來，也可被神收回。

——傅碧絲(Cheryl Forbes)

以真理面對權勢

於是我來到他(政治家克倫威爾〔Oliver Cromwell〕)面前，有感而對他說：「願這個家平安。」之後，我便囑咐他要持定敬畏神，因此得智慧，領受神所命去支配管理手下一切事情，以致能榮耀神。此外，我還與他傾談許多「真理」的事情……也說了許多話……正當我轉身正要離去時，他捉住我的手，眼淚奪眶而出說：「請再到我的住處來，假若你與我能有一日共處一個鐘的話，我們彼此將更為親密。」

——喬治．弗克斯

每日經文選讀

星期日　神賦予摩西事奉的權力(出三11～14)

星期一　使人合一的權力(徒十五1～29)

星期二　創造性權力的特性(太五1～12)

星期三　愛的記號(約壹四7～14)

星期四　權力的其中一個記號：自由(加五1～15)

星期五　謙卑的記號(太二十三8～12)

星期六　信心的權力(來十一35～38)

研討問題

1. 你認為人是否有可能於屬靈生命以外，去實踐創造性權力的使命？
2. 摩西在未認識神的能力前需往曠野去。在我們真正認識神的能力前，是否也需要經歷我們心靈的「曠野」？
3. 你認為耶利米的事奉是甚麼？你願意學效他嗎？今天，以色列百姓對「不能征服的錫安」之信仰，有何可與之相比？
4. 思想基督在十字架上，把創造性的權力達到最高峯。耶穌的死看來並沒有甚麼權力，事實上，神卻讓它成為最大的權力。現今有甚麼東西看似沒權力，但從屬靈的角度去看卻是有真正的權力？
5. 書中描述的權力記號是甚麼？你認為有甚麼其他真權力的特徵可以加添上去？
6. 我們能否擁有這些真正的屬靈權力，但在行動上卻沒有這些權力的記號？

7. 我認為自我控制包含著自尊與自我犧牲，你贊成與否？你能否擁有真正的自尊，卻沒有自我犧牲？
8. 在你所見中，權力在家庭裏如何被用於建立生命？權力在甚麼情況會被用在破壞性的事上？
9. 你有何方法去增強你與配偶的溝通？
10. 你可怎樣幫助教會正確地使用屬靈的權力？是否有方法減低破壞性權力的使用？

創意研習作業

作業一

「我這樣吩咐你們，是要叫你們彼此相愛。」(約十五17)

權力觸及我們的地方，是在於它影響著我們的人際關係。因此，在這作業裏，我們要經歷基督的權力，以此治療及增強彼此的關係。開始時先讀約翰福音十五章12至17節，耶穌說這些話時，正與門徒在樓房上。讀後大家靜默一會兒，讓聖經的說話豐富注入你們的心靈。

現在，試在幻想中讓你的朋友及相識的人經過。開始時是你的家人，然後是你的鄰居，教會的會友，最後是你工作上所認識的人。當每一位人物在你的腦海中經過時，心裏輕輕地為他／她發出感謝。不要倉卒，你也許需要十五至二十分鐘時間去完成這個小任務，目的是讓你回味和享受生命中神賜給你眾多的美妙關係。

然後，求主讓你知道在這大羣人中，那兩至三位是你可以更為關愛的。不要嘗試思想一些你憎恨的人，因為可能此刻你無法找著一個是你所「憎恨」的，但我很肯定，至少有一些是你可以多一點去愛他們的。

當你分別出兩至三位是你想愛多一些時，逐一去默想一會兒，並在主的名下祝福他們。不要嘗試立刻去愛他們多一些——那可能會招致自我挫敗——只需祝福，求神賜給他們美好的一天。也許你可以求神，使他們今天所遇到的人，能帶給他們特別的鼓勵，或是他們能開始閱讀一本使人愉快及提升靈命的書籍，總之要在禱告中為他們尋求好處。試想像與他們握手，並祝福他們有美好的一天。最後，組長藉禱告祈求神治療所有破碎的關係，並結束這個聚會。

作業二

「基督釋放了我們，叫我們得以自由。」(加五1)

神的心意是要權力運用合宜，使人得益處。我們為著神使用權力去釋放人類而歡呼，並永遠愛祂。先閱讀約翰福音十一章17至44節，這是一個有關耶穌叫拉撒路復活的故事。試感受一下馬大與耶穌談話時的心情，並留心耶穌對馬大的說話：「復活在我，生命也在我，信我的人，雖然死了，也必復活。」(約十一25～26) 讓這些字句進入你心，成為真實的體會，並使你釋放。

接著，集中思想拉撒路之復活。試看看和聽聽這件事情的經過。當拉撒路從墳墓裏手腳裹著布走出來時，你同時也進入這高潮的時刻。也許你會轉向耶穌，敬拜祂，並感謝祂彰顯神國的權能。

現在，思想耶穌對羣眾的說話：「解開，叫他走。」(約十一44) 在這個帶著能力的行動裏，耶穌使拉撒路復活，但羣眾也有任務——把拉撒路從裹屍布中釋放出來。

你明白吧，我們在基督釋放的使命上也有任務。求神告訴你，在你的世界中有哪些人需要從「裹屍布」中釋放出來。或許神曾以特別的方式接觸過他們，但他們仍被捆綁，需要你釋放的事奉。若神沒有給予你這「釋放」的特殊任務，你也可在往後數天去幫助他們。或許你其中一個孩子因新學校環境而感惶恐，你可帶他／她出外吃早餐並幫助他／她。這樣，你便參與了釋放的事奉。或許你的一位同事會因你的一句鼓勵說話而得釋放；也許你的配偶需要你愛和關懷的表達。這些行動都會有釋放的能力，對任何給予你的指引，要有信心。最後唱"O for a Thousand Tongues to Sing"*來結束這次聚會。

---

*編按：這首聖詩有數個中譯本：《生命聖詩》79首〈讚美主奇妙救贖〉；《普天頌讚》56～58首〈聖名榮光歌〉；《頌主聖詩》24首〈但願萬民都來歌唱〉。

第十一章
權力的事奉

我們都是蒙召去快樂地運用權力，使別人得益。

雋言

權力就是施予

權力就是施予：這是在我們的世界不容逃避的現實。權力本身並不邪惡，但以某種形式使用或濫用權力，則必會引起某些問題。剝削式及控制式的權力，是與福音不協調的，因為這些權力，是用來駕馭他人。相反地，培養性及建立式的權力卻完全地與福音協調，因這是用來服事別人的。

——麥拿馬來（James McNamara）

生生不息的權力

生生不息的權力才是真正的權力，是內在的權力：是能移山、馴服猛獸並將牠們挽回的權力。就如聖法蘭西斯修士對人類家庭所作的，是吸引人走向聖潔的權力，這種吸引並非只因所說的話，更是因為說話的聲音表達了說話者的個性。你可以在所有真正偉大的事物上，如在人類的天才中、在人類的偉大戀人中，或那些為追求理想寧願犧牲自己的人中發現這種權力的祕訣，或類似這種權力的情況。然而，你只能在聖徒中完滿地認識這種權力，他們的權力是超乎人類的權力，因為聖靈在他們中間運行。

——范爾拉德(Gerald Vann)

屬靈權力的性質

屬靈權力……是完全地居住在個別的人心內，與控制別人的能力毫無關係。擁有偉大屬靈能力的人也許是富有的，並在某些情況下擁有政治上的領導地位，然而，他們在政治權力上，卻是貧窮而缺乏的。若駕馭他人的能力並非屬靈權力，那麼，甚麼才是屬靈權力？它是以最高警覺作決定的能力，它是屬靈的悟性。

——畢思高(M. Scott Peck)

變質的屬靈能力

我常記起一位受人敬重的牧師，他表面看來謙和而內向。有一次，他帶同病中的太太來見我。正當我開始詢問他太太的病況和病因時，那牧師卻不耐煩地打斷了我的說話：「那很簡單，醫生，只因為我擁有聖靈，而我太太卻沒有。」……我感到愕然。對一個病中婦女來說，聽到丈夫對她那傷害性而不公平的評價，是何等的可怕。我不單同情那病人，也同情那牧師。可憐的人！雖然他實在是真誠的。無疑地，他確曾真實地經歷聖靈的恩賜，而這經歷何等令他陶醉。事實上，縱然他在本質上是謙遜，這經歷卻帶給他一種蒙蔽他的優越感和權力感。不過，我相信當他那樣對待妻子時，他並非是刻意的。

——杜保羅

愛是力量

愛是一股力量，能流進人心並推動人走近他人。愛驅使人去做可愛的事情，而且成為可愛的人物。正因為愛是一種力量，無怪乎保羅用擬人法去描述「愛」，說它本身就能工作。他說：「愛」凡事相信，凡事忍耐，凡事盼望，凡事包容。明顯地，他的意思是指，愛就是一股能使人忍耐、相信和盼望的力量。

——史密特斯

每日經文選讀

星期日　耶穌權力的事奉（太四23～25）

星期一　耶穌對使用權力的拒絕（太四1～11）

星期二　權力的應許（徒一8）

星期三　不在乎言語，乃在乎權能（林前四19～20）

星期四　超乎舌頭的權力（雅三6～12）

星期五　超乎情慾的權力（約壹二15～17）

星期六　超乎思想的權力（腓四8）

研討問題

1. 在有關耶穌權力的事奉上，有甚麼最能打動你心？
2. 我認為無論有或沒有屬人制度上的職位，屬靈的能力都能夠運用出來，你認為如何？究竟制度上的職位，是權力事奉的幫助還是障礙？
3. 「隱藏的預備」對權力的事奉有何重要？你曾否見過欲運用屬靈權力的人，卻沒有作隱藏的預備？他們的工作果效如何？

4. 在你生活的忙碌世界中，有何方法可使你經歷隱藏的預備？
5. 為甚麼小事上的事奉，是權力事奉之先決條件？在神國中，「小事」是否常是「大事」？
6. 權力的事奉對於你是否「大件事」？
7. 「屬靈權力的孤獨」這意念對你是否新奇？你對此經驗是否有共鳴？
8. 獨處對於「與惡魔爭戰」有何重要？
9. 若我們真誠地實踐權力的事奉，你認為神是否會常常醫治我們的身體？
10. 在國家這界域裏，你認為有何特殊方式可以實行權力的事奉？

創意研習作業

作業一

「我們既有這許多的見證人，如同雲彩圍著我們……」(來十二1)

選擇兩位你認為能透過他們的事奉表彰屬靈能力的人物：一位為聖經人物，另一位為教會歷史中的人物。例如，你可以選擇使徒保羅及約翰衛斯理，或者選擇以斯帖及德蘭修女。開始時，討論兩位人物以不同方式表彰的能力，注意他們各自面對的不同問題，以及他們如何處理這些問題。兩人有何相似及不同之處？列出他們屬靈能力的記號。

現在嘗試幻想這些人物活在你的環境中，若他們幹著你的工作，面對著你的問題，他們會怎麼做？他們會説甚麼？他們會如何對應困境？他們會作何決定？

你是一個獨一無二的人，無論別人怎麼偉大，也沒有人會要求你像奴隸般模仿他們。試想像若他們活在你的環境中，會否為你的事奉工作帶來甚麼洞見？你如何能成為一位帶屬靈權力的事奉者？最後以肯定每位組員的特別恩賜來結束這次聚會。

作業二

「耶穌走遍加利利，在各會堂裏教訓人，傳天國的福音，醫治百姓各樣的病症。」(太四23)

默想耶穌權力的事奉，想像祂每次醫治病人及使瞎眼者得光明的時刻，記念祂治療心靈疼痛和破碎者的柔愛，思想祂的愛和憐憫。

現在就藉禱告去親近祂，知道祂的愛和接納，你有甚麼是需要祂大能的撫摸？若你打開你的心門，祂是願意進入你心的。在安靜中，邀請祂在你需要的地方撫摸你，然後獻上感謝。

第十二章
服事的誓願

若我們要求在服事的誓願中去解答權力的破壞性，結果便建立了屬靈能力真正發揮功效的基礎。

雋言

積極幫助的服事

在一個基督徒團體中，信徒能為別人作的第二服事就是積極的幫助。這原本的意思就是在瑣碎、外在的事情上作簡單的協助。無論在何地方，只要有人聚居，就有一大堆需要幫助的事情。這些最基本的服事，是每個人都不容推辭的。誰人若顧慮到因參與這些瑣碎、外在的幫助所帶來的時間損失，他就是常過分嚴肅地重視他的個人事業。

——潘霍華

作僕人的機構

要建立一個美好社會的基礎，是要關懷別人，強者與弱者也彼此扶助。其實，不久之前，關懷別人的工作，主要都是個人與個人之間的事。但現在，大部分卻是通過一些機構——通常是大而架構複雜、有權勢、非人化、不能經常有效運作，甚至有時是腐敗的機構。事實上，若要建立一個更好、更公平、更有仁愛和更能為人民提供創造性機會的社會，最佳的途徑就是不單提高其服務的能力，同時也以運行在機構內不斷更新的力量，積極地為現存重要的機構擔當僕人的角色。

——顧靈理（Roberk K. Greenleaf）

我感覺到一個靈

我感覺到一個靈，它不喜行惡，也不喜以怨報惡；只愛凡事忍耐，一直在盼望中自得其樂。它的盼望就是要超越一切的憤怒和滿足，厭棄一切的榮譽與殘暴，或任何與其本性相違的東西。它看透一切的誘惑，正因它本身沒有懷著半點惡念，故它也不會衍生出甚麼罪來。它若被陷害，就會忍受著，因為它的根基和源頭就是神的慈愛和寬恕。

——奈勒（James Nayler）

透過事奉出來的權柄

縱然基督徒羣體都知道「天上地下所有的權柄都賜給我了」（太二十八18）那位神的「代表」復活者，同時，一切在天上的、地上的「權勢」都要在祂面前屈膝（腓二10～11），但只有透過事奉，這權柄才能享有。

——享格（Martin Hengel）

一位作僕人的神

我們的神是一位作僕人的神。我們實在難以理解，我們是被那位變為無能的人所釋放；我們被那位變得軟弱的人所堅固。在那位捨棄一切尊榮的人身上，我們找到新希望；在那成為僕人的人子身上，我們找到領袖。

——麥尼爾(Donald P. McNeill)、
莫里信(Douglas A. Morrison)、盧雲

每日經文選讀

星期日　外邦人有君王治理他們(太二十25～28)

星期一　洗腳的職事(約十三3～17)

星期二　基督的心(腓二5～8)

星期三　愛的服事(林前十三1～7)

星期四　小事的職事(路三10～14)

星期五　家中的服事(弗五21～六9)

星期六　服事的行動(羅十二9～21)

研討問題

1. 你能以一句子為「服事的誓願」下定義嗎？
2. 古時修道士順服的誓願與服事的誓願有何關聯？
3. 順服神的道是甚麼意思？
4. 我們是否應常常順服屬靈的領袖？我們是藉著順服去服事別人，還是有些時候，我們藉拒絕順服來服事他們？
5. 在你的經歷中，有否找到一些父母是真能以健康的方式服事他們的兒女？
6. 你是否認為尊貴的名銜——博士、牧師、教授——與耶穌所強調的僕人身分是一致的？

7. 在你的經歷中，能否找到一位你可以特別稱之為「內在事件的發言人」？他／她是怎樣獲得這種能力的？
8. 當你被召去作僕人的時候，在你的使命中曾遇到甚麼特別的問題？
9. 在商業世界中，是否有些職位並不切合僕人領袖的模式？
10. 一個集合了簡樸、信實和服事的誓願的基督徒新運動，如何能在我們這個時代中開始發動？

創意研習作業

作業一

「我是你們的主，你們的夫子，尚且洗你們的腳，你們也當彼此洗腳。我給你們作了榜樣，叫你們照著我向你們所作的去作。」(約十三14～15)

在公元第一世紀時，替別人洗腳，正是趁別人有真正需要時對他的服事，因為他們的腳部多是爆裂及污穢的。這也是一個真正謙卑的行動，因為這項工作通常是留給社會上最卑微的人去作。按照以上數點，我們在這部分嘗試發掘實踐「彼此洗腳」的方式。

給每位組員一張三乘五英寸卡紙，然後以每兩人一組，讓他們互相探訪，看看可作甚麼特別的服事行動，以幫助解決別人的真正需要。經過一次探訪後，每人都必須個別地回去，寫下你曾探訪的人的名字，以及你認為可對那人作的特別服事行動。這可能是一些很簡單的工作，如代看小孩或購買必需品。寫完後，組長收集所有的卡紙，混合在一起，然後讓各人隨意抽出一張卡。在接著的一、兩個星期內，以禱告的心去考慮，能切實幫助卡上所寫的人之需求的可行性。希望這行動不是勉強造作而來，所以若你覺得這建議不適用於你，大可擱置之。假若這特別的建議未被實踐，相信至少會幫助組員更敏感於彼此服事的生活方式。

作業二

「愛弟兄，要彼此親熱，恭敬人，要彼此推讓。」(羅十二10)

在這練習中，我們希望發掘你的教會如何能變得比現在更像服事的機構。開始時，(在黑板上或大紙上) 列出每一個方式，是你認為教會現在能發揮作為一個服事機構的功能的。這些功能如何服事會友、社會、社會上被遺棄的人及世界呢？只需列出那些你教會現正進行的事情，而不是你希望它會進行的事情。每一個基督徒團契，不論它是怎樣不完全，它仍會參與許多服事的行動，而我們卻常輕看這些帶著犧牲精神所付出的努力。當你完成這列舉後，重看一遍並為此感謝神，因這許多的美事正在奉基督的名進行。

現在試草擬另一個範圍的事，思想那些在你教會中被攔阻實行，但卻是真正能服事的行動。這不是一個投訴的聚會，絕對禁止對牧者或其他教會內具職銜的領袖作公開的批評。只需針對架構或行政系統，而不是針對個人。例如，你也許覺得在你教會內「著重家庭」這政策，使教會更難有效地服事單身的成年人。也許你會認為需要一個新的

「酒瓶」去回應傷殘者的需要。除此之外，你也可想想其他的意見。

現在，重複再看你所列舉的。其中一些意見也許是可行而且是很好的，但礙於超越了教會的資源，故不能被實際地推行，也有一些是因為某些原因，未必符合教會的使命和目標。縱然如此，慶幸也有一些意見是可行的，並必須立即付諸實行。先計算一下展開這些工作所需的資源，並在聚會結束前個別地分配工作，以達致整體工作的完成。記著，完成一件簡單的服務行動，比單單討論十件偉大的意見更有意思。最後，以立志的禱告去為所有被委任獨特任務的組員祈求，並以此作為結束。

有關權勢的書目

這部分書目乃按照以下五個範疇分類：

——對權力的現代探討

——聖經及神學上的研究

——今天的首長與權勢

——權力與商業世界

——權力與關懷

對權力的現代探討

Aronson, Steven M.L. *Hype*. New York: William Morrow, 1983.（揭示美國現代巨星如何利用他們的形像以玩弄權力。）

Campolo, Anthony, Jr. *The Power Delusion*. Wheaton, Ill.: Victor Books, 1983.（一部簡單卻有助研究權勢的書，探討了基督徒世界對權勢該有的觀點。）

Forbes, Chery. *The Religion of Power.* Grand Rapids, Mich.: Zondervan, 1983.（它嘗試去批判權勢——特別是對基督徒——的負面影響。）

Janeway, Elizabeth. *Powers of the Weak.* New York: Knopf, 1980.（這書由一位女權運動領袖所寫，嘗試重新釐定權勢的性質和運用，特別著重女性方面，以軟弱為標準，而非強壯。其中有趣的部分是關於「非實際政治」。）

Kissinger, Henry. *Years of Upheaval.* London: Michael Joseph, 1982.（作者在此書內，就權勢給我們帶來趣味盎然的研究。他本身對權力的內部運作有深切的認識，在尼克遜〔Nixon〕掌權時代，更使他對權勢的無情有珍貴的體見。不論你的政治見解如何，你會發現基辛格〔Kissinger〕在政治舞台上，對掌握權勢的效用是一位機敏的觀察家。）

Korda, Michael. *Power! How to Get It, How to Use It.* London: Hodder & Stoughton, 1975.（在這書裏作者只簡單地展現了現代社會的權力遊戲——是我們每一個人都在參與，但大部分人都在逃避，甚至在我們中間逃避去玩這遊戲。雖然在其他文化裏，權力的標誌是很明顯的——例如，在部族文化裏的皇冠和皇位；在軍隊中的勛章條和星號，但美國現代的科技權力標誌，卻是較為隱藏而深奧。作者將它們全數展示出來——從辦公室的一角至Gucci鞋業。這是一部不容忽視的書，它充滿著對當代文化的重要透視。明顯地，基督的僕人生活方式與世界的權力遊戲是對立的，因此書中的灼見，能真正幫助我們拒絕在世界充斥著的權力。）

—*Success!* New York: Random House, 1977.（一部在商業世界完全以求目的、不擇手段〔Machiavelli所主張的弄權觀念〕為取向的書。它坦白而毫不歉疚地將貪心、野心和弄權包含在成功的技倆內。你也許會嘗試察覺教會內引進了幾許這種心態。）

Nietzsche, Friedrich. *The Will to Power: An Attempted Transvaluation of All Values.* Edited by Oscar Levy. Vol. II, books II and IV.

Trans. by Anthony M. Ludovici. New York: Russell & Russell, 1964.(對權力問題的討論肯定不是始於尼采〔Nietzsche〕，但他的作品卻或多或少成為這問題的分水嶺。他的作品甚至對於今天這時代來看，也是大膽而囂張的——試想像在十九世紀時，他的作品所引起的哄動。在這書裏，尼采辯論說每一事物——科學、自然界、個人、每樣東西——都是被「權力的意志」所推動和控制的。)

Peck, M. Scott. *People of the Lie: The Hope for Healing Human Evil.* New York: Simon & Schuster, 1983.(一部研究權力的書，它討論了人類自我欺騙的醜惡本性以及如何能勝過它。)

—*The Road Less Travelled.* London: Hutchinson, 1983. (這是畢思高〔Peck〕第一部著作，其中有一非常好的篇章是討論權勢的性質。)

Ringer, Robert J. *Looking Out for Number One.* Los Angeles: Los Angeles Book Corp.; dist. by Funk & Wagnalls, New York, 1977. (一部有關利己主義的幽默作品。)

—*Winning Through Intimidation.* Los Angeles: Los Angeles Book Co., 1973.(一部完全是異教徒的作品。它以坦白得可怕的觀點，去討論如何在現代社會中使權力化大。)

Snow, C.P. *Corridors of Power.* London: Penguin, 1970.(這是一部有關「高度」政治權力的小說。故事背景雖在五十年代中期英國的議會制度，然而這並非重要，因為議會制度也曾設立在第一世紀的羅馬或十七世紀的法國。問題在於這部小說，能幫助我們在現實生活的處境中，與權力的複雜性和含糊性鬥爭。)

Trahey, Jane. *On Women & Power: Who's Got it? How to Get it?* New York: Rawson Associates, 1977.(此書從女權運動中冒出來，它試圖幫助女性學習如何獲得並保存一向為男性所擁有的——權力。它並沒有託辭作為基督徒的口胳，它是嚴厲的，對那「最終權力的旅程」作了不能妥協的辯護。)

聖經及神學上的研究

Berkhof, Hendrick. *Christ and the Powers.* Trans. by John H. Yoder. Scottdale, Penn.: Herald Press, 1962.(一本簡要的研究著作，但它包含的資料可以比大部分有其四倍分量的書更多。它是我所認識研究保羅有關「權力」〔exousia〕的教導的書中，最精細的作品，是必須要讀的作品。)

Burkholder, John Richard, and Calvin Redekop, eds. *Kingdom Cross and Community.* Scottdale, Penn.: Herald Press, 1976.(門諾會〔Mennonite〕一系列為記念赫什巴格〔Guy F. Hershberger〕而寫的文章。其中有數篇討論重洗派傳統〔Anabaptist tradition〕的權力問題的好文章，例如〈機構、權力與福音〉及〈國家與自由教會〉。)

Caird, G.B. *Principalities and Powers: A Study in Pauline Theology.* Oxford: Clarendon Press, 1956.(此書雖小卻有見地，最初發表是在加拿大安大略皇后大學內的連串演講。作者尋求明白保羅對屬靈權力的神學觀，以及建基這些信念的文化背景。)

Carr, Wesley. *Angels and Principalities.* Cambridge: Cambridge University Press, 1981.(這書原是一篇博士論文，它對保羅所述的「天使與掌權的」有技術上的研究。其中包括了保羅思想的背景，論文本身的內容，以及一些初期教會的領袖。)

Cullmann, Oscar. *The State in the New Testament.* New York: Scribner's, 1956.(這是從社會角度討論權力的作品，它研究耶穌與奮銳黨運動及羅馬政府之關係，同時亦討論保羅與國家之關係，以及啟示錄對國家的觀念。所以亦包含了對羅馬書十三章1節「權力」的總結性研究，很有助益。)

Hengel, Martin. *Christ and Power.* Belfast: Christian Journals Ltd., 1977.(此書對古代到新教改革運動的權力問題，有很好的記錄，尤其有關耶穌及祂那時代權勢的一章，寫得很好。其中特別有趣的論點，是路德以服事來看基督徒的權力問題。)

Macgregor, G.H.C. "Principalities and Powers: The Cosmic Background of Paul's Thought."*New Testament Studies*(September 1954) pp. 15~28.(對保羅所使用的「掌權者及權勢」，有很學術性及深具助益的註釋。)

Nee, Watchman. *Spiritual Authority.* New York: Christian Fellowship Publishers, 1972.(研究全本聖經裏的權柄與順服。)

Schlier, Heinrich. *Principalities and Powers in the New Testament.* Silver Spring, Md.: Herder & Herder, 1961.(一本有助基督徒全面了解新約聖經對屬靈能力之觀點的小書。我特別喜歡書內的第二章〈耶穌基督與掌權者〉，因為福音書常被忽略其中對掌權者與權力的研究。)

Stringfellow, William. *The Politics of Spirituality.* Philadelphia: Westminister Press, 1984.(史德費洛〔Stringfellow〕從來説話都是直言不諱的，這書正好證明他的率直。他將屬靈的權力放在社會舞台的中央，並展示神如何站在所有人類的活動中作審判。)

Wink, Walter. *Naming the Powers.* Philadelphia: Fortress Press, 1984.(此書是處理新約中權力問題的三冊系列中的第一冊。它的研究是巨大的，洞見是有力的。最佳之處是處理了一些久被忽略的主題。也許在閱讀它時你會感到吃力，但是其中你所發掘的寶藏卻足以抵償你在發掘時所付出的努力。)

Yates, Roy. "The Powers of Evil in the New Testament." *The Evangelical Quarterly,* vol. 52, no. 2(April/June 1980), pp.97~111.(這是一篇學術性論文，討論一些在新約中處理罪惡的現實術語——例如，掌權者〔principalities〕、有權柄者〔authorities〕、權勢〔powers〕、主權〔dominions〕、王權〔thrones〕等。你可毋須懂得希臘文，便能透過此文獲得有裨益的洞見。)

Yoder, John Howard. *The Politics of Jesus.* Grand Rapids, Mich.: Eerdmans, 1972.(這部劃時代的著作，有著多方面的助益。其中有三章特別討論權力問題：〈基督與權力〉、〈革命性的降卑〉及〈讓每個靈順服：羅馬書十三章及國家的權柄〉。)

今天的首長與權勢

Barth, Karl. *The Christian Life.* Trans by Geoffrey W. Bromiley, Edinburgh: T. & T. Clark Ltd., 1981.（本書取材自巴特*Dogmatics*一書的第四冊部分之第四章。其中很好的部分名為〈沒有主的權勢〉，作者在此對瑪門作為權勢的一種，有重要的論述。）

Broad, William, and Nicholas Wade. *Betrayers of the Truth: Fraud and Deceit in the Halls of Science.* London: Century, 1983.（這書揭示了科學家對於舞弊和貪污的誘惑並非免疫的。它展開了一道窗讓我們走進科學研究的門廊去，在那裏我們會看到一般人類的權力鬥爭。）

Conway, J.S. *The Nazi Persecution of the Churches 1933-45.* New York: Basic Books, 1968.（此書的趣味遠超乎它的歷史價值。它研究政府作為一個權威的權勢，教會往往不能分辨其真正的處境。）

Eller, Vernard. *War and Peace from Genesis to Revelation.* Rev. ed. Scottdale, Penn.: Herald Press, 1981.（此書討論基督徒如何與軍國主義爭論，可讀性很高。）

Ellul, Jacques. *The Technological Society.* New York: Knopf, 1970.（這書仔細分析「科技」如何在現代世界中壟斷，這位著名法國基督徒及社會學者也寫了如「政治幻覺」〔*The Political Illusion*〕等書。本書有助將「科技」置於目的及價值這更大的問題中。）

—*Violence: Reflections from a Christian Perspective.* Oxford: Mowbray, 1978.（它對普通的觀點，如和平主義者、戰爭以及革命的神學作了嚴肅的批判。然後作者指出了一個新方向，特別有助益的是〈真理之戰〉這章。）

Fromm, Erich. *The Revolution of Hope: Toward a Humanized Technology.* New York: Harper & Row, 1968.（此書討論有關科技的問題，其目的是告訴我們如何引導科技於服務人類福利事業上，以致避免社會完全機械化。它所呼籲的，是一個「人性化的科技」。）

Goudzwaard, Bob. *Idols of Our Time.* Trans. by Mark Vander Vennen. Downers Grove, Ill.: Inter-Varsity Press, 1984.（這小書幫助我們分辨在這時代中壟斷的意識形態。作者認為這些意識形態分別是革命、民族、物質繁榮以及安全的保證。這書很值得一看。）

Malik, Charles Habib. *A Christian Critique of the University.* Downers Grove, Ill.: Inter-Varsity Press, 1982.（作者對現今社會其中一所最具影響力的大學的評論。他以屬靈的權力來看這所大學，甚少人有這種資格去進行這工作，但他明顯是出色地勝任這工作，並作得很具技巧。）

Sider, Ronald J., and Richard K. Taylor. *Nuclear Holocaust & Christian Hope: A Book for Christian Peacemakers.* London: Hodder & Stoughton, 1983.（討論以軍事裝備作為權力。作者強調利用和平作為基督徒軍裝裏一個活的工具，藉此去抵抗權勢。這是一部重要及不容忽略的書。）

Solzhenitsyn, Aleksander I. *The Gulag Archipelago 1918-1956: An Experiment in Literary Investigation.* Trans. by Thomas P. Whitney. New York: Harper & Row, 1973.（若你想被提醒在每一國家——任何國家——極權主義所能達致的程度，這書就適合你了。索忍尼辛〔Solzhenitsyn〕明顯地是今天最重要的作者之一。）

Wallis, Jim, ed. *Waging Peace: A Handbook for the Struggle to Abolish Nuclear Weapons.* San Francisco: Harper & Row, 1982.（一連串由不同作者所寫的文章，討論如何面對軍國主義，很具助益。書中的兩個重要價值，在於它從聖經角度處理這問題，以及它以和平作為積極而有影響力的工作。）

權力與商業世界

Butt, Howard. *The Velvet Covered Brick: Christian Leadership in an Age of Rebellion.* New York: Harper & Row, 1973.（一部很有建設性的書，討論在商業世界裏有關權勢與順服的問題。書中提出了作者本身作為商人的經驗，以及他曾面對的

矛盾。他認為基督同時具有天鵝絨〔順服〕及磚頭〔權勢〕，並嘗試展現兩者在商業世界中如何有效運作。）

Drucker, Peter F. *The Effective Executive.* New York: Harper & Row, 1966.（一部討論行政工作上佳而可閱性甚高的書。作者提出了五個重要的行政習慣：時間管理、決定你應作何貢獻、如何使你付出的力量發揮最大效用、學習正確地排優先次序、有效的決策。他也許是商業行政工作上的第一位權威。）

Fisher, Roger, and William Ury. *Getting to Yes: Negotiating Agreement Without Giving In.* Edited by Bruce Patton. New York: Penguin Books, 1981.（這書是哈佛進行「原則談判」計劃的研究，它討論了如何毋須向對手屈服，卻又可避免陷入進退兩難之境。很有幫助的一本小書。）

Greenleaf, Robert K. *Servant Leadership: A Journey into the Nature of Legitimate Power and Greatness.* New York: Paulist Press, 1977.（這書討論合法權勢的性質和偉大。在討論此方面的書中，這肯定是最好的一本。嚴謹的基督徒在這基礎上，會思想以共同的團體作為僕人的身分。）

Rush, Myron. *Management: A Biblical Approach.* Wheaton, Ill.: Victor Books, 1983.（此書嘗試將管理的原則及操守放在聖經的架構內看。）

Zaleznik, Abraham, and Manfred F.R. Kets de Vries. *Power and the Corporate Mind.* Boston: Houghton Mifflin, 1975.（它將心理學、社會學及管理學這三種分別不同的分析方法結合在一起，以此去研究個別的行政人員如何及為何運用權力。這是一種新的嘗試去探求答案──為甚麼一個獨特的行政人員會像他／她般去發揮效用？）

權力與關懷

Foster, Richard J. *Celebration of Discipline.* London: Hodder & Stoughton, 1981.（其中有些篇章探討順服與服事，有助加強對服事誓願的意念。）

King, Martin Luther. Jr. *Strength to Love.* London: Fontana, 1969.（我將此書納入，是因為它是在第一個現代紀元中，幫助信徒認識他們的屬靈世界與現實社會之間的關係。這是一部講道集，它認為神聖之愛足以戰勝世界的權柄。）

McNamara, James. *The Power of Compassion.* New York: Paulist Press, 1983.（一部細膩的小書，它強調一個事實，就是在軟弱中權力能達致完美。作者視無能為真正屬靈生命的對手，而關懷能將權勢扭轉為向善的權力。）

McNeill, Donald P., Douglas A. Morrison, and Henri J. M. Nouwen. *Compassion: A Reflection on the Christian Life.* Garden City, N. Y.: Image Books, 1983.（一部相當重要的書，它使我們了解關懷可作為禱告的動力，及幫助我們面對各種不同形式的醜惡。書中的插圖亦催迫我們思想關懷當代南非種族仇恨這問題。）

Moltmann, Jürgen. *The Power of the Powerless.* Trans. by Margaret Kohl. London: S.C.M. Press, 1983.（一系列由一權威的神學家所寫的講道文集。作者幫助我們了解聖經中對無能者的信息，他探討了對無能為力、憤怒或放棄的一般回應，他發現兩者同樣不足，同時他建議以另一種的彰顯方式看被釘十架的基督。）

Nouwen, Henri J.M. *The Wounded Healer.* Garden City, N.Y.: Image Books, 1979.（中譯本：盧雲著，《負傷的治療者》，基道出版社。一部細膩的書講及為愛受傷的職事。論點很簡單：看看在我們心內現代社會所帶來的創傷，並以此認識作為我們事奉的起點。）

Seifert, Harvey. *Conquest by Suffering: The Process and Prospects of Nonviolent Resistance.* Philadelphia: Westminster Press, 1965.（一部研究非暴力抵抗的權力書籍。）

Smedes, Lewis B. *Love Within Limits: A Realist's View of 1 Corinthians 13.* Grand Rapids, Mich.: Eerdmans, 1978.（主要根據哥林多前書十三章，這書使我們對愛的權力有樂觀及可實現的看法。）

Tournier, Paul. *Violence Inside.* Trans. by Edwin Hudson. London: S.C.M. Press, 1978.（杜保羅在這書中，研究暴力與權力的相互關係。他幫助我們認識，我們是一羣暴力的人，因權力佔據了我們的心思。全書共十七章，分析了現代社會的權力性質。作者在他早期的著作*The Whole Person in a Broken World*裏，亦有一章是討論權力的，同具裨益。）

讀者意見表

緊扣時代 服事教會

以文字傳揚基督真道

衷心多謝你購買本社書籍。本社一直致力以出版事工服事教會，幫助信徒扎根於神的話語，促進靈命增長。為使我們的出版更能滿足你的需要，請填寫下列各項資料，並寄回或傳真予本社。

所購書籍：________________________

本書最吸引你的地方：
☐作者　☐適切性　☐文筆　☐設計　☐實用性
☐其他：________________________

購買本書地點：
☐基道書樓　☐基督教書店　☐非基督教書店

性別：☐男　☐女　職業：________________

信仰：☐基督徒　☐非基督徒

年齡：☐ 16 歲或以下　☐ 17～25 歲　☐ 26～35 歲
☐ 36～55 歲　☐ 56 歲或以上

學歷：☐中三或以下　☐中五　☐預科
☐大學　☐研究院

☐我欲更多了解基道出版社的事工及考慮支持，請寄給我下列資料：
☐機構簡介　☐新書資料　☐「書中行」書會資料
☐《基道文字事工通訊》

姓名：____________________ 電話：________________

地址：____

____

傳真：________________ 電子郵件：________________

其他意見：____

____

多謝賜教！

意見表可以傳真（2687-0281）或直接郵寄以下地址：
香港沙田火炭坳背灣街26號富騰工業中心1011室
基道出版社編輯部收